MGJV 2018

Gefahrstoffverordnung – GefStoffV

Betriebssicherheitsverordnung - BetrSichV

Arbeitsstättenverordnung - ArbStättV

Impressum

© Verlag MGJV, Poelchaucamp 20, 22301 Hamburg, Kontakt: mgjv.verlag@gmail.com; - Redaktion GROELSV. Konstruktive Hinweise und Verbesserungsvorschläge nehmen wir gerne entgegen.

Inhaltliche Verantwortung und Aktualität: Redaktion MGJV

Satz, Druck und Bindung: Externe Dienstleister; alle Rechte MGJV-Verlag

Umschlaggestaltung: Gustav Broedecker. Alle Rechte MGJV-Verlag

Wir sind bemüht, ein ansprechendes Produkt zu gestalten, dass vernünftigen Ansprüchen an das Preis/Leistungsverhältnis gerecht wird.

Inhaltsverzeichnis

3

Verordnung über Arbeitsstätten

(Arbeitsstättenverordnung - ArbStättV)

ArbStättV

Ausfertigungsdatum: 12.08.2004

"Arbeitsstättenverordnung vom 12. August 2004 (BGBl. I S. 2179), die zuletzt durch Artikel 5 Absatz 1 der Verordnung vom 18. Oktober 2017 (BGBl. I S. 3584) geändert worden ist".Zuletzt geändert durch Art. 1 V v. 30.11.2016 I 2681; 2017 I 2839. Änderung durch Art. 5 Abs. 1 V v. 18.10.2017 I 3584 (Nr. 69) mWv 24.10.2017 textlich nachgewiesen, dokumentarisch noch nicht abschließend bearbeitet

Diese Verordnung dient der Umsetzung

1.
    der EG-Richtlinie 89/654/EWG des Rates vom 30. November 1989 über Mindestvorschriften für Sicherheit und Gesundheitsschutz in Arbeitsstätten (Erste Einzelrichtlinie im Sinne des Artikels 16 Absatz 1 der Richtlinie 89/391/EWG) (ABl. EG Nr. L 393 S. 1) und

2.
    der Richtlinie 92/58/EWG des Rates vom 24. Juni 1992 über Mindestvorschriften für die Sicherheits- und/oder Gesundheitsschutzkennzeichnung am Arbeitsplatz (Neunte Einzelrichtlinie im Sinne des Artikels 16 Absatz 1 der Richtlinie 89/391/EWG) (ABl. EG Nr. L 245 S. 23) und

3.
    des Anhangs IV (Mindestvorschriften für Sicherheit und Gesundheitsschutz auf Baustellen) der Richtlinie 92/57/EWG des Rates vom 24. Juni 1992 über die auf zeitlich begrenzte oder ortsveränderliche Baustellen anzuwendenden Mindestvorschriften für die Sicherheit und den Gesundheitsschutz (Achte Einzelrichtlinie im Sinne des Artikels 16 Absatz 1 der Richtlinie 89/391/EWG) (ABl. EG Nr. L 245 S. 6).

Fußnote

(+++ Textnachweis ab: 25. 8.2004 +++)
Die V wurde als Artikel 1 d. V v. 12.8.2004 I 2179 von der Bundesregierung und dem Bundesministerium für Wirtschaft und Arbeit mit Zustimmung des Bundesrates erlassen. Sie ist gem. Artikel 4 Satz 1 dieser V am 25.8.2004 in Kraft getreten.

(+++ Amtlicher Hinweis des Normgebers auf EG-Recht:
    Umsetzung der
      EWGRL 654/89 (CELEX Nr: 389L0654)
      EWGRL 58/92 (CELEX Nr: 392L0058)
      EWGRL 57/92 (CELEX Nr: 392L0057)
      EWGRL 270/90 (CELEX Nr: 31990L0270) vgl.
            V v. 18.10.2017 I 3584
      EWGRL 269/90 (CELEX Nr: 31990L0269) vgl.
            V v. 18.10.2017 I 3584
      EGRL 10/2003 (CELEX Nr: 32003L0010) vgl.

V v. 18.10.2017 I 3584
EGRL 44/2002 (CELEX Nr: 32002L0044) vgl.
V v. 18.10.2017 I 3584 +++)

§ 1 Ziel, Anwendungsbereich

(1) Diese Verordnung dient der Sicherheit und dem Schutz der Gesundheit der Beschäftigten beim Einrichten und Betreiben von Arbeitsstätten.

(2) Für folgende Arbeitsstätten gelten nur § 5 und der Anhang Nummer 1.3:

1.
Arbeitsstätten im Reisegewerbe und im Marktverkehr,

2.
Transportmittel, die im öffentlichen Verkehr eingesetzt werden,

3.
Felder, Wälder und sonstige Flächen, die zu einem land- oder forstwirtschaftlichen Betrieb gehören, aber außerhalb der von ihm bebauten Fläche liegen.

(3) Für Telearbeitsplätze gelten nur

1.
§ 3 bei der erstmaligen Beurteilung der Arbeitsbedingungen und des Arbeitsplatzes,

2.
§ 6 und der Anhang Nummer 6,

soweit der Arbeitsplatz von dem im Betrieb abweicht. Die in Satz 1 genannten Vorschriften gelten, soweit Anforderungen unter Beachtung der Eigenart von Telearbeitsplätzen auf diese anwendbar sind.

(4) Der Anhang Nummer 6 gilt nicht für

1.
Bedienerplätze von Maschinen oder Fahrerplätze von Fahrzeugen mit Bildschirmgeräten,

2.
tragbare Bildschirmgeräte für die ortsveränderliche Verwendung, die nicht regelmäßig an einem Arbeitsplatz verwendet werden,

3.
Rechenmaschinen, Registrierkassen oder andere Arbeitsmittel mit einer kleinen Daten- oder Messwertanzeigevorrichtung, die zur unmittelbaren Benutzung des Arbeitsmittels erforderlich ist und

4.
Schreibmaschinen klassischer Bauart mit einem Display.

(5) Diese Verordnung ist für Arbeitsstätten in Betrieben, die dem Bundesberggesetz unterliegen, nur für Bildschirmarbeitsplätze einschließlich Telearbeitsplätze anzuwenden.

(6) Das Bundeskanzleramt, das Bundesministerium des Innern, das Bundesministerium für Verkehr und digitale Infrastruktur, das Bundesministerium für Umwelt, Naturschutz, Bau und Reaktorsicherheit, das Bundesministerium der Verteidigung oder das Bundesministerium der Finanzen können, soweit sie hierfür jeweils zuständig sind, im Einvernehmen mit dem Bundesministerium für Arbeit und Soziales und, soweit nicht das Bundesministerium des Innern selbst zuständig ist, im Einvernehmen mit dem Bundesministerium des Innern Ausnahmen von den Vorschriften dieser Verordnung zulassen, soweit öffentliche Belange dies zwingend erfordern, insbesondere zur Aufrechterhaltung oder Wiederherstellung der öffentlichen Sicherheit. In diesem

Fall ist gleichzeitig festzulegen, wie die Sicherheit und der Schutz der Gesundheit der Beschäftigten nach dieser Verordnung auf andere Weise gewährleistet werden.

§ 2 Begriffsbestimmungen

(1) Arbeitsstätten sind:

1.
   Arbeitsräume oder andere Orte in Gebäuden auf dem Gelände eines Betriebes,

2.
   Orte im Freien auf dem Gelände eines Betriebes,

3.
   Orte auf Baustellen,

sofern sie zur Nutzung für Arbeitsplätze vorgesehen sind.

(2) Zur Arbeitsstätte gehören insbesondere auch:

1.
   Orte auf dem Gelände eines Betriebes oder einer Baustelle, zu denen Beschäftigte im Rahmen ihrer Arbeit Zugang haben,

2.
   Verkehrswege, Fluchtwege, Notausgänge, Lager-, Maschinen- und Nebenräume, Sanitärräume, Kantinen, Pausen- und Bereitschaftsräume, Erste-Hilfe-Räume, Unterkünfte sowie

3.
   Einrichtungen, die dem Betreiben der Arbeitsstätte dienen, insbesondere Sicherheitsbeleuchtungen, Feuerlöscheinrichtungen, Versorgungseinrichtungen, Beleuchtungsanlagen, raumlufttechnische Anlagen, Signalanlagen, Energieverteilungsanlagen, Türen und Tore, Fahrsteige, Fahrtreppen, Laderampen und Steigleitern.

(3) Arbeitsräume sind die Räume, in denen Arbeitsplätze innerhalb von Gebäuden dauerhaft eingerichtet sind.

(4) Arbeitsplätze sind Bereiche, in denen Beschäftigte im Rahmen ihrer Arbeit tätig sind.

(5) Bildschirmarbeitsplätze sind Arbeitsplätze, die sich in Arbeitsräumen befinden und die mit Bildschirmgeräten und sonstigen Arbeitsmitteln ausgestattet sind.

(6) Bildschirmgeräte sind Funktionseinheiten, zu denen insbesondere Bildschirme zur Darstellung von visuellen Informationen, Einrichtungen zur Datenein- und -ausgabe, sonstige Steuerungs- und Kommunikationseinheiten (Rechner) sowie eine Software zur Steuerung und Umsetzung der Arbeitsaufgabe gehören.

(7) Telearbeitsplätze sind vom Arbeitgeber fest eingerichtete Bildschirmarbeitsplätze im Privatbereich der Beschäftigten, für die der Arbeitgeber eine mit den Beschäftigten vereinbarte wöchentliche Arbeitszeit und die Dauer der Einrichtung festgelegt hat. Ein Telearbeitsplatz ist vom Arbeitgeber erst dann eingerichtet, wenn Arbeitgeber und Beschäftigte die Bedingungen der Telearbeit arbeitsvertraglich oder im Rahmen einer Vereinbarung festgelegt haben und die benötigte Ausstattung des Telearbeitsplatzes mit Mobiliar, Arbeitsmitteln einschließlich der Kommunikationseinrichtungen durch den Arbeitgeber oder eine von ihm beauftragte Person im Privatbereich des Beschäftigten bereitgestellt und installiert ist.

(8) Einrichten ist das Bereitstellen und Ausgestalten der Arbeitsstätte. Das Einrichten umfasst insbesondere:

1.
   bauliche Maßnahmen oder Veränderungen,

2.
   das Ausstatten mit Maschinen, Anlagen, anderen Arbeitsmitteln und Mobiliar sowie mit Beleuchtungs-, Lüftungs-, Heizungs-, Feuerlösch- und Versorgungseinrichtungen,

3.
    das Anlegen und Kennzeichnen von Verkehrs- und Fluchtwegen sowie das Kennzeichnen von Gefahrenstellen und brandschutztechnischen Ausrüstungen und

4.
    das Festlegen von Arbeitsplätzen.

(9) Das Betreiben von Arbeitsstätten umfasst das Benutzen, Instandhalten und Optimieren der Arbeitsstätten sowie die Organisation und Gestaltung der Arbeit einschließlich der Arbeitsabläufe in Arbeitsstätten.

(10) Instandhalten ist die Wartung, Inspektion, Instandsetzung oder Verbesserung der Arbeitsstätten zum Erhalt des baulichen und technischen Zustandes.

(11) Stand der Technik ist der Entwicklungsstand fortschrittlicher Verfahren, Einrichtungen oder Betriebsweisen, der die praktische Eignung einer Maßnahme zur Gewährleistung der Sicherheit und zum Schutz der Gesundheit der Beschäftigten gesichert erscheinen lässt. Bei der Bestimmung des Stands der Technik sind insbesondere vergleichbare Verfahren, Einrichtungen oder Betriebsweisen heranzuziehen, die mit Erfolg in der Praxis erprobt worden sind. Gleiches gilt für die Anforderungen an die Arbeitsmedizin und die Hygiene.

(12) Fachkundig ist, wer über die zur Ausübung einer in dieser Verordnung bestimmten Aufgabe erforderlichen Fachkenntnisse verfügt. Die Anforderungen an die Fachkunde sind abhängig von der jeweiligen Art der Aufgabe. Zu den Anforderungen zählen eine entsprechende Berufsausbildung, Berufserfahrung oder eine zeitnah ausgeübte entsprechende berufliche Tätigkeit. Die Fachkenntnisse sind durch Teilnahme an Schulungen auf aktuellem Stand zu halten.

§ 3 Gefährdungsbeurteilung

(1) Bei der Beurteilung der Arbeitsbedingungen nach § 5 des Arbeitsschutzgesetzes hat der Arbeitgeber zunächst festzustellen, ob die Beschäftigten Gefährdungen beim Einrichten und Betreiben von Arbeitsstätten ausgesetzt sind oder ausgesetzt sein können. Ist dies der Fall, hat er alle möglichen Gefährdungen der Sicherheit und der Gesundheit der Beschäftigten zu beurteilen und dabei die Auswirkungen der Arbeitsorganisation und der Arbeitsabläufe in der Arbeitsstätte zu berücksichtigen. Bei der Gefährdungsbeurteilung hat er die physischen und psychischen Belastungen sowie bei Bildschirmarbeitsplätzen insbesondere die Belastungen der Augen oder die Gefährdung des Sehvermögens der Beschäftigten zu berücksichtigen. Entsprechend dem Ergebnis der Gefährdungsbeurteilung hat der Arbeitgeber Maßnahmen zum Schutz der Beschäftigten gemäß den Vorschriften dieser Verordnung einschließlich ihres Anhangs nach dem Stand der Technik, Arbeitsmedizin und Hygiene festzulegen. Sonstige gesicherte arbeitswissenschaftliche Erkenntnisse sind zu berücksichtigen.

(2) Der Arbeitgeber hat sicherzustellen, dass die Gefährdungsbeurteilung fachkundig durchgeführt wird. Verfügt der Arbeitgeber nicht selbst über die entsprechenden Kenntnisse, hat er sich fachkundig beraten zu lassen.

(3) Der Arbeitgeber hat die Gefährdungsbeurteilung vor Aufnahme der Tätigkeiten zu dokumentieren. In der Dokumentation ist anzugeben, welche Gefährdungen am Arbeitsplatz auftreten können und welche Maßnahmen nach Absatz 1 Satz 4 durchgeführt werden müssen.

§ 3a Einrichten und Betreiben von Arbeitsstätten

(1) Der Arbeitgeber hat dafür zu sorgen, dass Arbeitsstätten so eingerichtet und betrieben werden, dass Gefährdungen für die Sicherheit und die Gesundheit der Beschäftigten möglichst vermieden und verbleibende Gefährdungen möglichst gering gehalten werden. Beim Einrichten und Betreiben der Arbeitsstätten hat der Arbeitgeber die Maßnahmen nach § 3 Absatz 1 durchzuführen und dabei den Stand der Technik, Arbeitsmedizin und Hygiene, die ergonomischen Anforderungen sowie insbesondere die vom Bundesministerium für Arbeit und Soziales nach § 7 Absatz 4 bekannt

gemachten Regeln und Erkenntnisse zu berücksichtigen. Bei Einhaltung der bekannt gemachten Regeln ist davon auszugehen, dass die in dieser Verordnung gestellten Anforderungen diesbezüglich erfüllt sind. Wendet der Arbeitgeber diese Regeln nicht an, so muss er durch andere Maßnahmen die gleiche Sicherheit und den gleichen Schutz der Gesundheit der Beschäftigten erreichen.

(2) Beschäftigt der Arbeitgeber Menschen mit Behinderungen, hat er die Arbeitsstätte so einzurichten und zu betreiben, dass die besonderen Belange dieser Beschäftigten im Hinblick auf die Sicherheit und den Schutz der Gesundheit berücksichtigt werden. Dies gilt insbesondere für die barrierefreie Gestaltung von Arbeitsplätzen, Sanitär-, Pausen- und Bereitschaftsräumen, Kantinen, Erste-Hilfe-Räumen und Unterkünften sowie den zugehörigen Türen, Verkehrswegen, Fluchtwegen, Notausgängen, Treppen und Orientierungssystemen, die von den Beschäftigten mit Behinderungen benutzt werden.

(3) Die zuständige Behörde kann auf schriftlichen Antrag des Arbeitgebers Ausnahmen von den Vorschriften dieser Verordnung einschließlich ihres Anhanges zulassen, wenn

1.
    der Arbeitgeber andere, ebenso wirksame Maßnahmen trifft oder
2.
    die Durchführung der Vorschrift im Einzelfall zu einer unverhältnismäßigen Härte führen würde und die Abweichung mit dem Schutz der Beschäftigten vereinbar ist.

Der Antrag des Arbeitgebers kann in Papierform oder elektronisch übermittelt werden. Bei der Beurteilung sind die Belange der kleineren Betriebe besonders zu berücksichtigen.

(4) Anforderungen in anderen Rechtsvorschriften, insbesondere im Bauordnungsrecht der Länder, gelten vorrangig, soweit sie über die Anforderungen dieser Verordnung hinausgehen.

§ 4 Besondere Anforderungen an das Betreiben von Arbeitsstätten

(1) Der Arbeitgeber hat die Arbeitsstätte instand zu halten und dafür zu sorgen, dass festgestellte Mängel unverzüglich beseitigt werden. Können Mängel, mit denen eine unmittelbare erhebliche Gefahr verbunden ist, nicht sofort beseitigt werden, hat er dafür zu sorgen, dass die gefährdeten Beschäftigten ihre Tätigkeit unverzüglich einstellen.

(2) Der Arbeitgeber hat dafür zu sorgen, dass Arbeitsstätten den hygienischen Erfordernissen entsprechend gereinigt werden. Verunreinigungen und Ablagerungen, die zu Gefährdungen führen können, sind unverzüglich zu beseitigen.

(3) Der Arbeitgeber hat die Sicherheitseinrichtungen, insbesondere Sicherheitsbeleuchtung, Brandmelde- und Feuerlöscheinrichtungen, Signalanlagen, Notaggregate und Notschalter sowie raumlufttechnische Anlagen instand zu halten und in regelmäßigen Abständen auf ihre Funktionsfähigkeit prüfen zu lassen.

(4) Der Arbeitgeber hat dafür zu sorgen, dass Verkehrswege, Fluchtwege und Notausgänge ständig freigehalten werden, damit sie jederzeit benutzbar sind. Der Arbeitgeber hat Vorkehrungen so zu treffen, dass die Beschäftigten bei Gefahr sich unverzüglich in Sicherheit bringen und schnell gerettet werden können. Der Arbeitgeber hat einen Flucht- und Rettungsplan aufzustellen, wenn Lage, Ausdehnung und Art der Benutzung der Arbeitsstätte dies erfordern. Der Plan ist an geeigneten Stellen in der Arbeitsstätte auszulegen oder auszuhängen. In angemessenen Zeitabständen ist entsprechend diesem Plan zu üben.

(5) Der Arbeitgeber hat beim Einrichten und Betreiben von Arbeitsstätten Mittel und Einrichtungen zur Ersten Hilfe zur Verfügung zu stellen und regelmäßig auf ihre Vollständigkeit und Verwendungsfähigkeit prüfen zu lassen.

§ 5 Nichtraucherschutz

(1) Der Arbeitgeber hat die erforderlichen Maßnahmen zu treffen, damit die nicht rauchenden Beschäftigten in Arbeitsstätten wirksam vor den Gesundheitsgefahren durch Tabakrauch geschützt sind. Soweit erforderlich, hat der Arbeitgeber ein allgemeines oder auf einzelne Bereiche der Arbeitsstätte beschränktes Rauchverbot zu erlassen.
(2) In Arbeitsstätten mit Publikumsverkehr hat der Arbeitgeber beim Einrichten und Betreiben von Arbeitsräumen der Natur des Betriebes entsprechende und der Art der Beschäftigung angepasste technische oder organisatorische Maßnahmen nach Absatz 1 zum Schutz der nicht rauchenden Beschäftigten zu treffen.

§ 6 Unterweisung der Beschäftigten

(1) Der Arbeitgeber hat den Beschäftigten ausreichende und angemessene Informationen anhand der Gefährdungsbeurteilung in einer für die Beschäftigten verständlichen Form und Sprache zur Verfügung zu stellen über

1.
  das bestimmungsgemäße Betreiben der Arbeitsstätte,
2.
  alle gesundheits- und sicherheitsrelevanten Fragen im Zusammenhang mit ihrer Tätigkeit,
3.
  Maßnahmen, die zur Gewährleistung der Sicherheit und zum Schutz der Gesundheit der Beschäftigten durchgeführt werden müssen, und
4.
  arbeitsplatzspezifische Maßnahmen, insbesondere bei Tätigkeiten auf Baustellen oder an Bildschirmgeräten,
und sie anhand dieser Informationen zu unterweisen.
(2) Die Unterweisung nach Absatz 1 muss sich auf Maßnahmen im Gefahrenfall erstrecken, insbesondere auf

1.
  die Bedienung von Sicherheits- und Warneinrichtungen,
2.
  die Erste Hilfe und die dazu vorgehaltenen Mittel und Einrichtungen und
3.
  den innerbetrieblichen Verkehr.
(3) Die Unterweisung nach Absatz 1 muss sich auf Maßnahmen der Brandverhütung und Verhaltensmaßnahmen im Brandfall erstrecken, insbesondere auf die Nutzung der Fluchtwege und Notausgänge. Diejenigen Beschäftigten, die Aufgaben der Brandbekämpfung übernehmen, hat der Arbeitgeber in der Bedienung der Feuerlöscheinrichtungen zu unterweisen.
(4) Die Unterweisungen müssen vor Aufnahme der Tätigkeit stattfinden. Danach sind sie mindestens jährlich zu wiederholen. Sie haben in einer für die Beschäftigten verständlichen Form und Sprache zu erfolgen. Unterweisungen sind unverzüglich zu wiederholen, wenn sich die Tätigkeiten der Beschäftigten, die Arbeitsorganisation, die Arbeits- und Fertigungsverfahren oder die Einrichtungen und Betriebsweisen in der Arbeitsstätte wesentlich verändern und die Veränderung mit zusätzlichen Gefährdungen verbunden ist.

§ 7 Ausschuss für Arbeitsstätten

(1) Beim Bundesministerium für Arbeit und Soziales wird ein Ausschuss für Arbeitsstätten gebildet, in dem fachkundige Vertreter der Arbeitgeber, der Gewerkschaften, der Länderbehörden, der

gesetzlichen Unfallversicherung und weitere fachkundige Personen, insbesondere der Wissenschaft, in angemessener Zahl vertreten sein sollen. Die Gesamtzahl der Mitglieder soll 16 Personen nicht überschreiten. Für jedes Mitglied ist ein stellvertretendes Mitglied zu benennen. Die Mitgliedschaft im Ausschuss für Arbeitsstätten ist ehrenamtlich.

(2) Das Bundesministerium für Arbeit und Soziales beruft die Mitglieder des Ausschusses und die stellvertretenden Mitglieder. Der Ausschuss gibt sich eine Geschäftsordnung und wählt den Vorsitzenden aus seiner Mitte. Die Geschäftsordnung und die Wahl des Vorsitzenden bedürfen der Zustimmung des Bundesministeriums für Arbeit und Soziales.

(3) Zu den Aufgaben des Ausschusses gehört es,

1.

dem Stand der Technik, Arbeitsmedizin und Hygiene entsprechende Regeln und sonstige gesicherte wissenschaftliche Erkenntnisse für die Sicherheit und Gesundheit der Beschäftigten in Arbeitsstätten zu ermitteln,

2.

Regeln und Erkenntnisse zu ermitteln, wie die Anforderungen dieser Verordnung erfüllt werden können, sowie Empfehlungen für weitere Maßnahmen zur Gewährleistung der Sicherheit und zum Schutz der Gesundheit der Beschäftigten auszuarbeiten und

3.

das Bundesministerium für Arbeit und Soziales in allen Fragen der Sicherheit und der Gesundheit der Beschäftigten in Arbeitsstätten zu beraten.

Bei der Wahrnehmung seiner Aufgaben soll der Ausschuss die allgemeinen Grundsätze des Arbeitsschutzes nach § 4 des Arbeitsschutzgesetzes berücksichtigen. Das Arbeitsprogramm des Ausschusses für Arbeitsstätten wird mit dem Bundesministerium für Arbeit und Soziales abgestimmt. Der Ausschuss arbeitet eng mit den anderen Ausschüssen beim Bundesministerium für Arbeit und Soziales zusammen. Die Sitzungen des Ausschusses sind nicht öffentlich. Beratungs- und Abstimmungsergebnisse des Ausschusses sowie Niederschriften der Untergremien sind vertraulich zu behandeln, soweit die Erfüllung der Aufgaben, die den Untergremien oder den Mitgliedern des Ausschusses obliegen, dem nicht entgegenstehen.

(4) Das Bundesministerium für Arbeit und Soziales kann die vom Ausschuss nach Absatz 3 ermittelten Regeln und Erkenntnisse sowie Empfehlungen im Gemeinsamen Ministerialblatt bekannt machen.

(5) Die Bundesministerien sowie die zuständigen obersten Landesbehörden können zu den Sitzungen des Ausschusses Vertreter entsenden. Diesen ist auf Verlangen in der Sitzung das Wort zu erteilen.

(6) Die Geschäfte des Ausschusses führt die Bundesanstalt für Arbeitsschutz und Arbeitsmedizin.

§ 8 Übergangsvorschriften

(1) Soweit für Arbeitsstätten,

1.

die am 1. Mai 1976 eingerichtet waren oder mit deren Einrichtung vor diesem Zeitpunkt begonnen worden war oder

2.

die am 20. Dezember 1996 eingerichtet waren oder mit deren Einrichtung vor diesem Zeitpunkt begonnen worden war und für die zum Zeitpunkt der Einrichtung die Gewerbeordnung keine Anwendung fand,

in dieser Verordnung Anforderungen gestellt werden, die umfangreiche Änderungen der Arbeitsstätte, der Betriebseinrichtungen, Arbeitsverfahren oder Arbeitsabläufe notwendig machen, gelten hierfür bis zum 31. Dezember 2020 mindestens die entsprechenden Anforderungen des Anhangs II der Richtlinie 89/654/EWG des Rates vom 30. November 1989 über Mindestvorschriften für Sicherheit und Gesundheitsschutz in Arbeitsstätten (ABl. EG Nr. L 393 S. 1). Soweit diese

Arbeitsstätten oder ihre Betriebseinrichtungen wesentlich erweitert oder umgebaut oder die Arbeitsverfahren oder Arbeitsabläufe wesentlich umgestaltet werden, hat der Arbeitgeber die erforderlichen Maßnahmen zu treffen, damit diese Änderungen, Erweiterungen oder Umgestaltungen mit den Anforderungen dieser Verordnung übereinstimmen.

(2) Bestimmungen in den vom Ausschuss für Arbeitsstätten ermittelten und vom Bundesministerium für Arbeit und Soziales im Gemeinsamen Ministerialblatt bekannt gemachten Regeln für Arbeitsstätten, die Anforderungen an den Arbeitsplatz enthalten, gelten unter Berücksichtigung der Begriffsbestimmung des Arbeitsplatzes in § 2 Absatz 2 der Arbeitsstättenverordnung vom 12. August 2004 (BGBl. I S. 2179), die zuletzt durch Artikel 282 der Verordnung vom 31. August 2015 (BGBl. I S. 1474) geändert worden ist, solange fort, bis sie vom Ausschuss für Arbeitsstätten überprüft und erforderlichenfalls vom Bundesministerium für Arbeit und Soziales im Gemeinsamen Ministerialblatt neu bekannt gemacht worden sind.

§ 9 Straftaten und Ordnungswidrigkeiten

(1) Ordnungswidrig im Sinne des § 25 Absatz 1 Nummer 1 des Arbeitsschutzgesetzes handelt, wer vorsätzlich oder fahrlässig

1.
entgegen § 3 Absatz 3 eine Gefährdungsbeurteilung nicht richtig, nicht vollständig oder nicht rechtzeitig dokumentiert,

2.
entgegen § 3a Absatz 1 Satz 1 nicht dafür sorgt, dass eine Arbeitsstätte in der dort vorgeschriebenen Weise eingerichtet ist oder betrieben wird,

3.
entgegen § 3a Absatz 1 Satz 2 in Verbindung mit Nummer 4.1 Absatz 1 des Anhangs einen dort genannten Toilettenraum oder eine dort genannte mobile, anschlussfreie Toilettenkabine nicht oder nicht in der vorgeschriebenen Weise zur Verfügung stellt,

4.
entgegen § 3a Absatz 1 Satz 2 in Verbindung mit Nummer 4.2 Absatz 1 des Anhangs einen dort genannten Pausenraum oder einen dort genannten Pausenbereich nicht oder nicht in der vorgeschriebenen Weise zur Verfügung stellt,

5.
entgegen § 3a Absatz 2 eine Arbeitsstätte nicht in der dort vorgeschriebenen Weise einrichtet oder betreibt,

6.
entgegen § 4 Absatz 1 Satz 2 nicht dafür sorgt, dass die gefährdeten Beschäftigten ihre Tätigkeit unverzüglich einstellen,

7.
entgegen § 4 Absatz 4 Satz 1 nicht dafür sorgt, dass Verkehrswege, Fluchtwege und Notausgänge freigehalten werden,

8.
entgegen § 4 Absatz 5 ein Mittel oder eine Einrichtung zur Ersten Hilfe nicht zur Verfügung stellt,

9.
entgegen § 6 Absatz 4 Satz 1 nicht sicherstellt, dass die Beschäftigten vor Aufnahme der Tätigkeit unterwiesen werden.

(2) Wer durch eine in Absatz 1 bezeichnete vorsätzliche Handlung das Leben oder die Gesundheit von Beschäftigten gefährdet, ist nach § 26 Nummer 2 des Arbeitsschutzgesetzes strafbar.

Anhang Anforderungen und Maßnahmen für Arbeitsstätten nach § 3 Absatz 1
Inhaltsübersicht

(Fundstelle des Originaltextes: BGBl. I 2004, 2182 - 2188;
bzgl. der einzelnen Änderungen vgl. Fußnote)

Arbeitsplätzen

1
Allgemeine Anforderungen
1.1
Anforderungen an Konstruktion und Festigkeit von Gebäuden

Gebäude für Arbeitsstätten müssen eine der Nutzungsart entsprechende Konstruktion und Festigkeit aufweisen.

1.2
Abmessungen von Räumen, Luftraum

(1) Arbeitsräume, Sanitär-, Pausen- und Bereitschaftsräume, Kantinen, Erste-Hilfe-Räume und Unterkünfte müssen eine ausreichende Grundfläche und eine, in Abhängigkeit von der Größe der Grundfläche der Räume, ausreichende lichte Höhe aufweisen, so dass die Beschäftigten ohne Beeinträchtigung ihrer Sicherheit, ihrer Gesundheit oder ihres Wohlbefindens die Räume nutzen oder ihre Arbeit verrichten können.

(2) Die Abmessungen der Räume richten sich nach der Art ihrer Nutzung.

(3) Die Größe des notwendigen Luftraumes ist in Abhängigkeit von der Art der physischen Belastung und der Anzahl der Beschäftigten sowie der sonstigen anwesenden Personen zu bemessen.

1.3
Sicherheits- und Gesundheitsschutzkennzeichnung

(1) Unberührt von den nachfolgenden Anforderungen sind Sicherheits- und Gesundheitsschutzkennzeichnungen einzusetzen, wenn Gefährdungen der Sicherheit und Gesundheit der Beschäftigten nicht durch technische oder organisatorische Maßnahmen vermieden oder ausreichend begrenzt werden können. Das Ergebnis der Gefährdungsbeurteilung und die Maßnahmen nach § 3 Absatz 1 sind dabei zu berücksichtigen.

(2) Die Kennzeichnung ist nach der Art der Gefährdung dauerhaft oder vorübergehend nach den Vorgaben der Richtlinie 92/58/EWG des Rates vom 24. Juni 1992 über Mindestvorschriften für die Sicherheits- und/oder Gesundheitsschutzkennzeichnung am Arbeitsplatz (Neunte Einzelrichtlinie im Sinne des Artikels 16 Absatz 1 der Richtlinie 89/391/EWG) (ABl. EG Nr. L 245 S. 23) auszuführen. Diese Richtlinie gilt in der jeweils aktuellen Fassung. Wird diese Richtlinie geändert oder nach den in dieser Richtlinie vorgesehenen Verfahren an den technischen Fortschritt angepasst, gilt sie in der geänderten im Amtsblatt der Europäischen Gemeinschaften veröffentlichten Fassung nach Ablauf der in der Änderungs- oder Anpassungsrichtlinie festgelegten Umsetzungsfrist. Die geänderte Fassung kann bereits ab Inkrafttreten der Änderungs- oder Anpassungsrichtlinie angewendet werden.

(3) (weggefallen)

1.4
Energieverteilungsanlagen

Anlagen, die der Versorgung der Arbeitsstätte mit Energie dienen, müssen so ausgewählt, installiert und betrieben werden, dass die Beschäftigten vor dem direkten oder indirekten Berühren spannungsführender Teile geschützt sind und dass von den Anlagen keine Brand- oder Explosionsgefahren ausgehen. Bei der Konzeption und der Ausführung sowie der Wahl des Materials und der Schutzvorrichtungen sind Art und Stärke der verteilten Energie, die äußeren Einwirkbedingungen und die Fachkenntnisse der Personen zu berücksichtigen, die zu Teilen der Anlage Zugang haben.

1.5
Fußböden, Wände, Decken, Dächer

(1) Die Oberflächen der Fußböden, Wände und Decken der Räume müssen so gestaltet sein, dass sie den Erfordernissen des sicheren Betreibens entsprechen sowie leicht und sicher zu reinigen

14

sind. Arbeitsräume müssen unter Berücksichtigung der Art des Betriebes und der physischen Belastungen eine angemessene Dämmung gegen Wärme und Kälte sowie eine ausreichende Isolierung gegen Feuchtigkeit aufweisen. Auch Sanitär-, Pausen- und Bereitschaftsräume, Kantinen, Erste-Hilfe-Räume und Unterkünfte müssen über eine angemessene Dämmung gegen Wärme und Kälte sowie eine ausreichende Isolierung gegen Feuchtigkeit verfügen.

(2) Die Fußböden der Räume dürfen keine Unebenheiten, Löcher, Stolperstellen oder gefährlichen Schrägen aufweisen. Sie müssen gegen Verrutschen gesichert, tragfähig, trittsicher und rutschhemmend sein.

(3) Durchsichtige oder lichtdurchlässige Wände, insbesondere Ganzglaswände in Arbeitsräumen oder im Bereich von Verkehrswegen, müssen deutlich gekennzeichnet sein. Sie müssen entweder aus bruchsicherem Werkstoff bestehen oder so gegen die Arbeitsplätze in Arbeitsräumen oder die Verkehrswege abgeschirmt sein, dass die Beschäftigten nicht mit den Wänden in Berührung kommen und beim Zersplittern der Wände nicht verletzt werden können.

(4) Dächer aus nicht durchtrittsicherem Material dürfen nur betreten werden, wenn Ausrüstungen benutzt werden, die ein sicheres Arbeiten ermöglichen.

1.6
Fenster, Oberlichter

(1) Fenster, Oberlichter und Lüftungsvorrichtungen müssen sich von den Beschäftigten sicher öffnen, schließen, verstellen und arretieren lassen. Sie dürfen nicht so angeordnet sein, dass sie in geöffnetem Zustand eine Gefahr für die Beschäftigten darstellen.

(2) Fenster und Oberlichter müssen so ausgewählt oder ausgerüstet und eingebaut sein, dass sie ohne Gefährdung der Ausführenden und anderer Personen gereinigt werden können.

1.7
Türen, Tore

(1) Die Lage, Anzahl, Abmessungen und Ausführung insbesondere hinsichtlich der verwendeten Werkstoffe von Türen und Toren müssen sich nach der Art und Nutzung der Räume oder Bereiche richten.

(2) Durchsichtige Türen müssen in Augenhöhe gekennzeichnet sein.

(3) Pendeltüren und -tore müssen durchsichtig sein oder ein Sichtfenster haben.

(4) Bestehen durchsichtige oder lichtdurchlässige Flächen von Türen und Toren nicht aus bruchsicherem Werkstoff und ist zu befürchten, dass sich die Beschäftigten beim Zersplittern verletzen können, sind diese Flächen gegen Eindrücken zu schützen.

(5) Schiebetüren und -tore müssen gegen Ausheben und Herausfallen gesichert sein. Türen und Tore, die sich nach oben öffnen, müssen gegen Herabfallen gesichert sein.

(6) In unmittelbarer Nähe von Toren, die vorwiegend für den Fahrzeugverkehr bestimmt sind, müssen gut sichtbar gekennzeichnete, stets zugängliche Türen für Fußgänger vorhanden sein. Diese Türen sind nicht erforderlich, wenn der Durchgang durch die Tore für Fußgänger gefahrlos möglich ist.

(7) Kraftbetätigte Türen und Tore müssen sicher benutzbar sein. Dazu gehört, dass sie

a)
    ohne Gefährdung der Beschäftigten bewegt werden oder zum Stillstand kommen können,

b)
    mit selbsttätig wirkenden Sicherungen ausgestattet sind,

c)
    auch von Hand zu öffnen sind, sofern sie sich bei Stromausfall nicht automatisch öffnen.

(8) Besondere Anforderungen gelten für Türen im Verlauf von Fluchtwegen (Nummer 2.3).

1.8
Verkehrswege

(1) Verkehrswege, einschließlich Treppen, fest angebrachte Steigleitern und Laderampen müssen so angelegt und bemessen sein, dass sie je nach ihrem Bestimmungszweck leicht und sicher begangen oder befahren werden können und in der Nähe Beschäftigte nicht gefährdet werden.

(2) Die Bemessung der Verkehrswege, die dem Personenverkehr, Güterverkehr oder Personen-

und Güterverkehr dienen, muss sich nach der Anzahl der möglichen Benutzer und der Art des Betriebes richten.

(3) Werden Transportmittel auf Verkehrswegen eingesetzt, muss für Fußgänger ein ausreichender Sicherheitsabstand gewahrt werden.

(4) Verkehrswege für Fahrzeuge müssen an Türen und Toren, Durchgängen, Fußgängerwegen und Treppenaustritten in ausreichendem Abstand vorbeiführen.

(5) Soweit Nutzung und Einrichtung der Räume es zum Schutz der Beschäftigten erfordern, müssen die Begrenzungen der Verkehrswege gekennzeichnet sein.

(6) Besondere Anforderungen gelten für Fluchtwege (Nummer 2.3).

1.9
Fahrtreppen, Fahrsteige

Fahrtreppen und Fahrsteige müssen so ausgewählt und installiert sein, dass sie sicher funktionieren und sicher benutzbar sind. Dazu gehört, dass die Notbefehlseinrichtungen gut erkennbar und leicht zugänglich sind und nur solche Fahrtreppen und Fahrsteige eingesetzt werden, die mit den notwendigen Sicherheitsvorrichtungen ausgestattet sind.

1.10
Laderampen

(1) Laderampen sind entsprechend den Abmessungen der Transportmittel und der Ladung auszulegen.

(2) Sie müssen mindestens einen Abgang haben; lange Laderampen müssen, soweit betriebstechnisch möglich, an jedem Endbereich einen Abgang haben.

(3) Sie müssen einfach und sicher benutzbar sein. Dazu gehört, dass sie nach Möglichkeit mit Schutzvorrichtungen gegen Absturz auszurüsten sind; das gilt insbesondere in Bereichen von Laderampen, die keine ständigen Be- und Entladestellen sind.

1.11
Steigleitern, Steigeisengänge

Steigleitern und Steigeisengänge müssen sicher benutzbar sein. Dazu gehört, dass sie

a)

nach Notwendigkeit über Schutzvorrichtungen gegen Absturz, vorzugsweise über Steigschutzeinrichtungen verfügen,

b)

an ihren Austrittsstellen eine Haltevorrichtung haben,

c)

nach Notwendigkeit in angemessenen Abständen mit Ruhebühnen ausgerüstet sind.

2
Maßnahmen zum Schutz vor besonderen Gefahren

2.1
Schutz vor Absturz und herabfallenden Gegenständen, Betreten von Gefahrenbereichen

(1) Arbeitsplätze und Verkehrswege, bei denen eine Absturzgefahr für Beschäftigte oder die Gefahr des Herabfallens von Gegenständen besteht, müssen mit Schutzvorrichtungen versehen sein, die verhindern, dass Beschäftigte abstürzen oder durch herabfallende Gegenstände verletzt werden können. Sind aufgrund der Eigenart des Arbeitsplatzes oder der durchzuführenden Arbeiten Schutzvorrichtungen gegen Absturz nicht geeignet, muss der Arbeitgeber die Sicherheit der Beschäftigten durch andere wirksame Maßnahmen gewährleisten. Eine Absturzgefahr besteht bei einer Absturzhöhe von mehr als 1 Meter.

(2) Arbeitsplätze und Verkehrswege, die an Gefahrenbereiche grenzen, müssen mit Schutzvorrichtungen versehen sein, die verhindern, dass Beschäftigte in die Gefahrenbereiche gelangen.

(3) Die Arbeitsplätze und Verkehrswege nach den Absätzen 1 und 2 müssen gegen unbefugtes Betreten gesichert und gut sichtbar als Gefahrenbereiche gekennzeichnet sein. Zum Schutz derjenigen, die diese Bereiche betreten müssen, sind geeignete Maßnahmen zu treffen.

2.2
Maßnahmen gegen Brände

(1) Arbeitsstätten müssen je nach

a)

Abmessung und Nutzung,

b)

der Brandgefährdung vorhandener Einrichtungen und Materialien,

c)

der größtmöglichen Anzahl anwesender Personen

mit einer ausreichenden Anzahl geeigneter Feuerlöscheinrichtungen und erforderlichenfalls Brandmeldern und Alarmanlagen ausgestattet sein.

(2) Nicht selbsttätige Feuerlöscheinrichtungen müssen als solche dauerhaft gekennzeichnet, leicht zu erreichen und zu handhaben sein.

(3) Selbsttätig wirkende Feuerlöscheinrichtungen müssen mit Warneinrichtungen ausgerüstet sein, wenn bei ihrem Einsatz Gefahren für die Beschäftigten auftreten können.

2.3
Fluchtwege und Notausgänge

(1) Fluchtwege und Notausgänge müssen

a)

sich in Anzahl, Anordnung und Abmessung nach der Nutzung, der Einrichtung und den Abmessungen der Arbeitsstätte sowie nach der höchstmöglichen Anzahl der dort anwesenden Personen richten,

b)

auf möglichst kurzem Weg ins Freie oder, falls dies nicht möglich ist, in einen gesicherten Bereich führen,

c)

in angemessener Form und dauerhaft gekennzeichnet sein.

Sie sind mit einer Sicherheitsbeleuchtung auszurüsten, wenn das gefahrlose Verlassen der Arbeitsstätte für die Beschäftigten, insbesondere bei Ausfall der allgemeinen Beleuchtung, nicht gewährleistet ist.

(2) Türen im Verlauf von Fluchtwegen oder Türen von Notausgängen müssen

a)

sich von innen ohne besondere Hilfsmittel jederzeit leicht öffnen lassen, solange sich Beschäftigte in der Arbeitsstätte befinden,

b)

in angemessener Form und dauerhaft gekennzeichnet sein.

Türen von Notausgängen müssen sich nach außen öffnen lassen. In Notausgängen, die ausschließlich für den Notfall konzipiert und ausschließlich im Notfall benutzt werden, sind Karussell- und Schiebetüren nicht zulässig.

3
Arbeitsbedingungen
3.1
Bewegungsfläche

(1) Die freie unverstellte Fläche am Arbeitsplatz muss so bemessen sein, dass sich die Beschäftigten bei ihrer Tätigkeit ungehindert bewegen können.

(2) Ist dies nicht möglich, muss den Beschäftigten in der Nähe des Arbeitsplatzes eine andere ausreichend große Bewegungsfläche zur Verfügung stehen.

3.2
Anordnung der Arbeitsplätze

Arbeitsplätze sind in der Arbeitsstätte so anzuordnen, dass Beschäftigte

17

a)
    sie sicher erreichen und verlassen können,

b)
    sich bei Gefahr schnell in Sicherheit bringen können,

c)
    durch benachbarte Arbeitsplätze, Transporte oder Einwirkungen von außerhalb nicht gefährdet werden.

3.3 Ausstattung

(1) Jedem Beschäftigten muss mindestens eine Kleiderablage zur Verfügung stehen, sofern keine Umkleideräume vorhanden sind.

(2) Kann die Arbeit ganz oder teilweise sitzend verrichtet werden oder lässt es der Arbeitsablauf zu, sich zeitweise zu setzen, sind den Beschäftigten am Arbeitsplatz Sitzgelegenheiten zur Verfügung zu stellen. Können aus betriebstechnischen Gründen keine Sitzgelegenheiten unmittelbar am Arbeitsplatz aufgestellt werden, obwohl es der Arbeitsablauf zulässt, sich zeitweise zu setzen, müssen den Beschäftigten in der Nähe der Arbeitsplätze Sitzgelegenheiten bereitgestellt werden.

3.4 Beleuchtung und Sichtverbindung

(1) Der Arbeitgeber darf als Arbeitsräume nur solche Räume betreiben, die möglichst ausreichend Tageslicht erhalten und die eine Sichtverbindung nach außen haben. Dies gilt nicht für

1.
    Räume, bei denen betriebs-, produktions- oder bautechnische Gründe Tageslicht oder einer Sichtverbindung nach außen entgegenstehen,

2.
    Räume, in denen sich Beschäftigte zur Verrichtung ihrer Tätigkeit regelmäßig nicht über einen längeren Zeitraum oder im Verlauf der täglichen Arbeitszeit nur kurzzeitig aufhalten müssen, insbesondere Archive, Lager-, Maschinen- und Nebenräume, Teeküchen,

3.
    Räume, die vollständig unter Erdgleiche liegen, soweit es sich dabei um Tiefgaragen oder ähnliche Einrichtungen, um kulturelle Einrichtungen, um Verkaufsräume oder um Schank- und Speiseräume handelt,

4.
    Räume in Bahnhofs- oder Flughafenhallen, Passagen oder innerhalb von Kaufhäusern und Einkaufszentren,

5.
    Räume mit einer Grundfläche von mindestens 2000 Quadratmetern, sofern Oberlichter oder andere bauliche Vorrichtungen vorhanden sind, die Tageslicht in den Arbeitsraum lenken.

(2) Pausen- und Bereitschaftsräume sowie Unterkünfte müssen möglichst ausreichend mit Tageslicht beleuchtet sein und eine Sichtverbindung nach außen haben. Kantinen sollen möglichst ausreichend Tageslicht erhalten und eine Sichtverbindung nach außen haben.

(3) Räume, die bis zum 3. Dezember 2016 eingerichtet worden sind oder mit deren Einrichtung begonnen worden war und die die Anforderungen nach Absatz 1 Satz 1 oder Absatz 2 nicht erfüllen, dürfen ohne eine Sichtverbindung nach außen weiter betrieben werden, bis sie wesentlich erweitert oder umgebaut werden.

(4) In Arbeitsräumen muss die Stärke des Tageslichteinfalls am Arbeitsplatz je nach Art der Tätigkeit reguliert werden können.

(5) Arbeitsstätten müssen mit Einrichtungen ausgestattet sein, die eine angemessene künstliche Beleuchtung ermöglichen, so dass die Sicherheit und der Schutz der Gesundheit der Beschäftigten gewährleistet sind.

(6) Die Beleuchtungsanlagen sind so auszuwählen und anzuordnen, dass dadurch die Sicherheit und die Gesundheit der Beschäftigten nicht gefährdet werden.

(7) Arbeitsstätten, in denen bei Ausfall der Allgemeinbeleuchtung die Sicherheit der Beschäftigten gefährdet werden kann, müssen eine ausreichende Sicherheitsbeleuchtung haben.

3.5
Raumtemperatur

(1) Arbeitsräume, in denen aus betriebstechnischer Sicht keine spezifischen Anforderungen an die Raumtemperatur gestellt werden, müssen während der Nutzungsdauer unter Berücksichtigung der Arbeitsverfahren und der physischen Belastungen der Beschäftigten eine gesundheitlich zuträgliche Raumtemperatur haben.

(2) Sanitär-, Pausen- und Bereitschaftsräume, Kantinen, Erste-Hilfe-Räume und Unterkünfte müssen während der Nutzungsdauer unter Berücksichtigung des spezifischen Nutzungszwecks eine gesundheitlich zuträgliche Raumtemperatur haben.

(3) Fenster, Oberlichter und Glaswände müssen unter Berücksichtigung der Arbeitsverfahren und der Art der Arbeitsstätte eine Abschirmung gegen übermäßige Sonneneinstrahlung ermöglichen.

3.6
Lüftung

(1) In Arbeitsräumen, Sanitär-, Pausen- und Bereitschaftsräumen, Kantinen, Erste-Hilfe-Räumen und Unterkünften muss unter Berücksichtigung des spezifischen Nutzungszwecks, der Arbeitsverfahren, der physischen Belastungen und der Anzahl der Beschäftigten sowie der sonstigen anwesenden Personen während der Nutzungsdauer ausreichend gesundheitlich zuträgliche Atemluft vorhanden sein.

(2) Ist für das Betreiben von Arbeitsstätten eine raumlufttechnische Anlage erforderlich, muss diese jederzeit funktionsfähig sein. Bei raumlufttechnischen Anlagen muss eine Störung durch eine selbsttätige Warneinrichtung angezeigt werden. Es müssen Vorkehrungen getroffen sein, durch die die Beschäftigten im Fall einer Störung gegen Gesundheitsgefahren geschützt sind.

(3) Werden raumlufttechnische Anlagen verwendet, ist sicherzustellen, dass die Beschäftigten keinem störenden Luftzug ausgesetzt sind.

(4) Ablagerungen und Verunreinigungen in raumlufttechnischen Anlagen, die zu einer unmittelbaren Gesundheitsgefährdung durch die Raumluft führen können, müssen umgehend beseitigt werden.

3.7
Lärm

In Arbeitsstätten ist der Schalldruckpegel so niedrig zu halten, wie es nach der Art des Betriebes möglich ist. Der Schalldruckpegel am Arbeitsplatz in Arbeitsräumen ist in Abhängigkeit von der Nutzung und den zu verrichtenden Tätigkeiten so weit zu reduzieren, dass keine Beeinträchtigungen der Gesundheit der Beschäftigten entstehen.

4
Sanitär-, Pausen- und Bereitschaftsräume, Kantinen, Erste-Hilfe-Räume und Unterkünfte

4.1
Sanitärräume

(1) Der Arbeitgeber hat Toilettenräume zur Verfügung zu stellen. Toilettenräume sind für Männer und Frauen getrennt einzurichten oder es ist eine getrennte Nutzung zu ermöglichen. Toilettenräume sind mit verschließbaren Zugängen, einer ausreichenden Anzahl von Toilettenbecken und Handwaschgelegenheiten zur Verfügung zu stellen. Sie müssen sich sowohl in der Nähe der Arbeitsräume als auch in der Nähe von Kantinen, Pausen- und Bereitschaftsräumen, Wasch- und Umkleideräumen befinden. Bei Arbeiten im Freien und auf Baustellen mit wenigen Beschäftigten sind mobile, anschlussfreie Toilettenkabinen in der Nähe der Arbeitsplätze ausreichend.

(2) Der Arbeitgeber hat – wenn es die Art der Tätigkeit oder gesundheitliche Gründe erfordern – Waschräume zur Verfügung zu stellen. Diese sind für Männer und Frauen getrennt einzurichten oder es ist eine getrennte Nutzung zu ermöglichen. Bei Arbeiten im Freien und auf Baustellen mit wenigen Beschäftigten sind Waschgelegenheiten ausreichend. Waschräume sind

a)

    in der Nähe von Arbeitsräumen und sichtgeschützt einzurichten,

b)

    so zu bemessen, dass die Beschäftigten sich den hygienischen Erfordernissen entsprechend und ungehindert reinigen können; dazu müssen fließendes warmes und kaltes Wasser, Mittel zum Reinigen und gegebenenfalls zum Desinfizieren sowie zum Abtrocknen der Hände vorhanden sein,

c)

    mit einer ausreichenden Anzahl geeigneter Duschen zur Verfügung zu stellen, wenn es die Art der Tätigkeit oder gesundheitliche Gründe erfordern.

Sind Waschräume nicht erforderlich, müssen in der Nähe des Arbeitsplatzes und der Umkleideräume ausreichende und angemessene Waschgelegenheiten mit fließendem Wasser (erforderlichenfalls mit warmem Wasser), Mitteln zum Reinigen und zum Abtrocknen der Hände zur Verfügung stehen.

(3) Der Arbeitgeber hat geeignete Umkleideräume zur Verfügung zu stellen, wenn die Beschäftigten bei ihrer Tätigkeit besondere Arbeitskleidung tragen müssen und es ihnen nicht zuzumuten ist, sich in einem anderen Raum umzukleiden. Umkleideräume sind für Männer und Frauen getrennt einzurichten oder es ist eine getrennte Nutzung zu ermöglichen. Umkleideräume müssen

a)

    leicht zugänglich und von ausreichender Größe und sichtgeschützt eingerichtet werden; entsprechend der Anzahl gleichzeitiger Benutzer muss genügend freie Bodenfläche für ungehindertes Umkleiden vorhanden sein,

b)

    mit Sitzgelegenheiten sowie mit verschließbaren Einrichtungen ausgestattet sein, in denen jeder Beschäftigte seine Kleidung aufbewahren kann.

Kleiderschränke für Arbeitskleidung und Schutzkleidung sind von Kleiderschränken für persönliche Kleidung und Gegenstände zu trennen, wenn die Umstände dies erfordern.

(4) Wasch- und Umkleideräume, die voneinander räumlich getrennt sind, müssen untereinander leicht erreichbar sein.

4.2
Pausen- und Bereitschaftsräume

(1) Bei mehr als zehn Beschäftigten oder wenn die Sicherheit und der Schutz der Gesundheit es erfordern, ist den Beschäftigten ein Pausenraum oder ein entsprechender Pausenbereich zur Verfügung zu stellen. Dies gilt nicht, wenn die Beschäftigten in Büroräumen oder vergleichbaren Arbeitsräumen beschäftigt sind und dort gleichwertige Voraussetzungen für eine Erholung während der Pause gegeben sind. Fallen in die Arbeitszeit regelmäßig und häufig Arbeitsbereitschaftszeiten oder Arbeitsunterbrechungen und sind keine Pausenräume vorhanden, so sind für die Beschäftigten Räume für Bereitschaftszeiten einzurichten. Schwangere Frauen und stillende Mütter müssen sich während der Pausen und, soweit es erforderlich ist, auch während der Arbeitszeit unter geeigneten Bedingungen hinlegen und ausruhen können.

(2) Pausenräume oder entsprechende Pausenbereiche sind

a)

    für die Beschäftigten leicht erreichbar an ungefährdeter Stelle und in ausreichender Größe bereitzustellen,

b)

    entsprechend der Anzahl der gleichzeitigen Benutzer mit leicht zu reinigenden Tischen und Sitzgelegenheiten mit Rückenlehne auszustatten,

c)

    als separate Räume zu gestalten, wenn die Beurteilung der Arbeitsbedingungen und der Arbeitsstätte dies erfordern.

(3) Bereitschaftsräume und Pausenräume, die als Bereitschaftsräume genutzt werden, müssen dem Zweck entsprechend ausgestattet sein.

4.3
Erste-Hilfe-Räume

(1) Erste-Hilfe-Räume oder vergleichbare Bereiche sind entsprechend der Art der Gefährdungen in der Arbeitsstätte oder der Anzahl der Beschäftigten, der Art der auszuübenden Tätigkeiten sowie der räumlichen Größe der Betriebe zur Verfügung zu stellen.

(2) Erste-Hilfe-Räume müssen an ihren Zugängen als solche gekennzeichnet und für Personen mit Rettungstransportmitteln leicht zugänglich sein.

(3) Sie sind mit den erforderlichen Mitteln und Einrichtungen zur Ersten Hilfe auszustatten. An einer deutlich gekennzeichneten Stelle müssen Anschrift und Telefonnummer der örtlichen Rettungsdienste angegeben sein.

(4) Darüber hinaus sind überall dort, wo es die Arbeitsbedingungen erfordern, Mittel und Einrichtungen zur Ersten Hilfe aufzubewahren. Sie müssen leicht zugänglich und einsatzbereit sein. Die Aufbewahrungsstellen müssen als solche gekennzeichnet und gut erreichbar sein.

4.4
Unterkünfte

(1) Der Arbeitgeber hat angemessene Unterkünfte für Beschäftigte zur Verfügung zu stellen, gegebenenfalls auch außerhalb der Arbeitsstätte, wenn es aus Gründen der Sicherheit und zum Schutz der Gesundheit erforderlich ist. Die Bereitstellung angemessener Unterkünfte kann insbesondere wegen der Abgelegenheit der Arbeitsstätte, der Art der auszuübenden Tätigkeiten oder der Anzahl der im Betrieb beschäftigten Personen erforderlich sein. Kann der Arbeitgeber erforderliche Unterkünfte nicht zur Verfügung stellen, hat er für eine andere angemessene Unterbringung der Beschäftigten zu sorgen.

(2) Unterkünfte müssen entsprechend ihrer Belegungszahl ausgestattet sein mit:

a)
    Wohn- und Schlafbereich (Betten, Schränken, Tischen, Stühlen),

b)
    Essbereich,

c)
    Sanitäreinrichtungen.

(3) Wird die Unterkunft von Männern und Frauen gemeinsam genutzt, ist dies bei der Zuteilung der Räume zu berücksichtigen.

5
Ergänzende Anforderungen und Maßnahmen für besondere Arbeitsstätten und Arbeitsplätze

5.1
Arbeitsplätze in nicht allseits umschlossenen Arbeitsstätten und Arbeitsplätze im Freien

Arbeitsplätze in nicht allseits umschlossenen Arbeitsstätten und Arbeitsplätze im Freien sind so einzurichten und zu betreiben, dass sie von den Beschäftigten bei jeder Witterung sicher und ohne Gesundheitsgefährdung erreicht, benutzt und wieder verlassen werden können. Dazu gehört, dass diese Arbeitsplätze gegen Witterungseinflüsse geschützt sind oder den Beschäftigten geeignete persönliche Schutzausrüstungen zur Verfügung gestellt werden.

Werden die Beschäftigten auf Arbeitsplätzen im Freien beschäftigt, so sind die Arbeitsplätze nach Möglichkeit so einzurichten, dass die Beschäftigten nicht gesundheitsgefährdenden äußeren Einwirkungen ausgesetzt sind.

5.2
Baustellen

(1) Die Beschäftigten müssen

a)
    sich gegen Witterungseinflüsse geschützt umkleiden, waschen und wärmen können,

b)

über Einrichtungen verfügen, um ihre Mahlzeiten einnehmen und gegebenenfalls auch zubereiten zu können,

c)

in der Nähe der Arbeitsplätze über Trinkwasser oder ein anderes alkoholfreies Getränk verfügen können.

Weiterhin sind auf Baustellen folgende Anforderungen umzusetzen:

d)

Sind Umkleideräume nicht erforderlich, muss für jeden regelmäßig auf der Baustelle anwesenden Beschäftigten eine Kleiderablage und ein abschließbares Fach vorhanden sein, damit persönliche Gegenstände unter Verschluss aufbewahrt werden können.

e)

Unter Berücksichtigung der Arbeitsverfahren und der physischen Belastungen der Beschäftigten ist dafür zu sorgen, dass ausreichend gesundheitlich zuträgliche Atemluft vorhanden ist.

f)

Beschäftigte müssen die Möglichkeit haben, Arbeitskleidung und Schutzkleidung außerhalb der Arbeitszeit zu lüften und zu trocknen.

g)

In regelmäßigen Abständen sind geeignete Versuche und Übungen an Feuerlöscheinrichtungen und Brandmelde- und Alarmanlagen durchzuführen.

(2) Schutzvorrichtungen, die ein Abstürzen von Beschäftigten an Arbeitsplätzen und Verkehrswegen auf Baustellen verhindern, müssen vorhanden sein:

1.

unabhängig von der Absturzhöhe bei

a)

Arbeitsplätzen am und über Wasser oder an und über anderen festen oder flüssigen Stoffen, in denen man versinken kann,

b)

Verkehrswegen über Wasser oder anderen festen oder flüssigen Stoffen, in denen man versinken kann,

2.

bei mehr als 1 Meter Absturzhöhe an Wandöffnungen, an freiliegenden Treppenläufen und -absätzen sowie

3.

bei mehr als 2 Meter Absturzhöhe an allen übrigen Arbeitsplätzen.

Bei einer Absturzhöhe bis zu 3 Metern ist eine Schutzvorrichtung entbehrlich an Arbeitsplätzen und Verkehrswegen auf Dächern und Geschossdecken von baulichen Anlagen mit bis zu 22,5 Grad Neigung und nicht mehr als 50 Quadratmeter Grundfläche, sofern die Arbeiten von hierfür fachlich qualifizierten und körperlich geeigneten Beschäftigten ausgeführt werden und diese Beschäftigten besonders unterwiesen sind. Die Absturzkante muss für die Beschäftigten deutlich erkennbar sein.

(3) Räumliche Begrenzungen der Arbeitsplätze, Materialien, Ausrüstungen und ganz allgemein alle Elemente, die durch Ortsveränderung die Sicherheit und die Gesundheit der Beschäftigten beeinträchtigen können, müssen auf geeignete Weise stabilisiert werden. Hierzu zählen auch Maßnahmen, die verhindern, dass Fahrzeuge, Erdbaumaschinen und Förderzeuge abstürzen, umstürzen, abrutschen oder einbrechen.

(4) Werden Beförderungsmittel auf Verkehrswegen verwendet, so müssen für andere, den Verkehrsweg nutzende Personen ein ausreichender Sicherheitsabstand oder geeignete Schutzvorrichtungen vorgesehen werden. Die Wege müssen regelmäßig überprüft und gewartet werden.

(5) Bei Arbeiten, aus denen sich im besonderen Maße Gefährdungen für die Beschäftigten ergeben können, müssen geeignete Sicherheitsvorkehrungen getroffen werden. Dies gilt insbesondere für Abbrucharbeiten sowie Montage- oder Demontagearbeiten. Zur Erfüllung der Schutzmaßnahmen des Satzes 1 sind

a)

bei Arbeiten an erhöhten oder tiefer gelegenen Standorten Standsicherheit und Stabilität der Arbeitsplätze und ihrer Zugänge auf geeignete Weise zu gewährleisten und zu überprüfen, insbesondere nach einer Veränderung der Höhe oder Tiefe des Arbeitsplatzes,

b)

bei Aushubarbeiten, Brunnenbauarbeiten, unterirdischen oder Tunnelarbeiten die Erd- oder Felswände so abzuböschen, zu verbauen oder anderweitig so zu sichern, dass sie während der einzelnen Bauzustände standsicher sind; vor Beginn von Erdarbeiten sind geeignete Maßnahmen durchzuführen, um die Gefährdung durch unterirdisch verlegte Kabel und andere Versorgungsleitungen festzustellen und auf ein Mindestmaß zu verringern,

c)

bei Arbeiten, bei denen Sauerstoffmangel auftreten kann, geeignete Maßnahmen zu treffen, um einer Gefahr vorzubeugen und eine wirksame und sofortige Hilfeleistung zu ermöglichen; Einzelarbeitsplätze in Bereichen, in denen erhöhte Gefährdung durch Sauerstoffmangel besteht, sind nur zulässig, wenn diese ständig von außen überwacht werden und alle geeigneten Vorkehrungen getroffen sind, um eine wirksame und sofortige Hilfeleistung zu ermöglichen,

d)

beim Auf-, Um- sowie Abbau von Spundwänden und Senkkästen angemessene Vorrichtungen vorzusehen, damit sich die Beschäftigten beim Eindringen von Wasser und Material retten können,

e)

bei Laderampen Absturzsicherungen vorzusehen,

f)

bei Arbeiten, bei denen mit Gefährdungen aus dem Verkehr von Land-, Wasser- oder Luftfahrzeugen zu rechnen ist, geeignete Vorkehrungen zu treffen.

Abbrucharbeiten, Montage- oder Demontagearbeiten, insbesondere der Auf- oder Abbau von Stahl- oder Betonkonstruktionen, die Montage oder Demontage von Verbau zur Sicherung von Erd- oder Felswänden oder Senkkästen sind fachkundig zu planen und nur unter fachkundiger Aufsicht sowie nach schriftlicher Abbruch-, Montage- oder Demontageanweisung durchzuführen; die Abbruch-, Montage- oder Demontageanweisung muss die erforderlichen sicherheitstechnischen Angaben enthalten; auf die Schriftform kann verzichtet werden, wenn für die jeweiligen Abbruch-, Montage- oder Demontagearbeiten besondere sicherheitstechnische Angaben nicht erforderlich sind.

(6) Vorhandene elektrische Freileitungen müssen nach Möglichkeit außerhalb des Baustellengeländes verlegt oder freigeschaltet werden. Wenn dies nicht möglich ist, sind geeignete Abschrankungen, Abschirmungen oder Hinweise anzubringen, um Fahrzeuge und Einrichtungen von diesen Leitungen fern zu halten.

6
Maßnahmen zur Gestaltung von Bildschirmarbeitsplätzen

6.1
Allgemeine Anforderungen an Bildschirmarbeitsplätze

(1) Bildschirmarbeitsplätze sind so einzurichten und zu betreiben, dass die Sicherheit und der Schutz der Gesundheit der Beschäftigten gewährleistet sind. Die Grundsätze der Ergonomie sind auf die Bildschirmarbeitsplätze und die erforderlichen Arbeitsmittel sowie die für die Informationsverarbeitung durch die Beschäftigten erforderlichen Bildschirmgeräte entsprechend anzuwenden.

(2) Der Arbeitgeber hat dafür zu sorgen, dass die Tätigkeiten der Beschäftigten an Bildschirmgeräten insbesondere durch andere Tätigkeiten oder regelmäßige Erholungszeiten unterbrochen werden.

(3) Für die Beschäftigten ist ausreichend Raum für wechselnde Arbeitshaltungen und -bewegungen vorzusehen.

(4) Die Bildschirmgeräte sind so aufzustellen und zu betreiben, dass die Oberflächen frei von störenden Reflexionen und Blendungen sind.

(5) Die Arbeitstische oder Arbeitsflächen müssen eine reflexionsarme Oberfläche haben und so aufgestellt werden, dass die Oberflächen bei der Arbeit frei von störenden Reflexionen und Blendungen sind.

(6) Die Arbeitsflächen sind entsprechend der Arbeitsaufgabe so zu bemessen, dass alle Eingabemittel auf der Arbeitsfläche variabel angeordnet werden können und eine flexible Anordnung des Bildschirms, des Schriftguts und der sonstigen Arbeitsmittel möglich ist. Die Arbeitsfläche vor der Tastatur muss ein Auflegen der Handballen ermöglichen.

(7) Auf Wunsch der Beschäftigten hat der Arbeitgeber eine Fußstütze und einen Manuskripthalter zur Verfügung zu stellen, wenn eine ergonomisch günstige Arbeitshaltung auf andere Art und Weise nicht erreicht werden kann.

(8) Die Beleuchtung muss der Art der Arbeitsaufgabe entsprechen und an das Sehvermögen der Beschäftigten angepasst sein; ein angemessener Kontrast zwischen Bildschirm und Arbeitsumgebung ist zu gewährleisten. Durch die Gestaltung des Bildschirmarbeitsplatzes sowie der Auslegung und der Anordnung der Beleuchtung sind störende Blendungen, Reflexionen oder Spiegelungen auf dem Bildschirm und den sonstigen Arbeitsmitteln zu vermeiden.

(9) Werden an einem Arbeitsplatz mehrere Bildschirmgeräte oder Bildschirme betrieben, müssen diese ergonomisch angeordnet sein. Die Eingabegeräte müssen sich eindeutig dem jeweiligen Bildschirmgerät zuordnen lassen.

(10) Die Arbeitsmittel dürfen nicht zu einer erhöhten, gesundheitlich unzuträglichen Wärmebelastung am Arbeitsplatz führen.

6.2
Allgemeine Anforderungen an Bildschirme und Bildschirmgeräte

(1) Die Text- und Grafikdarstellungen auf dem Bildschirm müssen entsprechend der Arbeitsaufgabe und dem Sehabstand scharf und deutlich sowie ausreichend groß sein. Der Zeichen- und der Zeilenabstand müssen angemessen sein. Die Zeichengröße und der Zeilenabstand müssen auf dem Bildschirm individuell eingestellt werden können.

(2) Das auf dem Bildschirm dargestellte Bild muss flimmerfrei sein. Das Bild darf keine Verzerrungen aufweisen.

(3) Die Helligkeit der Bildschirmanzeige und der Kontrast der Text- und Grafikdarstellungen auf dem Bildschirm müssen von den Beschäftigten einfach eingestellt werden können. Sie müssen den Verhältnissen der Arbeitsumgebung individuell angepasst werden können.

(4) Die Bildschirmgröße und -form müssen der Arbeitsaufgabe angemessen sein.

(5) Die von den Bildschirmgeräten ausgehende elektromagnetische Strahlung muss so niedrig gehalten werden, dass die Sicherheit und die Gesundheit der Beschäftigten nicht gefährdet werden.

6.3
Anforderungen an Bildschirmgeräte und Arbeitsmittel für die ortsgebundene Verwendung an Arbeitsplätzen

(1) Bildschirme müssen frei und leicht dreh- und neigbar sein sowie über reflexionsarme Oberflächen verfügen. Bildschirme, die über reflektierende Oberflächen verfügen, dürfen nur dann betrieben werden, wenn dies aus zwingenden aufgabenbezogenen Gründen erforderlich ist.

(2) Tastaturen müssen die folgenden Eigenschaften aufweisen:

1.
   sie müssen vom Bildschirm getrennte Einheiten sein,
2.
   sie müssen neigbar sein,
3.
   die Oberflächen müssen reflexionsarm sein,
4.
   die Form und der Anschlag der Tasten müssen den Arbeitsaufgaben angemessen sein und eine ergonomische Bedienung ermöglichen,
5.
   die Beschriftung der Tasten muss sich vom Untergrund deutlich abheben und bei normaler Arbeitshaltung gut lesbar sein.

24

(3) Alternative Eingabemittel (zum Beispiel Eingabe über den Bildschirm, Spracheingabe, Scanner) dürfen nur eingesetzt werden, wenn dadurch die Arbeitsaufgaben leichter ausgeführt werden können und keine zusätzlichen Belastungen für die Beschäftigten entstehen.

6.4

Anforderungen an tragbare Bildschirmgeräte für die ortsveränderliche Verwendung an Arbeitsplätzen

(1) Größe, Form und Gewicht tragbarer Bildschirmgeräte müssen der Arbeitsaufgabe entsprechend angemessen sein.

(2) Tragbare Bildschirmgeräte müssen

1.
     über Bildschirme mit reflexionsarmen Oberflächen verfügen und

2.
     so betrieben werden, dass der Bildschirm frei von störenden Reflexionen und Blendungen ist.

(3) Tragbare Bildschirmgeräte ohne Trennung zwischen Bildschirm und externem Eingabemittel (insbesondere Geräte ohne Tastatur) dürfen nur an Arbeitsplätzen betrieben werden, an denen die Geräte nur kurzzeitig verwendet werden oder an denen die Arbeitsaufgaben mit keinen anderen Bildschirmgeräten ausgeführt werden können.

(4) Tragbare Bildschirmgeräte mit alternativen Eingabemitteln sind den Arbeitsaufgaben angemessen und mit dem Ziel einer optimalen Entlastung der Beschäftigten zu betreiben.

(5) Werden tragbare Bildschirmgeräte ortsgebunden an Arbeitsplätzen verwendet, gelten zusätzlich die Anforderungen nach Nummer 6.1.

6.5

Anforderungen an die Benutzerfreundlichkeit von Bildschirmarbeitsplätzen

(1) Beim Betreiben der Bildschirmarbeitsplätze hat der Arbeitgeber dafür zu sorgen, dass der Arbeitsplatz den Arbeitsaufgaben angemessen gestaltet ist. Er hat insbesondere geeignete Softwaresysteme bereitzustellen.

(2) Die Bildschirmgeräte und die Software müssen entsprechend den Kenntnissen und Erfahrungen der Beschäftigten im Hinblick auf die jeweilige Arbeitsaufgabe angepasst werden können.

(3) Das Softwaresystem muss den Beschäftigten Angaben über die jeweiligen Dialogabläufe machen.

(4) Die Bildschirmgeräte und die Software müssen es den Beschäftigten ermöglichen, die Dialogabläufe zu beeinflussen. Sie müssen eventuelle Fehler bei der Handhabung beschreiben und eine Fehlerbeseitigung mit begrenztem Arbeitsaufwand erlauben.

(5) Eine Kontrolle der Arbeit hinsichtlich der qualitativen oder quantitativen Ergebnisse darf ohne Wissen der Beschäftigten nicht durchgeführt werden.

Verordnung über Sicherheit und Gesundheitsschutz bei der Verwendung von Arbeitsmitteln (Betriebssicherheitsverordnung - BetrSichV)

BetrSichV

Ausfertigungsdatum: 03.02.2015

"Betriebssicherheitsverordnung vom 3. Februar 2015 (BGBl. I S. 49), die zuletzt durch Artikel 5 Absatz 7 der Verordnung vom 18. Oktober 2017 (BGBl. I S. 3584) geändert worden ist".Zuletzt geändert durch Art. 147 G v. 29.3.2017 I 626. Änderung durch Art. 5 Abs. 7 V v. 18.10.2017 I 3584 (Nr. 69) textlich nachgewiesen, dokumentarisch noch nicht abschließend bearbeitet. Ersetzt V 805-3-9 v. 27.9.2002 I 3777 (BetrSichV).

Fußnote

(+++ Textnachweis ab: 1.6.2015 +++)

(+++ Zur Anwendung vgl. § 20 +++)

Die V wurde als Artikel 1 der V v. 3.2.2015 I 49 von der Bundesregierung, dem Bundesministerium für Wirtschaft und Energie und dem Bundesministerium für Arbeit und Soziales mit Zustimmung des Bundesrates und im Einvernehmen mit dem Bundesministerium für Umwelt, Naturschutz, Bau und Reaktorsicherheit sowie mit dem Bundesministerium des Innern beschlossen. Sie tritt gem. Art. 3 Satz 1 dieser V am 1.6.2015 in Kraft.

Abschnitt 1
Anwendungsbereich und Begriffsbestimmungen

§ 1 Anwendungsbereich und Zielsetzung

(1) Diese Verordnung gilt für die Verwendung von Arbeitsmitteln. Ziel dieser Verordnung ist es, die Sicherheit und den Schutz der Gesundheit von Beschäftigten bei der Verwendung von Arbeitsmitteln zu gewährleisten. Dies soll insbesondere erreicht werden durch

1.

2.

die Auswahl geeigneter Arbeitsmittel und deren sichere Verwendung,

3.

die für den vorgesehenen Verwendungszweck geeignete Gestaltung von Arbeits- und Fertigungsverfahren sowie

die Qualifikation und Unterweisung der Beschäftigten.

Diese Verordnung regelt hinsichtlich der in § 18 und in Anhang 2 genannten überwachungsbedürftigen Anlagen zugleich Maßnahmen zum Schutz anderer Personen im Gefahrenbereich, soweit diese aufgrund der Verwendung dieser Anlagen durch Arbeitgeber im Sinne des § 2 Absatz 3 gefährdet werden können.

(2) Diese Verordnung gilt nicht in Betrieben, die dem Bundesberggesetz unterliegen, soweit dafür entsprechende Rechtsvorschriften bestehen. Abweichend von Satz 1 gilt sie jedoch für überwachungsbedürftige Anlagen in Tagesanlagen, mit Ausnahme von Rohrleitungen nach Anhang 2 Abschnitt 4 Nummer 2.1 Satz 1 Buchstabe d.

(3) Diese Verordnung gilt nicht auf Seeschiffen unter fremder Flagge und auf Seeschiffen, für die das Bundesministerium für Verkehr und digitale Infrastruktur nach § 10 des Flaggenrechtsgesetzes die Befugnis zur Führung der Bundesflagge lediglich für die erste Überführungsreise in einen anderen Hafen verliehen hat.

(4) Abschnitt 3 gilt nicht für Energieanlagen im Sinne des § 3 Nummer 15 des Energiewirtschaftsgesetzes, soweit sie Druckanlagen im Sinne des Anhangs 2 Abschnitt 4 Nummer 2.1 Buchstabe b, c oder d dieser Verordnung sind. Satz 1 gilt nicht für Gasfüllanlagen, die Energieanlagen im Sinne des § 3 Nummer 15 des Energiewirtschaftsgesetzes sind und nicht auf dem Betriebsgelände von Unternehmen der öffentlichen Gasversorgung von diesen errichtet und betrieben werden.

(5) Das Bundesministerium der Verteidigung kann Ausnahmen von den Vorschriften dieser Verordnung zulassen, wenn zwingende Gründe der Verteidigung oder die Erfüllung zwischenstaatlicher Verpflichtungen der Bundesrepublik Deutschland dies erfordern und die Sicherheit auf andere Weise gewährleistet ist.

§ 2 Begriffsbestimmungen

(1) Arbeitsmittel sind Werkzeuge, Geräte, Maschinen oder Anlagen, die für die Arbeit verwendet werden, sowie überwachungsbedürftige Anlagen.

(2) Die Verwendung von Arbeitsmitteln umfasst jegliche Tätigkeit mit diesen. Hierzu gehören insbesondere das Montieren und Installieren, Bedienen, An- oder Abschalten oder Einstellen, Gebrauchen, Betreiben, Instandhalten, Reinigen, Prüfen, Umbauen, Erproben, Demontieren, Transportieren und Überwachen.

(3) Arbeitgeber ist, wer nach § 2 Absatz 3 des Arbeitsschutzgesetzes als solcher bestimmt ist. Dem Arbeitgeber steht gleich,

1.

wer, ohne Arbeitgeber zu sein, zu gewerblichen oder wirtschaftlichen Zwecken eine überwachungsbedürftige Anlage verwendet, sowie

2.

der Auftraggeber und der Zwischenmeister im Sinne des Heimarbeitsgesetzes.

(4) Beschäftigte sind Personen, die nach § 2 Absatz 2 des Arbeitsschutzgesetzes als solche bestimmt sind. Den Beschäftigten stehen folgende Personen gleich, sofern sie Arbeitsmittel verwenden:

1.

Schülerinnen und Schüler sowie Studierende,

2.

in Heimarbeit Beschäftigte nach § 1 Absatz 1 des Heimarbeitsgesetzes sowie

27

3.
    sonstige Personen, insbesondere Personen, die in wissenschaftlichen Einrichtungen tätig sind.

(5) Fachkundig ist, wer zur Ausübung einer in dieser Verordnung bestimmten Aufgabe über die erforderlichen Fachkenntnisse verfügt. Die Anforderungen an die Fachkunde sind abhängig von der jeweiligen Art der Aufgabe. Zu den Anforderungen zählen eine entsprechende Berufsausbildung, Berufserfahrung oder eine zeitnah ausgeübte entsprechende berufliche Tätigkeit. Die Fachkenntnisse sind durch Teilnahme an Schulungen auf aktuellem Stand zu halten.

(6) Zur Prüfung befähigte Person ist eine Person, die durch ihre Berufsausbildung, ihre Berufserfahrung und ihre zeitnahe berufliche Tätigkeit über die erforderlichen Kenntnisse zur Prüfung von Arbeitsmitteln verfügt; soweit hinsichtlich der Prüfung von Arbeitsmitteln in den Anhängen 2 und 3 weitergehende Anforderungen festgelegt sind, sind diese zu erfüllen.

(7) Instandhaltung ist die Gesamtheit aller Maßnahmen zur Erhaltung des sicheren Zustands oder der Rückführung in diesen. Instandhaltung umfasst insbesondere Inspektion, Wartung und Instandsetzung.

(8) Prüfung ist die Ermittlung des Istzustands, der Vergleich des Istzustands mit dem Sollzustand sowie die Bewertung der Abweichung des Istzustands vom Sollzustand.

(9) Prüfpflichtige Änderung ist jede Maßnahme, durch welche die Sicherheit eines Arbeitsmittels beeinflusst wird. Auch Instandsetzungsarbeiten können solche Maßnahmen sein.

(10) Stand der Technik ist der Entwicklungsstand fortschrittlicher Verfahren, Einrichtungen oder Betriebsweisen, der die praktische Eignung einer Maßnahme oder Vorgehensweise zum Schutz der Gesundheit und zur Sicherheit der Beschäftigten oder anderer Personen gesichert erscheinen lässt. Bei der Bestimmung des Stands der Technik sind insbesondere vergleichbare Verfahren, Einrichtungen oder Betriebsweisen heranzuziehen, die mit Erfolg in der Praxis erprobt worden sind.

(11) Gefahrenbereich ist der Bereich innerhalb oder im Umkreis eines Arbeitsmittels, in dem die Sicherheit oder die Gesundheit von Beschäftigten und anderen Personen durch die Verwendung des Arbeitsmittels gefährdet ist.

(12) Errichtung umfasst die Montage und Installation am Verwendungsort.

(13) Überwachungsbedürftige Anlagen sind Anlagen nach § 2 Nummer 30 Satz 1 des Produktsicherheitsgesetzes, soweit sie nach dieser Verordnung in Anhang 2 genannt oder nach § 18 Absatz 1 erlaubnispflichtig sind. Zu den überwachungsbedürftigen Anlagen gehören auch Mess-, Steuer- und Regeleinrichtungen, die dem sicheren Betrieb dieser überwachungsbedürftigen Anlagen dienen.

(14) Zugelassene Überwachungsstellen sind die in Anhang 2 Abschnitt 1 genannten Stellen.

(15) Andere Personen sind Personen, die nicht Beschäftigte oder Gleichgestellte nach Absatz 4 sind und sich im Gefahrenbereich einer überwachungsbedürftigen Anlage innerhalb oder außerhalb eines Betriebsgeländes befinden.

Abschnitt 2
Gefährdungsbeurteilung und Schutzmaßnahmen

§ 3 Gefährdungsbeurteilung

(1) Der Arbeitgeber hat vor der Verwendung von Arbeitsmitteln die auftretenden Gefährdungen zu beurteilen (Gefährdungsbeurteilung) und daraus notwendige und geeignete Schutzmaßnahmen abzuleiten. Das Vorhandensein einer CE-Kennzeichnung am Arbeitsmittel entbindet nicht von der Pflicht zur Durchführung einer Gefährdungsbeurteilung. Für Aufzugsanlagen gilt Satz 1 nur, wenn sie von einem Arbeitgeber im Sinne des § 2 Absatz 3 Satz 1 verwendet werden.

(2) In die Beurteilung sind alle Gefährdungen einzubeziehen, die bei der Verwendung von Arbeitsmitteln ausgehen, und zwar von

1.

28

2.   den Arbeitsmitteln selbst,

3.   der Arbeitsumgebung und

den Arbeitsgegenständen, an denen Tätigkeiten mit Arbeitsmitteln durchgeführt werden.
Bei der Gefährdungsbeurteilung ist insbesondere Folgendes zu berücksichtigen:

1.

die Gebrauchstauglichkeit von Arbeitsmitteln einschließlich der ergonomischen, alters- und alternsgerechten Gestaltung,

2.

die sicherheitsrelevanten einschließlich der ergonomischen Zusammenhänge zwischen Arbeitsplatz, Arbeitsmittel, Arbeitsverfahren, Arbeitsorganisation, Arbeitsablauf, Arbeitszeit und Arbeitsaufgabe,

3.

die physischen und psychischen Belastungen der Beschäftigten, die bei der Verwendung von Arbeitsmitteln auftreten,

4.

vorhersehbare Betriebsstörungen und die Gefährdung bei Maßnahmen zu deren Beseitigung.

(3) Die Gefährdungsbeurteilung soll bereits vor der Auswahl und der Beschaffung der Arbeitsmittel begonnen werden. Dabei sind insbesondere die Eignung des Arbeitsmittels für die geplante Verwendung, die Arbeitsabläufe und die Arbeitsorganisation zu berücksichtigen. Die Gefährdungsbeurteilung darf nur von fachkundigen Personen durchgeführt werden. Verfügt der Arbeitgeber nicht selbst über die entsprechenden Kenntnisse, so hat er sich fachkundig beraten zu lassen.

(4) Der Arbeitgeber hat sich die Informationen zu beschaffen, die für die Gefährdungsbeurteilung notwendig sind. Dies sind insbesondere die nach § 21 Absatz 6 Nummer 1 bekannt gegebenen Regeln und Erkenntnisse, Gebrauchs- und Betriebsanleitungen sowie die ihm zugänglichen Erkenntnisse aus der arbeitsmedizinischen Vorsorge. Der Arbeitgeber darf diese Informationen übernehmen, sofern sie auf die Arbeitsmittel, Arbeitsbedingungen und Verfahren in seinem Betrieb anwendbar sind. Bei der Informationsbeschaffung kann der Arbeitgeber davon ausgehen, dass die vom Hersteller des Arbeitsmittels mitgelieferten Informationen zutreffend sind, es sei denn, dass er über andere Erkenntnisse verfügt.

(5) Der Arbeitgeber kann bei der Festlegung der Schutzmaßnahmen bereits vorhandene Gefährdungsbeurteilungen, hierzu gehören auch gleichwertige Unterlagen, die ihm der Hersteller oder Inverkehrbringer mitgeliefert hat, übernehmen, sofern die Angaben und Festlegungen in dieser Gefährdungsbeurteilung den Arbeitsmitteln einschließlich der Arbeitsbedingungen und -verfahren, im eigenen Betrieb entsprechen.

(6) Der Arbeitgeber hat Art und Umfang erforderlicher Prüfungen von Arbeitsmitteln sowie die Fristen von wiederkehrenden Prüfungen nach den §§ 14 und 16 zu ermitteln und festzulegen, soweit diese Verordnung nicht bereits entsprechende Vorgaben enthält. Satz 1 gilt auch für Aufzugsanlagen. Die Fristen für die wiederkehrenden Prüfungen sind so festzulegen, dass die Arbeitsmittel bis zur nächsten festgelegten Prüfung sicher verwendet werden können. Bei der Festlegung der Fristen für die wiederkehrenden Prüfungen nach § 14 Absatz 2 Satz 1 für die in Anhang 3 genannten Arbeitsmittel dürfen die dort genannten Prüffristen nicht überschritten werden. Bei der Festlegung der Fristen für die wiederkehrenden Prüfungen nach § 16 dürfen die in Anhang 2 Abschnitt 2 Nummer 4.1 und 4.3, Abschnitt 3 Nummer 5.1 bis 5.3 und Abschnitt 4 Nummer 5.8 in Verbindung mit Tabelle 1 genannten Höchstfristen nicht überschritten werden, es sei denn, dass in den genannten Anhängen etwas anderes bestimmt ist. Ferner hat der Arbeitgeber zu ermitteln und festzulegen, welche Voraussetzungen die zur Prüfung befähigten Personen erfüllen müssen, die von ihm mit den Prüfungen von Arbeitsmitteln nach den §§ 14, 15 und 16 zu beauftragen sind.

(7) Die Gefährdungsbeurteilung ist regelmäßig zu überprüfen. Dabei ist der Stand der Technik zu berücksichtigen. Soweit erforderlich, sind die Schutzmaßnahmen bei der Verwendung von

Arbeitsmitteln entsprechend anzupassen. Der Arbeitgeber hat die Gefährdungsbeurteilung unverzüglich zu aktualisieren, wenn

1.

 sicherheitsrelevante Veränderungen der Arbeitsbedingungen einschließlich der Änderung von Arbeitsmitteln dies erfordern,

2.

 neue Informationen, insbesondere Erkenntnisse aus dem Unfallgeschehen oder aus der arbeitsmedizinischen Vorsorge, vorliegen oder

3.

 die Prüfung der Wirksamkeit der Schutzmaßnahmen nach § 4 Absatz 5 ergeben hat, dass die festgelegten Schutzmaßnahmen nicht wirksam oder nicht ausreichend sind.

Ergibt die Überprüfung der Gefährdungsbeurteilung, dass keine Aktualisierung erforderlich ist, so hat der Arbeitgeber dies unter Angabe des Datums der Überprüfung in der Dokumentation nach Absatz 8 zu vermerken.

(8) Der Arbeitgeber hat das Ergebnis seiner Gefährdungsbeurteilung vor der erstmaligen Verwendung der Arbeitsmittel zu dokumentieren. Dabei sind mindestens anzugeben

1.

 die Gefährdungen, die bei der Verwendung der Arbeitsmittel auftreten,

2.

 die zu ergreifenden Schutzmaßnahmen,

3.

 wie die Anforderungen dieser Verordnung eingehalten werden, wenn von den nach § 21 Absatz 6 Nummer 1 bekannt gegebenen Regeln und Erkenntnissen abgewichen wird,

4.

 Art und Umfang der erforderlichen Prüfungen sowie die Fristen der wiederkehrenden Prüfungen (Absatz 6 Satz 1) und

5.

 das Ergebnis der Überprüfung der Wirksamkeit der Schutzmaßnahmen nach § 4 Absatz 5. Die Dokumentation kann auch in elektronischer Form vorgenommen werden.

(9) Sofern der Arbeitgeber von § 7 Absatz 1 Gebrauch macht und die Gefährdungsbeurteilung ergibt, dass die Voraussetzungen nach § 7 Absatz 1 vorliegen, ist eine Dokumentation dieser Voraussetzungen und der gegebenenfalls getroffenen Schutzmaßnahmen ausreichend.

§ 4 Grundpflichten des Arbeitgebers

(1) Arbeitsmittel dürfen erst verwendet werden, nachdem der Arbeitgeber

1.

 eine Gefährdungsbeurteilung durchgeführt hat,

2.

 die dabei ermittelten Schutzmaßnahmen nach dem Stand der Technik getroffen hat und

3.

 festgestellt hat, dass die Verwendung der Arbeitsmittel nach dem Stand der Technik sicher ist.

(2) Ergibt sich aus der Gefährdungsbeurteilung, dass Gefährdungen durch technische Schutzmaßnahmen nach dem Stand der Technik nicht oder nur unzureichend vermieden werden können, hat der Arbeitgeber geeignete organisatorische und personenbezogene Schutzmaßnahmen zu treffen. Technische Schutzmaßnahmen haben Vorrang vor organisatorischen, diese haben wiederum Vorrang vor personenbezogenen Schutzmaßnahmen. Die Verwendung persönlicher Schutzausrüstung ist für jeden Beschäftigten auf das erforderliche Minimum zu beschränken.

(3) Bei der Festlegung der Schutzmaßnahmen hat der Arbeitgeber die Vorschriften dieser Verordnung einschließlich der Anhänge zu beachten und die nach § 21 Absatz 6 Nummer 1 bekannt gegebenen Regeln und Erkenntnisse zu berücksichtigen. Bei Einhaltung dieser Regeln und Erkenntnisse ist davon auszugehen, dass die in dieser Verordnung gestellten Anforderungen erfüllt sind. Von den Regeln und Erkenntnissen kann abgewichen werden, wenn Sicherheit und Gesundheit durch andere Maßnahmen zumindest in vergleichbarer Weise gewährleistet werden.
(4) Der Arbeitgeber hat dafür zu sorgen, dass Arbeitsmittel, für die in § 14 und im Abschnitt 3 dieser Verordnung Prüfungen vorgeschrieben sind, nur verwendet werden, wenn diese Prüfungen durchgeführt und dokumentiert wurden.
(5) Der Arbeitgeber hat die Wirksamkeit der Schutzmaßnahmen vor der erstmaligen Verwendung der Arbeitsmittel zu überprüfen. Satz 1 gilt nicht, soweit entsprechende Prüfungen nach § 14 oder § 15 durchgeführt wurden. Der Arbeitgeber hat weiterhin dafür zu sorgen, dass Arbeitsmittel vor ihrer jeweiligen Verwendung durch Inaugenscheinnahme und erforderlichenfalls durch eine Funktionskontrolle auf offensichtliche Mängel kontrolliert werden und Schutz- und Sicherheitseinrichtungen einer regelmäßigen Funktionskontrolle unterzogen werden. Satz 3 gilt auch bei Arbeitsmitteln, für die wiederkehrende Prüfungen nach § 14 oder § 16 vorgeschrieben sind.
(6) Der Arbeitgeber hat die Belange des Arbeitsschutzes in Bezug auf die Verwendung von Arbeitsmitteln angemessen in seine betriebliche Organisation einzubinden und hierfür die erforderlichen personellen, finanziellen und organisatorischen Voraussetzungen zu schaffen. Insbesondere hat er dafür zu sorgen, dass bei der Gestaltung der Arbeitsorganisation, des Arbeitsverfahrens und des Arbeitsplatzes sowie bei der Auswahl und beim Zur-Verfügung-Stellen der Arbeitsmittel alle mit der Sicherheit und Gesundheit der Beschäftigten zusammenhängenden Faktoren, einschließlich der psychischen, ausreichend berücksichtigt werden.

§ 5 Anforderungen an die zur Verfügung gestellten Arbeitsmittel

(1) Der Arbeitgeber darf nur solche Arbeitsmittel zur Verfügung stellen und verwenden lassen, die unter Berücksichtigung der vorgesehenen Einsatzbedingungen bei der Verwendung sicher sind. Die Arbeitsmittel müssen

1.
   für die Art der auszuführenden Arbeiten geeignet sein,
2.
   den gegebenen Einsatzbedingungen und den vorhersehbaren Beanspruchungen angepasst sein und
3.
   über die erforderlichen sicherheitsrelevanten Ausrüstungen verfügen,
sodass eine Gefährdung durch ihre Verwendung so gering wie möglich gehalten wird. Kann durch Maßnahmen nach den Sätzen 1 und 2 die Sicherheit und Gesundheit nicht gewährleistet werden, so hat der Arbeitgeber andere geeignete Schutzmaßnahmen zu treffen, um die Gefährdung so weit wie möglich zu reduzieren.
(2) Der Arbeitgeber darf Arbeitsmittel nicht zur Verfügung stellen und verwenden lassen, wenn sie Mängel aufweisen, welche die sichere Verwendung beeinträchtigen.
(3) Der Arbeitgeber darf nur solche Arbeitsmittel zur Verfügung stellen und verwenden lassen, die den für sie geltenden Rechtsvorschriften über Sicherheit und Gesundheitsschutz entsprechen. Zu diesen Rechtsvorschriften gehören neben den Vorschriften dieser Verordnung insbesondere Rechtsvorschriften, mit denen Gemeinschaftsrichtlinien in deutsches Recht umgesetzt wurden und die für die Arbeitsmittel zum Zeitpunkt des Bereitstellens auf dem Markt gelten. Arbeitsmittel, die der Arbeitgeber für eigene Zwecke selbst hergestellt hat, müssen den grundlegenden Sicherheitsanforderungen der anzuwendenden Gemeinschaftsrichtlinien entsprechen. Den formalen Anforderungen dieser Richtlinien brauchen sie nicht zu entsprechen, es sei denn, es ist in der jeweiligen Richtlinie ausdrücklich anders bestimmt.

31

(4) Der Arbeitgeber hat dafür zu sorgen, dass Beschäftigte nur die Arbeitsmittel verwenden, die er ihnen zur Verfügung gestellt hat oder deren Verwendung er ihnen ausdrücklich gestattet hat.

§ 6 Grundlegende Schutzmaßnahmen bei der Verwendung von Arbeitsmitteln

(1) Der Arbeitgeber hat dafür zu sorgen, dass die Arbeitsmittel sicher verwendet und dabei die Grundsätze der Ergonomie beachtet werden. Dabei ist Anhang 1 zu beachten. Die Verwendung der Arbeitsmittel ist so zu gestalten und zu organisieren, dass Belastungen und Fehlbeanspruchungen, die die Gesundheit und die Sicherheit der Beschäftigten gefährden können, vermieden oder, wenn dies nicht möglich ist, auf ein Mindestmaß reduziert werden. Der Arbeitgeber hat darauf zu achten, dass die Beschäftigten in der Lage sind, die Arbeitsmittel zu verwenden, ohne sich oder andere Personen zu gefährden. Insbesondere sind folgende Grundsätze einer menschengerechten Gestaltung der Arbeit zu berücksichtigen:

1.
die Arbeitsmittel einschließlich ihrer Schnittstelle zum Menschen müssen an die körperlichen Eigenschaften und die Kompetenz der Beschäftigten angepasst sein sowie biomechanische Belastungen bei der Verwendung vermieden sein. Zu berücksichtigen sind hierbei die Arbeitsumgebung, die Lage der Zugriffstellen und des Schwerpunktes des Arbeitsmittels, die erforderliche Körperhaltung, die Körperbewegung, die Entfernung zum Körper, die benötigte persönliche Schutzausrüstung sowie die psychische Belastung der Beschäftigten,

2.
die Beschäftigten müssen über einen ausreichenden Bewegungsfreiraum verfügen,

3.
es sind ein Arbeitstempo und ein Arbeitsrhythmus zu vermeiden, die zu Gefährdungen der Beschäftigten führen können,

4.
es sind Bedien- und Überwachungstätigkeiten zu vermeiden, die eine uneingeschränkte und dauernde Aufmerksamkeit erfordern.

(2) Der Arbeitgeber hat dafür zu sorgen, dass vorhandene Schutzeinrichtungen und zur Verfügung gestellte persönliche Schutzausrüstungen verwendet werden, dass erforderliche Schutz- oder Sicherheitseinrichtungen funktionsfähig sind und nicht auf einfache Weise manipuliert oder umgangen werden. Der Arbeitgeber hat ferner durch geeignete Maßnahmen dafür zu sorgen, dass Beschäftigte bei der Verwendung der Arbeitsmittel die nach § 12 erhaltenen Informationen sowie Kennzeichnungen und Gefahrenhinweise beachten.

(3) Der Arbeitgeber hat dafür zu sorgen, dass

1.
die Errichtung von Arbeitsmitteln, der Auf- und Abbau, die Erprobung sowie die Instandhaltung und Prüfung von Arbeitsmitteln unter Berücksichtigung der sicherheitsrelevanten Aufstellungs- und Umgebungsbedingungen nach dem Stand der Technik erfolgen und sicher durchgeführt werden,

2.
erforderliche Sicherheits- und Schutzabstände eingehalten werden und

3.
alle verwendeten oder erzeugten Energieformen und Materialien sicher zu- und abgeführt werden können.

Werden Arbeitsmittel im Freien verwendet, hat der Arbeitgeber dafür zu sorgen, dass die sichere Verwendung der Arbeitsmittel ungeachtet der Witterungsverhältnisse stets gewährleistet ist.

§ 7 Vereinfachte Vorgehensweise bei der Verwendung von Arbeitsmitteln

(1) Der Arbeitgeber kann auf weitere Maßnahmen nach den §§ 8 und 9 verzichten, wenn sich aus der Gefährdungsbeurteilung ergibt, dass

1.
   die Arbeitsmittel mindestens den sicherheitstechnischen Anforderungen der für sie zum Zeitpunkt der Verwendung geltenden Rechtsvorschriften zum Bereitstellen von Arbeitsmitteln auf dem Markt entsprechen,

2.
   die Arbeitsmittel ausschließlich bestimmungsgemäß entsprechend den Vorgaben des Herstellers verwendet werden,

3.
   keine zusätzlichen Gefährdungen der Beschäftigten unter Berücksichtigung der Arbeitsumgebung, der Arbeitsgegenstände, der Arbeitsabläufe sowie der Dauer und der zeitlichen Lage der Arbeitszeit auftreten und

4.
   Instandhaltungsmaßnahmen nach § 10 getroffen und Prüfungen nach § 14 durchgeführt werden.

(2) Absatz 1 gilt nicht für überwachungsbedürftige Anlagen und die in Anhang 3 genannten Arbeitsmittel.

§ 8 Schutzmaßnahmen bei Gefährdungen durch Energien, Ingangsetzen und Stillsetzen

(1) Der Arbeitgeber darf nur solche Arbeitsmittel verwenden lassen, die gegen Gefährdungen ausgelegt sind durch

1.
   die von ihnen ausgehenden oder verwendeten Energien,

2.
   direktes oder indirektes Berühren von Teilen, die unter elektrischer Spannung stehen, oder

3.
   Störungen ihrer Energieversorgung.

Die Arbeitsmittel müssen ferner so gestaltet sein, dass eine gefährliche elektrostatische Aufladung vermieden oder begrenzt wird. Ist dies nicht möglich, müssen sie mit Einrichtungen zum Ableiten solcher Aufladungen ausgestattet sein.

(2) Der Arbeitgeber hat dafür zu sorgen, dass Arbeitsmittel mit den sicherheitstechnisch erforderlichen Mess-, Steuer- und Regeleinrichtungen ausgestattet sind, damit sie sicher und zuverlässig verwendet werden können.

(3) Befehlseinrichtungen, die Einfluss auf die sichere Verwendung der Arbeitsmittel haben, müssen insbesondere

1.
   als solche deutlich erkennbar, außerhalb des Gefahrenbereichs angeordnet und leicht und ohne Gefährdung erreichbar sein; ihre Betätigung darf zu keiner zusätzlichen Gefährdung führen,

2.
   sicher beschaffen und auf vorhersehbare Störungen, Beanspruchungen und Zwänge ausgelegt sein,

3.
   gegen unbeabsichtigtes oder unbefugtes Betätigen gesichert sein.

(4) Arbeitsmittel dürfen nur absichtlich in Gang gesetzt werden können. Soweit erforderlich, muss das Ingangsetzen sicher verhindert werden können oder müssen sich die Beschäftigten Gefährdungen durch das in Gang gesetzte Arbeitsmittel rechtzeitig entziehen können. Hierbei und

bei Änderungen des Betriebszustands muss auch die Sicherheit im Gefahrenbereich durch geeignete Maßnahmen gewährleistet werden.

(5) Vom Standort der Bedienung des Arbeitsmittels aus muss dieses als Ganzes oder in Teilen so stillgesetzt und von jeder einzelnen Energiequelle dauerhaft sicher getrennt werden können, dass ein sicherer Zustand gewährleistet ist. Die hierfür vorgesehenen Befehlseinrichtungen müssen leicht und ungehindert erreichbar und deutlich erkennbar gekennzeichnet sein. Der Befehl zum Stillsetzen eines Arbeitsmittels muss gegenüber dem Befehl zum Ingangsetzen Vorrang haben. Können bei Arbeitsmitteln, die über Systeme mit Speicherwirkung verfügen, nach dem Trennen von jeder Energiequelle nach Satz 1 noch Energien gespeichert sein, so müssen Einrichtungen vorhanden sein, mit denen diese Systeme energiefrei gemacht werden können. Diese Einrichtungen müssen gekennzeichnet sein. Ist ein vollständiges Energiefreimachen nicht möglich, müssen an den Arbeitsmitteln entsprechende Gefahrenhinweise vorhanden sein.

(6) Kraftbetriebene Arbeitsmittel müssen mit einer schnell erreichbaren und auffällig gekennzeichneten Notbefehlseinrichtung zum sicheren Stillsetzen des gesamten Arbeitsmittels ausgerüstet sein, mit der Gefahr bringende Bewegungen oder Prozesse ohne zusätzliche Gefährdungen unverzüglich stillgesetzt werden können. Auf eine Notbefehlseinrichtung kann verzichtet werden, wenn sie die Gefährdung nicht mindern würde; in diesem Fall ist die Sicherheit auf andere Weise zu gewährleisten. Vom jeweiligen Bedienungsort des Arbeitsmittels aus muss feststellbar sein, ob sich Personen oder Hindernisse im Gefahrenbereich befinden, oder dem Ingangsetzen muss ein automatisch ansprechendes Sicherheitssystem vorgeschaltet sein, das das Ingangsetzen verhindert, solange sich Beschäftigte im Gefahrenbereich aufhalten. Ist dies nicht möglich, müssen ausreichende Möglichkeiten zur Verständigung und Warnung vor dem Ingangsetzen vorhanden sein. Soweit erforderlich, muss das Ingangsetzen sicher verhindert werden können, oder die Beschäftigten müssen sich Gefährdungen durch das in Gang gesetzte Arbeitsmittel rechtzeitig entziehen können.

§ 9 Weitere Schutzmaßnahmen bei der Verwendung von Arbeitsmitteln

(1) Der Arbeitgeber hat dafür zu sorgen, dass Arbeitsmittel unter Berücksichtigung der zu erwartenden Betriebsbedingungen so verwendet werden, dass Beschäftigte gegen vorhersehbare Gefährdungen ausreichend geschützt sind. Insbesondere müssen

1.
   Arbeitsmittel ausreichend standsicher sein und, falls erforderlich, gegen unbeabsichtigte Positions- und Lageänderungen stabilisiert werden,

2.
   Arbeitsmittel mit den erforderlichen sicherheitstechnischen Ausrüstungen versehen sein,

3.
   Arbeitsmittel, ihre Teile und die Verbindungen untereinander den Belastungen aus inneren und äußeren Kräften standhalten,

4.
   Schutzeinrichtungen bei Splitter- oder Bruchgefahr sowie gegen herabfallende oder herausschleudernde Gegenstände vorhanden sein,

5.
   sichere Zugänge zu Arbeitsplätzen an und in Arbeitsmitteln gewährleistet und ein gefahrloser Aufenthalt dort möglich sein,

6.
   Schutzmaßnahmen getroffen werden, die sowohl einen Absturz von Beschäftigten als auch von Arbeitsmitteln sicher verhindern,

7.
   Maßnahmen getroffen werden, damit Personen nicht unbeabsichtigt in Arbeitsmitteln eingeschlossen werden; im Notfall müssen eingeschlossene Personen aus Arbeitsmitteln in angemessener Zeit befreit werden können,

8.

    Schutzmaßnahmen gegen Gefährdungen durch bewegliche Teile von Arbeitsmitteln und gegen Blockaden solcher Teile getroffen werden; hierzu gehören auch Maßnahmen, die den unbeabsichtigten Zugang zum Gefahrenbereich von beweglichen Teilen von Arbeitsmitteln verhindern oder die bewegliche Teile vor dem Erreichen des Gefahrenbereichs stillsetzen,

9.

    Maßnahmen getroffen werden, die verhindern, dass die sichere Verwendung der Arbeitsmittel durch äußere Einwirkungen beeinträchtigt wird,

10.

    Leitungen so verlegt sein, dass Gefährdungen vermieden werden, und

11.

    Maßnahmen getroffen werden, die verhindern, dass außer Betrieb gesetzte Arbeitsmittel zu Gefährdungen führen.

(2) Der Arbeitgeber hat Schutzmaßnahmen gegen Gefährdungen durch heiße oder kalte Teile, scharfe Ecken und Kanten und raue Oberflächen von Arbeitsmitteln zu treffen.

(3) Der Arbeitgeber hat weiterhin dafür zu sorgen, dass Schutzeinrichtungen

1.

    einen ausreichenden Schutz gegen Gefährdungen bieten,

2.

    stabil gebaut sind,

3.

    sicher in Position gehalten werden,

4.

    die Eingriffe, die für den Einbau oder den Austausch von Teilen sowie für Instandhaltungsarbeiten erforderlich sind, möglichst ohne Demontage der Schutzeinrichtungen zulassen,

5.

    keine zusätzlichen Gefährdungen verursachen,

6.

    nicht auf einfache Weise umgangen oder unwirksam gemacht werden können und

7.

    die Beobachtung und Durchführung des Arbeitszyklus nicht mehr als notwendig einschränken.

(4) Werden Arbeitsmittel in Bereichen mit gefährlicher explosionsfähiger Atmosphäre verwendet oder kommt es durch deren Verwendung zur Bildung gefährlicher explosionsfähiger Atmosphäre, müssen unter Beachtung der Gefahrstoffverordnung die erforderlichen Schutzmaßnahmen getroffen werden, insbesondere sind die für die jeweilige Zone geeigneten Geräte und Schutzsysteme im Sinne der Richtlinie 2014/34/EU des Europäischen Parlaments und des Rates vom 26. Februar 2014 zur Harmonisierung der Rechtsvorschriften der Mitgliedstaaten für Geräte und Schutzsysteme zur bestimmungsgemäßen Verwendung in explosionsgefährdeten Bereichen (ABl. L 96 vom 29.3.2014, S. 309) einzusetzen. Diese Schutzmaßnahmen sind vor der erstmaligen Verwendung der Arbeitsmittel im Explosionsschutzdokument nach § 6 Absatz 9 der Gefahrstoffverordnung zu dokumentieren.

(5) Soweit nach der Gefährdungsbeurteilung erforderlich, müssen an Arbeitsmitteln oder in deren Gefahrenbereich ausreichende, verständliche und gut wahrnehmbare Sicherheitskennzeichnungen und Gefahrenhinweise sowie Einrichtungen zur angemessenen, unmissverständlichen und leicht wahrnehmbaren Warnung im Gefahrenfall vorhanden sein.

§ 10 Instandhaltung und Änderung von Arbeitsmitteln

(1) Der Arbeitgeber hat Instandhaltungsmaßnahmen zu treffen, damit die Arbeitsmittel während der gesamten Verwendungsdauer den für sie geltenden Sicherheits- und

Gesundheitsschutzanforderungen entsprechen und in einem sicheren Zustand erhalten werden. Dabei sind die Angaben des Herstellers zu berücksichtigen. Notwendige Instandhaltungsmaßnahmen nach Satz 1 sind unverzüglich durchzuführen und die dabei erforderlichen Schutzmaßnahmen zu treffen.

(2) Der Arbeitgeber hat Instandhaltungsmaßnahmen auf der Grundlage einer Gefährdungsbeurteilung sicher durchführen zu lassen und dabei die Betriebsanleitung des Herstellers zu berücksichtigen. Instandhaltungsmaßnahmen dürfen nur von fachkundigen, beauftragten und unterwiesenen Beschäftigten oder von sonstigen für die Durchführung der Instandhaltungsarbeiten geeigneten Auftragnehmern mit vergleichbarer Qualifikation durchgeführt werden.

(3) Der Arbeitgeber hat alle erforderlichen Maßnahmen zu treffen, damit Instandhaltungsarbeiten sicher durchgeführt werden können. Dabei hat er insbesondere

1.
die Verantwortlichkeiten für die Durchführung der erforderlichen Sicherungsmaßnahmen festzulegen,

2.
eine ausreichende Kommunikation zwischen Bedien- und Instandhaltungspersonal sicherzustellen,

3.
den Arbeitsbereich während der Instandhaltungsarbeiten abzusichern,

4.
das Betreten des Arbeitsbereichs durch Unbefugte zu verhindern, soweit das nach der Gefährdungsbeurteilung erforderlich ist,

5.
sichere Zugänge für das Instandhaltungspersonal vorzusehen,

6.
Gefährdungen durch bewegte oder angehobene Arbeitsmittel oder deren Teile sowie durch gefährliche Energien oder Stoffe zu vermeiden,

7.
dafür zu sorgen, dass Einrichtungen vorhanden sind, mit denen Energien beseitigt werden können, die nach einer Trennung des instand zu haltenden Arbeitsmittels von Energiequellen noch gespeichert sind; diese Einrichtungen sind entsprechend zu kennzeichnen,

8.
sichere Arbeitsverfahren für solche Arbeitsbedingungen festzulegen, die vom Normalzustand abweichen,

9.
erforderliche Warn- und Gefahrenhinweise bezogen auf Instandhaltungsarbeiten an den Arbeitsmitteln zur Verfügung zu stellen,

10.
dafür zu sorgen, dass nur geeignete Geräte und Werkzeuge und eine geeignete persönliche Schutzausrüstung verwendet werden,

11.
bei Auftreten oder Bildung gefährlicher explosionsfähiger Atmosphäre Schutzmaßnahmen entsprechend § 9 Absatz 4 Satz 1 zu treffen,

12.
Systeme für die Freigabe bestimmter Arbeiten anzuwenden.

(4) Werden bei Instandhaltungsmaßnahmen an Arbeitsmitteln die für den Normalbetrieb getroffenen technischen Schutzmaßnahmen ganz oder teilweise außer Betrieb gesetzt oder müssen solche Arbeiten unter Gefährdung durch Energie durchgeführt werden, so ist die Sicherheit der Beschäftigten während der Dauer dieser Arbeiten durch andere geeignete Maßnahmen zu gewährleisten.

(5) Werden Änderungen an Arbeitsmitteln durchgeführt, gelten die Absätze 1 bis 3 entsprechend. Der Arbeitgeber hat sicherzustellen, dass die geänderten Arbeitsmittel die Sicherheits- und Gesundheitsschutzanforderungen nach § 5 Absatz 1 und 2 erfüllen. Bei Änderungen von

36

Arbeitsmitteln hat der Arbeitgeber zu beurteilen, ob es sich um prüfpflichtige Änderungen handelt. Er hat auch zu beurteilen, ob er bei den Änderungen von Arbeitsmitteln Herstellerpflichten zu beachten hat, die sich aus anderen Rechtsvorschriften, insbesondere dem Produktsicherheitsgesetz oder einer Verordnung nach § 8 Absatz 1 des Produktsicherheitsgesetzes ergeben.

§ 11 Besondere Betriebszustände, Betriebsstörungen und Unfälle

(1) Der Arbeitgeber hat Maßnahmen zu ergreifen, durch die unzulässige oder instabile Betriebszustände von Arbeitsmitteln verhindert werden. Können instabile Zustände nicht sicher verhindert werden, hat der Arbeitgeber Maßnahmen zu ihrer Beherrschung zu treffen. Die Sätze 1 und 2 gelten insbesondere für An- und Abfahr- sowie Erprobungsvorgänge.

(2) Der Arbeitgeber hat dafür zu sorgen, dass Beschäftigte und andere Personen bei einem Unfall oder bei einem Notfall unverzüglich gerettet und ärztlich versorgt werden können. Dies schließt die Bereitstellung geeigneter Zugänge zu den Arbeitsmitteln und in diese sowie die Bereitstellung erforderlicher Befestigungsmöglichkeiten für Rettungseinrichtungen an und in den Arbeitsmitteln ein. Im Notfall müssen Zugangssperren gefahrlos selbsttätig in einen sicheren Bereich öffnen. Ist dies nicht möglich, müssen Zugangssperren über eine Notentriegelung leicht zu öffnen sein, wobei an der Notentriegelung und an der Zugangssperre auf die noch bestehenden Gefahren besonders hingewiesen werden muss. Besteht die Möglichkeit, in ein Arbeitsmittel eingezogen zu werden, muss die Rettung eingezogener Personen möglich sein.

(3) Der Arbeitgeber hat dafür zu sorgen, dass die notwendigen Informationen über Maßnahmen bei Notfällen zur Verfügung stehen. Die Informationen müssen auch Rettungsdiensten zur Verfügung stehen, soweit sie für Rettungseinsätze benötigt werden. Zu den Informationen zählen:

1. eine Vorabmitteilung über einschlägige Gefährdungen bei der Arbeit, über Maßnahmen zur Feststellung von Gefährdungen sowie über Vorsichtsmaßregeln und Verfahren, damit die Rettungsdienste ihre eigenen Abhilfe- und Sicherheitsmaßnahmen vorbereiten können,

2. Informationen über einschlägige und spezifische Gefährdungen, die bei einem Unfall oder Notfall auftreten können, einschließlich der Informationen über die Maßnahmen nach den Absätzen 1 und 2.

Treten durch besondere Betriebszustände oder Betriebsstörungen Gefährdungen auf, hat der Arbeitgeber dafür zu sorgen, dass dies durch Warneinrichtungen angezeigt wird.

(4) Werden bei Rüst-, Einrichtungs- und Erprobungsarbeiten oder vergleichbaren Arbeiten an Arbeitsmitteln die für den Normalbetrieb getroffenen technischen Schutzmaßnahmen ganz oder teilweise außer Betrieb gesetzt oder müssen solche Arbeiten unter Gefährdung durch Energie durchgeführt werden, so ist die Sicherheit der Beschäftigten während der Dauer dieser Arbeiten durch andere geeignete Maßnahmen zu gewährleisten. Die Arbeiten nach Satz 1 dürfen nur von fachkundigen Personen durchgeführt werden.

(5) Insbesondere bei Rüst- und Einrichtungsarbeiten, der Erprobung und der Prüfung von Arbeitsmitteln sowie bei der Fehlersuche sind Gefahrenbereiche festzulegen. Ist ein Aufenthalt im Gefahrenbereich von Arbeitsmitteln erforderlich, sind auf der Grundlage der Gefährdungsbeurteilung weitere Maßnahmen zu treffen, welche die Sicherheit der Beschäftigten gewährleisten.

§ 12 Unterweisung und besondere Beauftragung von Beschäftigten

(1) Bevor Beschäftigte Arbeitsmittel erstmalig verwenden, hat der Arbeitgeber ihnen ausreichende und angemessene Informationen anhand der Gefährdungsbeurteilung in einer für die Beschäftigten verständlichen Form und Sprache zur Verfügung zu stellen über

1.
   vorhandene Gefährdungen bei der Verwendung von Arbeitsmitteln einschließlich damit verbundener Gefährdungen durch die Arbeitsumgebung,

2.
   erforderliche Schutzmaßnahmen und Verhaltensregelungen und

3.
   Maßnahmen bei Betriebsstörungen, Unfällen und zur Ersten Hilfe bei Notfällen.

Der Arbeitgeber hat die Beschäftigten vor Aufnahme der Verwendung von Arbeitsmitteln tätigkeitsbezogen anhand der Informationen nach Satz 1 zu unterweisen. Danach hat er in regelmäßigen Abständen, mindestens jedoch einmal jährlich, weitere Unterweisungen durchzuführen. Das Datum einer jeden Unterweisung und die Namen der Unterwiesenen hat er schriftlich festzuhalten.

(2) Bevor Beschäftigte Arbeitsmittel erstmalig verwenden, hat der Arbeitgeber ihnen eine schriftliche Betriebsanweisung für die Verwendung des Arbeitsmittels in einer für die Beschäftigten verständlichen Form und Sprache an geeigneter Stelle zur Verfügung zu stellen. Satz 1 gilt nicht für Arbeitsmittel, für die keine Gebrauchsanleitung nach § 3 Absatz 4 des Produktsicherheitsgesetzes mitgeliefert werden muss. Anstelle einer Betriebsanweisung kann der Arbeitgeber auch eine bei der Bereitstellung des Arbeitsmittels auf dem Markt mitgelieferte Gebrauchsanleitung oder Betriebsanleitung zur Verfügung stellen, wenn diese Informationen enthalten, die einer Betriebsanweisung entsprechen. Die Betriebsanweisung ist bei sicherheitsrelevanten Änderungen der Arbeitsbedingungen zu aktualisieren und bei der regelmäßig wiederkehrenden Unterweisung nach § 12 des Arbeitsschutzgesetzes in Bezug zu nehmen.

(3) Ist die Verwendung von Arbeitsmitteln mit besonderen Gefährdungen verbunden, hat der Arbeitgeber dafür zu sorgen, dass diese nur von hierzu beauftragten Beschäftigten verwendet werden.

§ 13 Zusammenarbeit verschiedener Arbeitgeber

(1) Beabsichtigt der Arbeitgeber, in seinem Betrieb Arbeiten durch eine betriebsfremde Person (Auftragnehmer) durchführen zu lassen, so darf er dafür nur solche Auftragnehmer heranziehen, die über die für die geplanten Arbeiten erforderliche Fachkunde verfügen. Der Arbeitgeber als Auftraggeber hat die Auftragnehmer, die ihrerseits Arbeitgeber sind, über die von seinen Arbeitsmitteln ausgehenden Gefährdungen und über spezifische Verhaltensregeln zu informieren. Der Auftragnehmer hat den Auftraggeber und andere Arbeitgeber über Gefährdungen durch seine Arbeiten für Beschäftigte des Auftraggebers und anderer Arbeitgeber zu informieren.

(2) Kann eine Gefährdung von Beschäftigten anderer Arbeitgeber nicht ausgeschlossen werden, so haben alle betroffenen Arbeitgeber bei ihren Gefährdungsbeurteilungen zusammenzuwirken und die Schutzmaßnahmen so abzustimmen und durchzuführen, dass diese wirksam sind. Jeder Arbeitgeber ist dafür verantwortlich, dass seine Beschäftigten die gemeinsam festgelegten Schutzmaßnahmen anwenden.

(3) Besteht bei der Verwendung von Arbeitsmitteln eine erhöhte Gefährdung von Beschäftigten anderer Arbeitgeber, ist für die Abstimmung der jeweils erforderlichen Schutzmaßnahmen durch die beteiligten Arbeitgeber ein Koordinator/eine Koordinatorin schriftlich zu bestellen. Sofern aufgrund anderer Arbeitsschutzvorschriften bereits ein Koordinator/eine Koordinatorin bestellt ist, kann dieser/diese auch die Koordinationsaufgaben nach dieser Verordnung übernehmen. Dem Koordinator/der Koordinatorin sind von den beteiligten Arbeitgebern alle erforderlichen sicherheitsrelevanten Informationen sowie Informationen zu den festgelegten Schutzmaßnahmen

38

zur Verfügung zu stellen. Die Bestellung eines Koordinators/einer Koordinatorin entbindet die Arbeitgeber nicht von ihrer Verantwortung nach dieser Verordnung.

§ 14 Prüfung von Arbeitsmitteln

(1) Der Arbeitgeber hat Arbeitsmittel, deren Sicherheit von den Montagebedingungen abhängt, vor der erstmaligen Verwendung von einer zur Prüfung befähigten Person prüfen zu lassen. Die Prüfung umfasst Folgendes:

1. die Kontrolle der vorschriftsmäßigen Montage oder Installation und der sicheren Funktion dieser Arbeitsmittel,
2. die rechtzeitige Feststellung von Schäden,
3. die Feststellung, ob die getroffenen sicherheitstechnischen Maßnahmen wirksam sind.

Prüfinhalte, die im Rahmen eines Konformitätsbewertungsverfahrens geprüft und dokumentiert wurden, müssen nicht erneut geprüft werden. Die Prüfung muss vor jeder Inbetriebnahme nach einer Montage stattfinden.

(2) Arbeitsmittel, die Schäden verursachenden Einflüssen ausgesetzt sind, die zu Gefährdungen der Beschäftigten führen können, hat der Arbeitgeber wiederkehrend von einer zur Prüfung befähigten Person prüfen zu lassen. Die Prüfung muss entsprechend den nach § 3 Absatz 6 ermittelten Fristen stattfinden. Ergibt die Prüfung, dass ein Arbeitsmittel nicht bis zu der nach § 3 Absatz 6 ermittelten nächsten wiederkehrenden Prüfung sicher betrieben werden kann, ist die Prüffrist neu festzulegen.

(3) Arbeitsmittel sind nach prüfpflichtigen Änderungen vor ihrer nächsten Verwendung durch eine zur Prüfung befähigte Person prüfen zu lassen. Arbeitsmittel, die von außergewöhnlichen Ereignissen betroffen sind, die schädigende Auswirkungen auf ihre Sicherheit haben können, durch die Beschäftigte gefährdet werden können, sind vor ihrer weiteren Verwendung einer außerordentlichen Prüfung durch eine zur Prüfung befähigte Person unterziehen zu lassen. Außergewöhnliche Ereignisse können insbesondere Unfälle, längere Zeiträume der Nichtverwendung der Arbeitsmittel oder Naturereignisse sein.

(4) Bei der Prüfung der in Anhang 3 genannten Arbeitsmittel gelten die dort genannten Vorgaben zusätzlich zu den Vorgaben der Absätze 1 bis 3.

(5) Der Fälligkeitstermin von wiederkehrenden Prüfungen wird jeweils mit dem Monat und dem Jahr angegeben. Die Frist für die nächste wiederkehrende Prüfung beginnt mit dem Fälligkeitstermin der letzten Prüfung. Wird eine Prüfung vor dem Fälligkeitstermin durchgeführt, beginnt die Frist für die nächste Prüfung mit dem Monat und Jahr der Durchführung. Für Arbeitsmittel mit einer Prüffrist von mehr als zwei Jahren gilt Satz 3 nur, wenn die Prüfung mehr als zwei Monate vor dem Fälligkeitstermin durchgeführt wird. Ist ein Arbeitsmittel zum Fälligkeitstermin der wiederkehrenden Prüfung außer Betrieb gesetzt, so darf es erst wieder in Betrieb genommen werden, nachdem diese Prüfung durchgeführt worden ist; in diesem Fall beginnt die Frist für die nächste wiederkehrende Prüfung mit dem Termin der Prüfung. Eine wiederkehrende Prüfung gilt als fristgerecht durchgeführt, wenn sie spätestens zwei Monate nach dem Fälligkeitstermin durchgeführt wurde. Dieser Absatz ist nur anzuwenden, soweit es sich um Arbeitsmittel nach Anhang 2 Abschnitt 2 bis 4 und Anhang 3 handelt.

(6) Zur Prüfung befähigte Personen nach § 2 Absatz 6 unterliegen bei der Durchführung der nach dieser Verordnung vorgeschriebenen Prüfungen keinen fachlichen Weisungen durch den Arbeitgeber. Zur Prüfung befähigte Personen dürfen vom Arbeitgeber wegen ihrer Prüftätigkeit nicht benachteiligt werden.

(7) Der Arbeitgeber hat dafür zu sorgen, dass das Ergebnis der Prüfung nach den Absätzen 1 bis 4 aufgezeichnet und mindestens bis zur nächsten Prüfung aufbewahrt wird. Dabei hat er dafür zu sorgen, dass die Aufzeichnungen nach Satz 1 mindestens Auskunft geben über:

1.
   Art der Prüfung,
2.
   Prüfumfang,
3.
   Ergebnis der Prüfung und
4.
   Name und Unterschrift der zur Prüfung befähigten Person; bei ausschließlich elektronisch übermittelten Dokumenten elektronische Signatur.
Aufzeichnungen können auch in elektronischer Form aufbewahrt werden. Werden Arbeitsmittel nach den Absätzen 1 und 2 sowie Anhang 3 an unterschiedlichen Betriebsorten verwendet, ist am Einsatzort ein Nachweis über die Durchführung der letzten Prüfung vorzuhalten.
(8) Die Absätze 1 bis 3 gelten nicht für überwachungsbedürftige Anlagen, soweit entsprechende Prüfungen in den §§ 15 und 16 vorgeschrieben sind. Absatz 7 gilt nicht für überwachungsbedürftige Anlagen, soweit entsprechende Aufzeichnungen in § 17 vorgeschrieben sind.

Abschnitt 3
Zusätzliche Vorschriften für überwachungsbedürftige Anlagen

§ 15 Prüfung vor Inbetriebnahme und vor Wiederinbetriebnahme nach prüfpflichtigen Änderungen

(1) Der Arbeitgeber hat sicherzustellen, dass überwachungsbedürftige Anlagen vor erstmaliger Inbetriebnahme und vor Wiederinbetriebnahme nach prüfpflichtigen Änderungen geprüft werden. Bei der Prüfung ist festzustellen,

1.
   ob die für die Prüfung benötigten technischen Unterlagen, wie beispielsweise eine EG-Konformitätserklärung, vorhanden sind und ihr Inhalt plausibel ist und
2.
   ob die Anlage einschließlich der Anlagenteile entsprechend dieser Verordnung errichtet oder geändert worden ist und sich auch unter Berücksichtigung der Aufstellbedingungen in einem sicheren Zustand befindet.
Die Prüfung ist nach Maßgabe der in Anhang 2 genannten Vorgaben durchzuführen. Prüfinhalte, die im Rahmen von Konformitätsbewertungsverfahren geprüft und dokumentiert wurden, müssen nicht erneut geprüft werden.
(2) Bei den Prüfungen nach Absatz 1 ist auch festzustellen, ob die getroffenen sicherheitstechnischen Maßnahmen geeignet und funktionsfähig sind und ob die Frist für die nächste wiederkehrende Prüfung nach § 3 Absatz 6 zutreffend festgelegt wurde. Abweichend von Satz 1 ist die Feststellung der zutreffenden Prüffrist für Druckanlagen, deren Prüffrist nach Anhang 2 Abschnitt 4 Nummer 5.4 ermittelt wird, unmittelbar nach deren Ermittlung durchzuführen. Über die in den Sätzen 1 und 2 festgelegten Prüffristen entscheidet im Streitfall die zuständige Behörde. Satz 1 gilt ferner nicht für die Eignung der sicherheitstechnischen Maßnahmen, die Gegenstand einer Erlaubnis nach § 18 oder einer Genehmigung nach anderen Rechtsvorschriften sind.
(3) Die Prüfungen nach Absatz 1 sind von einer zugelassenen Überwachungsstelle nach Anhang 2 Abschnitt 1 durchzuführen. Sofern dies in Anhang 2 Abschnitt 2, 3 oder 4 vorgesehen ist, können die Prüfungen nach Satz 1 auch von einer zur Prüfung befähigten Person durchgeführt werden. Darüber hinaus können alle Prüfungen nach prüfpflichtigen Änderungen, die nicht die Bauart oder die Betriebsweise einer überwachungsbedürftigen Anlage betreffen, von einer zur Prüfung befähigten Person durchgeführt werden. Bei überwachungsbedürftigen Anlagen, die für einen ortsveränderlichen Einsatz vorgesehen sind und nach der ersten Inbetriebnahme an einem neuen Standort aufgestellt werden, können die Prüfungen nach Absatz 1 durch eine zur Prüfung befähigte Person durchgeführt werden.

§ 16 Wiederkehrende Prüfung

(1) Der Arbeitgeber hat sicherzustellen, dass überwachungsbedürftige Anlagen nach Maßgabe der in Anhang 2 genannten Vorgaben wiederkehrend auf ihren sicheren Zustand hinsichtlich des Betriebs geprüft werden.

(2) Bei der wiederkehrenden Prüfung ist auch zu überprüfen, ob die Frist für die nächste wiederkehrende Prüfung nach § 3 Absatz 6 zutreffend festgelegt wurde. Im Streitfall entscheidet die zuständige Behörde.

(3) § 14 Absatz 5 gilt entsprechend. Ist eine behördlich angeordnete Prüfung durchgeführt worden, so beginnt die Frist für eine wiederkehrende Prüfung mit Monat und Jahr der Durchführung dieser Prüfung, wenn diese der wiederkehrenden Prüfung entspricht.

(4) § 15 Absatz 3 gilt entsprechend.

§ 17 Prüfaufzeichnungen und -bescheinigungen

(1) Der Arbeitgeber hat dafür zu sorgen, dass das Ergebnis der Prüfung nach den §§ 15 und 16 aufgezeichnet wird. Sofern die Prüfung von einer zugelassenen Überwachungsstelle durchzuführen ist, ist von dieser eine Prüfbescheinigung über das Ergebnis der Prüfung zu fordern. Aufzeichnungen und Prüfbescheinigungen müssen mindestens Auskunft geben über

1.
   Anlagenidentifikation,
2.
   Prüfdatum,
3.
   Art der Prüfung,
4.
   Prüfungsgrundlagen,
5.
   Prüfumfang,
6.
   Eignung und Funktion der technischen Schutzmaßnahmen sowie Eignung der organisatorischen Schutzmaßnahmen,
7.
   Ergebnis der Prüfung,
8.
   Frist bis zur nächsten wiederkehrenden Prüfung nach § 16 Absatz 2 und
9.
   Name und Unterschrift des Prüfers, bei Prüfung durch zugelassene Überwachungsstellen zusätzlich Name der zugelassenen Überwachungsstelle; bei ausschließlich elektronisch übermittelten Dokumenten die elektronische Signatur.

Aufzeichnungen und Prüfbescheinigungen sind während der gesamten Verwendungsdauer am Betriebsort der überwachungsbedürftigen Anlage aufzubewahren und der zuständigen Behörde auf Verlangen vorzulegen. Sie können auch in elektronischer Form aufbewahrt werden.

(2) Unbeschadet der Aufzeichnungen und Prüfbescheinigungen nach Absatz 1 muss in der Kabine von Aufzugsanlagen eine Kennzeichnung, zum Beispiel in Form einer Prüfplakette, deutlich sichtbar und dauerhaft angebracht sein, aus der sich Monat und Jahr der nächsten wiederkehrenden Prüfung sowie der prüfenden Stelle ergibt.

§ 18 Erlaubnispflicht

(1) Die Errichtung und der Betrieb sowie die Änderungen der Bauart oder Betriebsweise, welche die Sicherheit der Anlage beeinflussen, folgender Anlagen bedürfen der Erlaubnis der zuständigen Behörde:

1.

    Dampfkesselanlagen nach Anhang 2 Abschnitt 4 Nummer 2.1 Satz 1 Buchstabe a, die nach Artikel 13 in Verbindung mit Anhang II Diagramm 5 der Richtlinie 2014/68/EU des Europäischen Parlaments und des Rates vom 15. Mai 2014 zur Harmonisierung der Rechtsvorschriften der Mitgliedstaaten über die Bereitstellung von Druckgeräten auf dem Markt (ABl. L 189 vom 27.6.2014, S. 164) in die Kategorie IV einzustufen sind,

2.

    Anlagen mit Druckgeräten nach Anhang 2 Abschnitt 4 Nummer 2.1 Satz 1 Buchstabe c, in denen mit einer Füllkapazität von mehr als 10 Kilogramm je Stunde ortsbewegliche Druckgeräte im Sinne von Anhang 2 Abschnitt 4 Nummer 2.1 Satz 2 Buchstabe b mit Druckgasen zur Abgabe an Andere befüllt werden,

3.

    Anlagen einschließlich der Lager- und Vorratsbehälter zum Befüllen von Land-, Wasser- und Luftfahrzeugen mit entzündbaren Gasen im Sinne von Anhang 1 Nummer 2.2 der Verordnung (EG) Nr. 1272/2008 des Europäischen Parlaments und des Rates vom 16. Dezember 2008 über die Einstufung, Kennzeichnung und Verpackung von Stoffen und Gemischen, zur Änderung und Aufhebung der Richtlinien 67/548/EWG und 1999/45/EG und zur Änderung der Verordnung (EG) Nr. 1907/2006 (ABl. L 353 vom 31.12.2008, S. 1) zur Verwendung als Treib- oder Brennstoff (Gasfüllanlagen),

4.

    Räume oder Bereiche einschließlich der in ihnen vorgesehenen ortsfesten Behälter und sonstiger Lagereinrichtungen, die dazu bestimmt sind, dass in ihnen entzündbare Flüssigkeiten mit einem Gesamtrauminhalt von mehr als 10 000 Litern gelagert werden (Lageranlagen), soweit Räume oder Bereiche nicht zu Anlagen nach den Nummern 5 bis 7 gehören,

5.

    ortsfest errichtete oder dauerhaft am gleichen Ort verwendete Anlagen mit einer Umschlagkapazität von mehr als 1 000 Litern je Stunde, die dazu bestimmt sind, dass in ihnen Transportbehälter mit entzündbaren Flüssigkeiten befüllt werden (Füllstellen),

6.

    ortsfeste Anlagen für die Betankung von Land-, Wasser- und Luftfahrzeugen mit entzündbaren Flüssigkeiten (Tankstellen),

7.

    ortsfeste Anlagen oder Bereiche auf Flugfeldern, in denen Kraftstoffbehälter von Luftfahrzeugen aus Hydrantenanlagen mit entzündbaren Flüssigkeiten befüllt werden (Flugfeldbetankungsanlagen),

8.

    (weggefallen)

Entzündbare Flüssigkeiten nach Satz 1 Nummer 4 bis 6 sind solche mit Stoffeigenschaften nach Anhang 1 Nummer 2.6 der Verordnung (EG) Nr. 1272/2008, sofern sie einen Flammpunkt von weniger als 23 Grad Celsius haben. Zu einer Anlage im Sinne des Satzes 1 gehören auch Mess-, Steuer- und Regeleinrichtungen, die dem sicheren Betrieb dieser Anlage dienen.

(2) Absatz 1 findet keine Anwendung auf

1.

    Anlagen, in denen Wasserdampf oder Heißwasser in einem Herstellungsverfahren durch Wärmerückgewinnung entsteht, es sei denn, Rauchgase werden gekühlt und der entstehende Wasserdampf oder das entstehende Heißwasser werden nicht überwiegend der Verfahrensanlage zugeführt, und

2.

Anlagen zum Entsorgen von Kältemitteln, die einem Wärmetauscher entnommen und in ein ortsbewegliches Druckgerät gefüllt werden.

(3) Die Erlaubnis ist schriftlich oder elektronisch zu beantragen. Ein Antrag auf eine Teilerlaubnis ist möglich. Dem Antrag sind alle Unterlagen beizufügen, die für die Beurteilung des Antrages notwendig sind. Erfolgt die Antragstellung elektronisch, kann die zuständige Behörde Mehrfertigungen sowie die Übermittlung der dem Antrag beizufügenden Unterlagen auch in schriftlicher Form verlangen. Aus den Unterlagen muss hervorgehen, dass Aufstellung, Bauart und Betriebsweise den Anforderungen dieser Verordnung und hinsichtlich des Brand- und Explosionsschutzes auch der Gefahrstoffverordnung entsprechen und dass die vorgesehenen sicherheitstechnischen Maßnahmen geeignet sind. Aus den Unterlagen muss weiterhin hervorgehen, dass

1.

auch die möglichen Gefährdungen, die sich aus der Arbeitsumgebung und durch Wechselwirkungen mit anderen Arbeitsmitteln, insbesondere anderen überwachungsbedürftigen Anlagen, die in einem räumlichen oder betriebstechnischen Zusammenhang mit der beantragten Anlage verwendet werden, betrachtet wurden und die Anforderungen und die vorgesehenen Schutzmaßnahmen geeignet sind, und

2.

die sich aus der Zusammenarbeit verschiedener Arbeitgeber ergebenden Maßnahmen nach § 13 berücksichtigt wurden.

Den Unterlagen ist ein Prüfbericht einer zugelassenen Überwachungsstelle beizufügen, in dem bestätigt wird, dass die Anlage bei Einhaltung der in den Unterlagen genannten Maßnahmen einschließlich der Prüfungen nach Anhang 2 Abschnitt 3 und 4 sicher betrieben werden kann.

(4) Die zuständige Behörde hat die Erlaubnis zu erteilen, wenn die vorgesehene Aufstellung, Bauart und Betriebsweise den sicherheitstechnischen Anforderungen dieser Verordnung und hinsichtlich des Brand- und Explosionsschutzes auch der Gefahrstoffverordnung entsprechen. Die Erlaubnis kann beschränkt, befristet, unter Bedingungen erteilt sowie mit Auflagen verbunden werden. Die nachträgliche Aufnahme, Änderung oder Ergänzung von Auflagen ist zulässig.

(5) Die zuständige Behörde hat über den Antrag innerhalb von drei Monaten, nachdem er bei ihr eingegangen ist, zu entscheiden. Die Frist kann in begründeten Fällen verlängert werden. Die verlängerte Frist ist zusammen mit den Gründen für die Verlängerung dem Antragsteller mitzuteilen.

Fußnote

(+++ § 18: Zur Anwendung vgl. § 20 Abs. 2 +++)

Abschnitt 4
Vollzugsregelungen und Ausschuss für Betriebssicherheit

§ 19 Mitteilungspflichten, behördliche Ausnahmen

(1) Der Arbeitgeber hat bei Arbeitsmitteln nach den Anhängen 2 und 3 der zuständigen Behörde folgende Ereignisse unverzüglich anzuzeigen:

1.

jeden Unfall, bei dem ein Mensch getötet oder erheblich verletzt worden ist, und

2.

jeden Schadensfall, bei dem Bauteile oder sicherheitstechnische Einrichtungen versagt haben.

(2) Die zuständige Behörde kann bei überwachungsbedürftigen Anlagen vom Arbeitgeber verlangen, dass dieser das nach Absatz 1 anzuzeigende Ereignis auf seine Kosten durch eine möglichst im gegenseitigen Einvernehmen bestimmte zugelassene Überwachungsstelle

sicherheitstechnisch beurteilen lässt und ihr die Beurteilung schriftlich vorlegt. Die sicherheitstechnische Beurteilung hat sich insbesondere auf die Feststellung zu erstrecken,

1.

    worauf das Ereignis zurückzuführen ist,

2.

    ob sich die überwachungsbedürftige Anlage in einem nicht sicheren Zustand befand und ob nach Behebung des Mangels eine Gefährdung nicht mehr besteht und

3.

    ob neue Erkenntnisse gewonnen worden sind, die andere oder zusätzliche Schutzvorkehrungen erfordern.

(3) Unbeschadet des § 22 des Arbeitsschutzgesetzes hat der Arbeitgeber der zuständigen Behörde auf Verlangen Folgendes zu übermitteln:

1.

    die Dokumentation der Gefährdungsbeurteilung nach § 3 Absatz 8 und die ihr zugrunde liegenden Informationen,

2.

    einen Nachweis, dass die Gefährdungsbeurteilung entsprechend den Anforderungen nach § 3 Absatz 2 Satz 2 erstellt wurde,

3.

    Angaben zu den nach § 13 des Arbeitsschutzgesetzes verantwortlichen Personen,

4.

    Angaben zu den getroffenen Schutzmaßnahmen einschließlich der Betriebsanweisung.

(4) Die zuständige Behörde kann auf schriftlichen Antrag des Arbeitgebers Ausnahmen von den §§ 8 bis 11 und Anhang 1 zulassen, wenn die Anwendung dieser Vorschriften für den Arbeitgeber im Einzelfall zu einer unverhältnismäßigen Härte führen würde, die Ausnahme sicherheitstechnisch vertretbar und mit dem Schutz der Beschäftigten und, soweit überwachungsbedürftige Anlagen betroffen sind, auch mit dem Schutz anderer Personen vereinbar ist. Der Arbeitgeber hat der zuständigen Behörde im Antrag Folgendes darzulegen:

1.

    den Grund für die Beantragung der Ausnahme,

2.

    die betroffenen Tätigkeiten und Verfahren,

3.

    die Zahl der voraussichtlich betroffenen Beschäftigten,

4.

    die technischen und organisatorischen Maßnahmen, die zur Gewährleistung der Sicherheit und zur Vermeidung von Gefährdungen getroffen werden sollen.

Für ihre Entscheidung kann die Behörde ein Sachverständigengutachten verlangen, dessen Kosten der Arbeitgeber zu tragen hat.

(5) Die zuständige Behörde kann bei überwachungsbedürftigen Anlagen im Einzelfall eine außerordentliche Prüfung anordnen, wenn hierfür ein besonderer Anlass besteht. Ein solcher Anlass besteht insbesondere dann, wenn ein Schadensfall eingetreten ist. Der Arbeitgeber hat eine angeordnete Prüfung unverzüglich zu veranlassen.

(6) Die zuständige Behörde kann die in Anhang 2 Abschnitt 2 bis 4 und Anhang 3 genannten Fristen im Einzelfall verkürzen, soweit es zur Gewährleistung der Sicherheit der Anlagen erforderlich ist. Die zuständige Behörde kann die in Anhang 2 Abschnitt 2 bis 4 und Anhang 3 genannten Fristen im Einzelfall verlängern, soweit die Sicherheit auf andere Weise gewährleistet ist.

§ 20 Sonderbestimmungen für überwachungsbedürftige Anlagen des Bundes

(1) Aufsichtsbehörde für die in Anhang 2 Abschnitt 2 bis 4 genannten überwachungsbedürftigen Anlagen der Wasserstraßen- und Schifffahrtsverwaltung des Bundes, der Bundeswehr und der Bundespolizei ist das zuständige Bundesministerium oder die von ihm bestimmte Behörde. Dies gilt auch für alle in Anhang 2 Abschnitt 2 bis 4 genannten überwachungsbedürftigen Anlagen auf den von der Wasserstraßen- und Schifffahrtsverwaltung des Bundes, der Bundeswehr und der Bundespolizei genutzten Dienstliegenschaften. Für andere der Aufsicht der Bundesverwaltung unterliegende überwachungsbedürftige Anlagen nach Anhang 2 Abschnitt 2 bis 4 bestimmt sich die zuständige Aufsichtsbehörde nach § 38 Absatz 1 des Produktsicherheitsgesetzes.

(2) § 18 findet keine Anwendung auf die in Anhang 2 Abschnitt 2 bis 4 genannten überwachungsbedürftigen Anlagen der Wasserstraßen- und Schifffahrtsverwaltung des Bundes, der Bundeswehr und der Bundespolizei.

§ 21 Ausschuss für Betriebssicherheit

(1) Beim Bundesministerium für Arbeit und Soziales wird ein Ausschuss für Betriebssicherheit gebildet. Dieser Ausschuss soll aus fachkundigen Vertretern der Arbeitgeber, der Gewerkschaften, der Länderbehörden, der gesetzlichen Unfallversicherung und der zugelassenen Überwachungsstellen bestehen sowie aus weiteren fachkundigen Personen, insbesondere aus der Wissenschaft. Die Gesamtzahl der Mitglieder soll 21 Personen nicht überschreiten. Für jedes Mitglied ist ein stellvertretendes Mitglied zu benennen. Die Mitgliedschaft im Ausschuss für Betriebssicherheit ist ehrenamtlich.

(2) Das Bundesministerium für Arbeit und Soziales beruft die Mitglieder des Ausschusses und die stellvertretenden Mitglieder. Der Ausschuss gibt sich eine Geschäftsordnung und wählt die Vorsitzende oder den Vorsitzenden aus seiner Mitte. Die Geschäftsordnung und die Wahl der oder des Vorsitzenden bedürfen der Zustimmung des Bundesministeriums für Arbeit und Soziales.

(3) Das Arbeitsprogramm des Ausschusses für Betriebssicherheit wird mit dem Bundesministerium für Arbeit und Soziales abgestimmt. Der Ausschuss arbeitet eng mit den anderen Ausschüssen beim Bundesministerium für Arbeit und Soziales zusammen.

(4) Die Sitzungen des Ausschusses sind nicht öffentlich. Beratungs- und Abstimmungsergebnisse des Ausschusses sowie Niederschriften der Untergremien sind vertraulich zu behandeln, soweit die Erfüllung der Aufgaben, die den Untergremien oder den Mitgliedern des Ausschusses obliegen, dem nicht entgegenstehen.

(5) Zu den Aufgaben des Ausschusses gehört es,

1.
   den Stand von Wissenschaft und Technik, Arbeitsmedizin und Arbeitshygiene sowie sonstiger gesicherter arbeitswissenschaftlicher Erkenntnisse bei der Verwendung von Arbeitsmitteln zu ermitteln und dazu Empfehlungen auszusprechen,

2.
   zu ermitteln, wie die in dieser Verordnung gestellten Anforderungen erfüllt werden können, und dazu die dem jeweiligen Stand der Technik und der Arbeitsmedizin entsprechenden Regeln und Erkenntnisse zu erarbeiten,

3.
   das Bundesministerium für Arbeit und Soziales in Fragen von Sicherheit und Gesundheitsschutz bei der Verwendung von Arbeitsmitteln zu beraten und

4.
   die von den zugelassenen Überwachungsstellen nach § 37 Absatz 5 Nummer 8 des Produktsicherheitsgesetzes gewonnenen Erkenntnisse auszuwerten und bei den Aufgaben nach den Nummern 1 bis 3 zu berücksichtigen.

(6) Nach Prüfung kann das Bundesministerium für Arbeit und Soziales

1.

die vom Ausschuss für Betriebssicherheit ermittelten Regeln und Erkenntnisse nach Absatz 5 Nummer 2 im Gemeinsamen Ministerialblatt bekannt geben und

2.

die Empfehlungen nach Absatz 3 Satz 1 Nummer 1 sowie die Beratungsergebnisse nach Absatz 5 Nummer 3 in geeigneter Weise veröffentlichen.

(7) Die Bundesministerien sowie die zuständigen obersten Landesbehörden können zu den Sitzungen des Ausschusses Vertreter entsenden. Diesen ist auf Verlangen in der Sitzung das Wort zu erteilen.

(8) Die Geschäfte des Ausschusses führt die Bundesanstalt für Arbeitsschutz und Arbeitsmedizin.

Abschnitt 5
Ordnungswidrigkeiten und Straftaten. Schlussvorschriften

§ 22 Ordnungswidrigkeiten

(1) Ordnungswidrig im Sinne des § 25 Absatz 1 Nummer 1 des Arbeitsschutzgesetzes handelt, wer vorsätzlich oder fahrlässig

1.

entgegen § 3 Absatz 1 Satz 1 eine Gefährdung nicht, nicht richtig oder nicht rechtzeitig beurteilt,

2.

entgegen § 3 Absatz 3 Satz 3 eine Gefährdungsbeurteilung durchführt,

3.

(weggefallen)

4.

(weggefallen)

5.

entgegen § 3 Absatz 7 Satz 4 eine Gefährdungsbeurteilung nicht oder nicht rechtzeitig aktualisiert,

6.

entgegen § 3 Absatz 8 Satz 1 ein dort genanntes Ergebnis nicht oder nicht rechtzeitig dokumentiert,

7.

entgegen § 4 Absatz 1 ein Arbeitsmittel verwendet,

8.

entgegen § 4 Absatz 4 nicht dafür sorgt, dass Arbeitsmittel, für die in § 14 oder in Abschnitt 3 dieser Verordnung Prüfungen vorgeschrieben sind, nur verwendet werden, wenn diese Prüfungen durchgeführt und dokumentiert wurden,

9.

entgegen § 5 Absatz 2 ein Arbeitsmittel verwenden lässt,

10.

entgegen § 5 Absatz 4 nicht dafür sorgt, dass ein Beschäftigter nur ein dort genanntes Arbeitsmittel verwendet,

11.

entgegen § 6 Absatz 1 Satz 2 in Verbindung mit Anhang 1 Nummer 1.3 Satz 1 nicht dafür sorgt, dass ein Beschäftigter nur auf einem dort genannten Platz mitfährt,

12.

entgegen § 6 Absatz 1 Satz 2 in Verbindung mit Anhang 1 Nummer 1.4 Satz 1 nicht dafür sorgt, dass eine dort genannte Einrichtung vorhanden ist,

13.

46

14. entgegen § 6 Absatz 1 Satz 2 in Verbindung mit Anhang 1 Nummer 1.5 eine dort genannte Maßnahme nicht oder nicht rechtzeitig trifft,

15. entgegen § 6 Absatz 1 Satz 2 in Verbindung mit Anhang 1 Nummer 1.7 Satz 1 nicht dafür sorgt, dass die dort genannte Geschwindigkeit angepasst werden kann,

16. entgegen § 6 Absatz 1 Satz 2 in Verbindung mit Anhang 1 Nummer 1.8 Satz 1 Buchstabe a nicht dafür sorgt, dass eine Verbindungseinrichtung gesichert ist,

17. entgegen § 6 Absatz 1 Satz 2 in Verbindung mit Anhang 1 Nummer 2.1 Satz 1 nicht dafür sorgt, dass die Standsicherheit oder die Festigkeit eines dort genannten Arbeitsmittels sichergestellt ist,

18. entgegen § 6 Absatz 1 Satz 2 in Verbindung mit Anhang 1 Nummer 2.1 Satz 5 ein dort genanntes Arbeitsmittel nicht richtig aufstellt oder nicht richtig verwendet,

19. entgegen § 6 Absatz 1 Satz 2 in Verbindung mit Anhang 1 Nummer 2.2 Satz 1 nicht dafür sorgt, dass ein Arbeitsmittel mit einem dort genannten Hinweis versehen ist,

20. entgegen § 6 Absatz 1 Satz 2 in Verbindung mit Anhang 1 Nummer 2.3.2 nicht dafür sorgt, dass ein dort genanntes Arbeitsmittel abgebremst und eine ungewollte Bewegung verhindert werden kann,

21. entgegen § 6 Absatz 1 Satz 2 in Verbindung mit Anhang 1 Nummer 2.4 Satz 2 nicht dafür sorgt, dass das Heben eines Beschäftigten nur mit einem dort genannten Arbeitsmittel erfolgt,

22. entgegen § 6 Absatz 1 Satz 2 in Verbindung mit Anhang 1 Nummer 2.5 Buchstabe b oder Buchstabe c nicht dafür sorgt, dass Lasten sicher angeschlagen werden oder Lasten oder Lastaufnahme- oder Anschlagmittel sich nicht unbeabsichtigt lösen oder verschieben können,

23. entgegen § 6 Absatz 1 Satz 2 in Verbindung mit Anhang 1 Nummer 3.2.3 Satz 2 nicht dafür sorgt, dass ein dort genanntes Gerüst verankert wird,

24. entgegen § 6 Absatz 1 Satz 2 in Verbindung mit Anhang 1 Nummer 3.2.6 Satz 1 nicht dafür sorgt, dass ein Gerüst nur in der dort genannten Weise auf-, ab- oder umgebaut wird,

25. entgegen § 6 Absatz 2 Satz 1 nicht dafür sorgt, dass eine Schutzeinrichtung verwendet wird,

26. entgegen § 12 Absatz 1 Satz 1 eine Information nicht, nicht richtig, nicht vollständig oder nicht rechtzeitig zur Verfügung stellt,

27. entgegen § 12 Absatz 1 Satz 2 einen Beschäftigten nicht, nicht richtig, nicht vollständig oder nicht rechtzeitig unterweist,

28. entgegen § 12 Absatz 2 Satz 1 eine Betriebsanweisung nicht, nicht richtig, nicht vollständig oder nicht rechtzeitig zur Verfügung stellt,

29. entgegen § 14 Absatz 1 Satz 1 oder Absatz 4 Satz 1 ein Arbeitsmittel nicht oder nicht rechtzeitig prüfen lässt,

30. entgegen § 14 Absatz 3 Satz 2 ein Arbeitsmittel einer außerordentlichen Überprüfung nicht oder nicht rechtzeitig unterziehen lässt,

entgegen § 14 Absatz 7 Satz 1 nicht dafür sorgt, dass ein Ergebnis aufgezeichnet und aufbewahrt wird,

31.

entgegen § 14 Absatz 7 Satz 2 nicht dafür sorgt, dass eine Aufzeichnung eine dort genannte Auskunft gibt,

32.

entgegen § 19 Absatz 1 bei einem Arbeitsmittel nach Anhang 3 Abschnitt 1 Nummer 1.1, Abschnitt 2 Nummer 1.1 Satz 1 oder Abschnitt 3 Nummer 1.1 Satz 1 eine Anzeige nicht, nicht richtig, nicht vollständig oder nicht rechtzeitig erstattet oder

33.

entgegen § 19 Absatz 3 eine Dokumentation, eine Information, einen Nachweis oder eine Angabe nicht, nicht richtig, nicht vollständig oder nicht rechtzeitig übermittelt.

(2) Ordnungswidrig im Sinne des § 39 Absatz 1 Nummer 7 Buchstabe a des Produktsicherheitsgesetzes handelt, wer vorsätzlich oder fahrlässig

1.

entgegen § 6 Absatz 1 Satz 2 in Verbindung mit Anhang 1 Nummer 4.1 Satz 1 nicht dafür sorgt, dass ein Kommunikationssystem wirksam ist,

2.

entgegen § 6 Absatz 1 Satz 2 in Verbindung mit Anhang 1 Nummer 4.1 Satz 2 einen Notfallplan nicht oder nicht rechtzeitig zur Verfügung stellt,

3.

entgegen § 6 Absatz 1 Satz 2 in Verbindung mit Anhang 1 Nummer 4.1 Satz 5 eine dort genannte Einrichtung nicht oder nicht rechtzeitig bereitstellt,

4.

entgegen § 6 Absatz 1 Satz 2 in Verbindung mit Anhang 1 Nummer 4.1 Satz 6 nicht dafür sorgt, dass eine Person Hilfe herbeirufen kann,

5.

entgegen § 6 Absatz 1 Satz 2 in Verbindung mit Anhang 1 Nummer 4.4 Satz 1 nicht dafür sorgt, dass ein Personenumlaufaufzug nur von Beschäftigten verwendet wird,

5a.

entgegen § 6 Absatz 1 Satz 2 in Verbindung mit Anhang 1 Nummer 4.4 Satz 2 einen Personenumlaufaufzug durch eine andere Person verwenden lässt,

6.

entgegen § 15 Absatz 1 Satz 1 nicht sicherstellt, dass eine überwachungsbedürftige Anlage geprüft wird,

7.

entgegen § 16 Absatz 1 in Verbindung mit Anhang 2 Abschnitt 2 Nummer 4.1 oder 4.3, Abschnitt 3 Nummer 5.1 Satz 1 bis 3 oder 4, Nummer 5.2 Satz 1 oder Nummer 5.3 Satz 1 oder Abschnitt 4 Nummer 5.1 Satz 1, 2 oder 3, Nummer 5.2 bis 5.4 oder 5.5, Nummer 5.7 Satz 3, Nummer 5.8 oder Nummer 5.9 Satz 1 nicht sicherstellt, dass eine überwachungsbedürftige Anlage geprüft wird,

8.

ohne Erlaubnis nach § 18 Absatz 1 Satz 1 eine dort genannte Anlage errichtet, betreibt oder ändert,

9.

einer vollziehbaren Anordnung nach § 19 Absatz 5 Satz 1 zuwiderhandelt oder

10.

eine in Absatz 1 Nummer 9 oder Nummer 24 bezeichnete Handlung in Bezug auf eine überwachungsbedürftige Anlage nach § 2 Nummer 30 des Produktsicherheitsgesetzes begeht.

(3) Ordnungswidrig im Sinne des § 39 Absatz 1 Nummer 7 Buchstabe b des Produktsicherheitsgesetzes handelt, wer vorsätzlich oder fahrlässig entgegen § 19 Absatz 1 bei einem Arbeitsmittel nach Anhang 2 Abschnitt 2 Nummer 2 Buchstabe a oder b Satz 1, Abschnitt 3

Nummer 2 oder Abschnitt 4 Nummer 2.1, 2.2 oder 2.3 eine Anzeige nicht, nicht richtig, nicht vollständig oder nicht rechtzeitig erstattet.

§ 23 Straftaten

(1) Wer durch eine in § 22 Absatz 1 bezeichnete vorsätzliche Handlung Leben oder Gesundheit eines Beschäftigten gefährdet, ist nach § 26 Nummer 2 des Arbeitsschutzgesetzes strafbar.
(2) Wer eine in § 22 Absatz 2 bezeichnete vorsätzliche Handlung beharrlich wiederholt oder durch eine solche vorsätzliche Handlung Leben oder Gesundheit eines anderen oder fremde Sachen von bedeutendem Wert gefährdet, ist nach § 40 des Produktsicherheitsgesetzes strafbar.

§ 24 Übergangsvorschriften

(1) Der Weiterbetrieb einer erlaubnisbedürftigen Anlage, die vor dem 1. Juni 2015 befugt errichtet und verwendet wurde, ist zulässig. Eine Erlaubnis, die nach dem bis dahin geltenden Recht erteilt wurde, gilt als Erlaubnis im Sinne dieser Verordnung. § 18 Absatz 4 Satz 3 ist auf Anlagen nach den Sätzen 1 und 2 anwendbar.
(2) Aufzugsanlagen nach Anhang 2 Abschnitt 2 Nummer 2 Buchstabe a, die vor dem 30. Juni 1999 erstmals zur Verfügung gestellt wurden, sowie Aufzugsanlagen nach Anhang 2 Abschnitt 2 Nummer 2 Buchstabe b, die vor dem 31. Dezember 1996 erstmals zur Verfügung gestellt wurden, müssen den Anforderungen des Anhangs 1 Nummer 4.1 spätestens am 31. Dezember 2020 entsprechen. Satz 1 gilt nicht für den Notfallplan gemäß Anhang 1 Nummer 4.1 Satz 2.
(3) Bei Aufzugsanlagen nach Anhang 2 Abschnitt 2 Nummer 2 Buchstabe b, die vor dem Inkrafttreten dieser Verordnung nach den Vorschriften der bis zum 31. Mai 2015 geltenden Betriebssicherheitsverordnung erstmalig oder wiederkehrend geprüft worden sind, ist die wiederkehrende Prüfung nach Anhang 2 Abschnitt 2 Nummer 4.1 und Nummer 4.3 dieser Verordnung erstmalig nach Ablauf der nach der Prüffrist nach der bis zum 31. Mai 2015 geltenden Betriebssicherheitsverordnung durchzuführen.
(4) Die Prüfung nach Anhang 2 Abschnitt 3 Nummer 5.1 Satz 1 ist erstmals 6 Jahre nach der Prüfung vor der erstmaligen Inbetriebnahme durchzuführen. Bei Anlagen, die vor dem 1. Juni 2012 erstmals in Betrieb genommen wurden, ist die Prüfung nach Satz 1 spätestens bis zum 1. Juni 2018 durchzuführen. Die Prüfung nach Anhang 2 Abschnitt 3 Nummer 5.2 Satz 1 ist erstmals drei Jahre nach der Prüfung vor der Inbetriebnahme oder nach der Prüfung nach § 15 Absatz 15 der bis zum 31. Mai 2015 geltenden Betriebssicherheitsverordnung durchzuführen.
(5) Abweichend von Anhang 2 Abschnitt 3 Nummer 3.1 Buchstabe b und Abschnitt 4 Nummer 3 Buchstabe b dürfen zur Prüfung befähigte Personen auch ohne die dort vorgeschriebene Erfahrung Prüfungen durchführen, wenn sie nach der bis zum 31. Mai 2015 geltenden Betriebssicherheitsverordnung entsprechende Prüfungen befugt durchgeführt haben.
(6) Die Prüfung nach Anhang 2 Abschnitt 4 Nummer 5.3 ist spätestens zehn Jahre nach der letzten Prüfung der Anlage durchzuführen. Bei Anlagen nach Satz 1, die nur aus einem Anlagenteil gemäß Anhang 2 Abschnitt 4 Nummer 2.2 und zugehörigen Sicherheitseinrichtungen bestehen, kann für die Festlegung der Prüffrist nach Satz 1 die letzte Prüfung des Anlagenteils zu Grunde gelegt werden, sofern die Prüfinhalte der Prüfung des Anlagenteils den Prüfinhalten der Anlagenprüfung gleichwertig sind. Bei Anlagen, die zuletzt vor dem 1. Juni 2008 geprüft wurden, ist die Prüfung nach Satz 1 spätestens bis zum 1. Juni 2018 durchzuführen.
(7) Die Prüfung nach Anhang 2 Abschnitt 4 Nummer 6.2.1 ist erstmals fünf Jahre nach der letzten Prüfung der Anlage durchzuführen. Bei Anlagen, die zuletzt vor dem 1. Juni 2012 geprüft wurden, ist die Prüfung nach Satz 1 spätestens bis zum 1. Juni 2017 durchzuführen.

Anhang 1 (zu § 6 Absatz 1 Satz 2)
Besondere Vorschriften für bestimmte Arbeitsmittel

(Fundstelle: BGBl. I 2015, 63 - 69;
bzgl. der einzelnen Änderungen vgl. Fußnote)

Inhaltsübersicht

1.

Besondere Vorschriften für die Verwendung von mobilen, selbstfahrenden oder nicht selbstfahrenden, Arbeitsmitteln

1.1

Mobile Arbeitsmittel müssen so ausgerüstet sein, dass die Gefährdung für mitfahrende Beschäftigte so gering wie möglich gehalten wird. Dies gilt auch für die Gefährdungen der Beschäftigten durch Kontakt mit Rädern und Ketten.

1.2

Gefährdungen durch plötzliches Blockieren von Energieübertragungsvorrichtungen zwischen mobilen Arbeitsmitteln und ihren technischen Zusatzausrüstungen oder Anhängern sind durch technische Maßnahmen zu vermeiden. Sofern dies nicht möglich ist, sind andere Maßnahmen zu ergreifen, die eine Gefährdung der Beschäftigten verhindern. Es sind Maßnahmen zu treffen, die die Beschädigung der Energieübertragungsvorrichtungen verhindern.

1.3

Der Arbeitgeber hat dafür zu sorgen, dass bei mobilen Arbeitsmitteln mitfahrende Beschäftigte nur auf sicheren und für diesen Zweck ausgerüsteten Plätzen mitfahren. Besteht die Möglichkeit des Kippens oder Überschlagens des Arbeitsmittels, hat der Arbeitgeber durch folgende Einrichtungen sicherzustellen, dass mitfahrende Beschäftigte nicht durch Überschlagen oder Kippen des Arbeitsmittels gefährdet werden:

a)
eine Einrichtung, die verhindert, dass das Arbeitsmittel um mehr als eine Vierteldrehung kippt,

b)
eine Einrichtung, die gewährleistet, dass ein ausreichender Freiraum um mitfahrende Beschäftigte erhalten bleibt, sofern die Kippbewegung mehr als eine Vierteldrehung ausmachen kann, oder

c)
eine andere Einrichtung mit gleicher Schutzwirkung.

Falls beim Überschlagen oder Kippen des Arbeitsmittels ein mitfahrender Beschäftigter zwischen Teilen des Arbeitsmittels und dem Boden eingequetscht werden kann, muss ein Rückhaltesystem für den mitfahrenden Beschäftigten vorhanden sein.

1.4

Der Arbeitgeber hat dafür zu sorgen, dass bei Flurförderzeugen Einrichtungen vorhanden sind, die Gefährdungen aufsitzender Beschäftigter infolge Kippens oder Überschlagens der Flurförderzeuge verhindern. Solche Einrichtungen sind zum Beispiel

a)

    eine Fahrerkabine,

b)

    Einrichtungen, die das Kippen oder Überschlagen verhindern,

c)

    Einrichtungen, die gewährleisten, dass bei kippenden oder sich überschlagenden Flurförderzeugen für die aufsitzenden Beschäftigten zwischen Flur und Teilen der Flurförderzeuge ein ausreichender Freiraum verbleibt, oder

d)

    Einrichtungen, durch die die Beschäftigten auf dem Fahrersitz gehalten werden, sodass sie von Teilen umstürzender Flurförderzeuge nicht erfasst werden können.

1.5

Der Arbeitgeber hat vor der ersten Verwendung von mobilen selbstfahrenden Arbeitsmitteln Maßnahmen zu treffen, damit sie

a)

    gegen unerlaubtes Ingangsetzen gesichert werden können,

b)

    so ausgerüstet sind, dass das Ein- und Aussteigen sowie Auf- und Absteigen Beschäftigter gefahrlos möglich ist,

c)

    mit Vorrichtungen versehen sind, die den Schaden durch einen möglichen Zusammenstoß mehrerer schienengebundener Arbeitsmittel so weit wie möglich verringern,

d)

    mit einer Bremseinrichtung versehen sind; sofern erforderlich, muss zusätzlich eine Feststelleinrichtung vorhanden sein und eine über leicht zugängliche Befehlseinrichtungen oder eine Automatik ausgelöste Notbremsvorrichtung das Abbremsen und Anhalten im Fall des Versagens der Hauptbremsvorrichtung ermöglichen,

e)

    über geeignete Hilfsvorrichtungen, wie zum Beispiel Kamera-Monitor-Systeme verfügen, die eine Überwachung des Fahrwegs gewährleisten, falls die direkte Sicht des Fahrers nicht ausreicht, um die Sicherheit anderer Beschäftigter zu gewährleisten,

f)

    beim Einsatz bei Dunkelheit mit einer Beleuchtungsvorrichtung versehen sind, die für die durchzuführenden Arbeiten geeignet ist und ausreichend Sicherheit für die Beschäftigten bietet,

g)

    sofern durch sie selbst oder ihre Anhänger oder Ladungen eine Gefährdung durch Brand besteht, ausreichende Brandbekämpfungseinrichtungen besitzen, es sei denn, am Einsatzort sind solche Brandbekämpfungseinrichtungen in ausreichend kurzer Entfernung vorhanden,

h)

    sofern sie ferngesteuert sind, automatisch anhalten, wenn sie aus dem Kontrollbereich der Steuerung herausfahren,

i)

    sofern sie automatisch gesteuert sind und unter normalen Einsatzbedingungen mit Beschäftigten zusammenstoßen oder diese einklemmen können, mit entsprechenden Schutzvorrichtungen ausgerüstet sind, es sei denn, dass andere

51

geeignete Vorrichtungen die Möglichkeiten eines Zusammenstoßes vermeiden, und

j)

so ausgerüstet sind, dass mitzuführende Lasten und Einrichtungen gegen unkontrollierte Bewegungen gesichert werden können.

1.6

Der Arbeitgeber hat dafür zu sorgen, dass sich Beschäftigte nicht im Gefahrenbereich selbstfahrender Arbeitsmittel aufhalten. Ist die Anwesenheit aus betrieblichen Gründen unvermeidlich, hat der Arbeitgeber Maßnahmen zu treffen, um Gefährdungen der Beschäftigten so gering wie möglich zu halten.

1.7

Der Arbeitgeber hat dafür zu sorgen, dass die Geschwindigkeit von mobilen Arbeitsmitteln, die durch Mitgänger geführt werden, durch den Mitgänger angepasst werden kann. Sie müssen beim Loslassen der Befehlseinrichtungen selbsttätig unverzüglich zum Stillstand kommen.

1.8

Der Arbeitgeber hat dafür zu sorgen, dass Verbindungseinrichtungen mobiler Arbeitsmittel, die miteinander verbunden sind,

a)

gegen unbeabsichtigtes Lösen gesichert sind und

b)

sich gefahrlos und leicht betätigen lassen.

Der Arbeitgeber hat Vorkehrungen zu treffen, damit mobile Arbeitsmittel oder Zusatzausrüstungen miteinander verbunden oder voneinander getrennt werden können, ohne die Beschäftigten zu gefährden. Solche Verbindungen dürfen sich nicht unbeabsichtigt lösen können.

1.9

Der Arbeitgeber hat dafür zu sorgen, dass

a)

selbstfahrende Arbeitsmittel nur von Beschäftigten geführt werden, die hierfür geeignet sind und eine angemessene Unterweisung erhalten haben,

b)

für die Verwendung mobiler Arbeitsmittel in einem Arbeitsbereich geeignete Verkehrsregeln festgelegt und eingehalten werden,

c)

bei der Verwendung von mobilen Arbeitsmitteln mit Verbrennungsmotor eine gesundheitlich unbedenkliche Atemluft vorhanden ist,

d)

mobile Arbeitsmittel so abgestellt und beim Transport sowie bei der Be- und Entladung so gesichert werden, dass unbeabsichtigte Bewegungen der Arbeitsmittel, die zu Gefährdungen der Beschäftigten führen können, vermieden werden.

2.

Besondere Vorschriften für die Verwendung von Arbeitsmitteln zum Heben von Lasten

2.1

Der Arbeitgeber hat dafür zu sorgen, dass die Standsicherheit und Festigkeit von Arbeitsmitteln zum Heben von Lasten, ihrer Lastaufnahmeeinrichtungen und gegebenenfalls abnehmbarer Teile jederzeit sichergestellt sind. Hierbei hat er auch besondere Bedingungen wie Witterung, Transport, Auf- und Abbau, mögliche Ausfälle und vorgesehene Prüfungen, auch mit Prüflast, zu berücksichtigen.

Sofern nach der Gefährdungsbeurteilung erforderlich, hat der Arbeitgeber Arbeitsmittel mit einer Einrichtung zu versehen, die ein Überschreiten der zulässigen Tragfähigkeit verhindert.

Auch sind Belastungen der Aufhängepunkte oder der Verankerungspunkte an den tragenden Teilen zu berücksichtigen.

Demontierbare und mobile Arbeitsmittel zum Heben von Lasten müssen so aufgestellt und verwendet werden, dass die Standsicherheit des Arbeitsmittels gewährleistet ist und dessen Kippen, Verschieben oder Abrutschen verhindert wird. Der Arbeitgeber hat dafür zu sorgen, dass die korrekte Durchführung der Maßnahmen von einem hierzu besonders eingewiesenen Beschäftigten überprüft wird.

2.2

Der Arbeitgeber hat dafür zu sorgen, dass Arbeitsmittel zum Heben von Lasten mit einem deutlich sichtbaren Hinweis auf die zulässige Tragfähigkeit versehen sind. Sofern unterschiedliche Betriebszustände möglich sind, ist die zulässige Tragfähigkeit für die einzelnen Betriebszustände anzugeben. Lastaufnahmeeinrichtungen sind so zu kennzeichnen, dass ihre für eine sichere Verwendung grundlegenden Eigenschaften zu erkennen sind. Arbeitsmittel zum Heben von Beschäftigten müssen hierfür geeignet sein sowie deutlich sichtbar mit Hinweisen auf diesen Verwendungszweck gekennzeichnet werden.

2.3

Der Arbeitgeber hat Maßnahmen zu treffen, die verhindern, dass Lasten

a)
sich ungewollt gefährlich verlagern, herabstürzen oder

b)
unbeabsichtigt ausgehakt werden können.

Wenn der Aufenthalt von Beschäftigten im Gefahrenbereich nicht verhindert werden kann, muss gewährleistet sein, dass Befehlseinrichtungen zur Steuerung von Bewegungen nach ihrer Betätigung von selbst in die Nullstellung zurückgehen und die eingeleitete Bewegung unverzüglich unterbrochen wird.

2.3.1

Das flurgesteuerte Arbeitsmittel zum Heben von Lasten muss für den steuernden Beschäftigten bei maximaler Fahrgeschwindigkeit jederzeit beherrschbar sein.

2.3.2

Der Arbeitgeber hat dafür zu sorgen, dass Arbeitsmittel zum Heben von Lasten bei Hub-, Fahr- und Drehbewegungen abgebremst und ungewollte Bewegungen des Arbeitsmittels verhindert werden können.

2.3.3

Kraftbetriebene Hubbewegungen des Arbeitsmittels zum Heben von Lasten müssen begrenzt sein. Schienenfahrbahnen müssen mit Fahrbahnbegrenzungen ausgerüstet sein.

2.3.4

Können beim Verwenden von Arbeitsmitteln zum Heben von Lasten Beschäftigte gefährdet werden und befindet sich die Befehlseinrichtung nicht in der Nähe der Last, müssen die Arbeitsmittel mit Warneinrichtungen ausgerüstet sein.

2.3.5

Der Rückschlag von Betätigungseinrichtungen handbetriebener Arbeitsmittel zum Heben von Lasten muss begrenzt sein.

2.4

Beim Heben oder Fortbewegen von Beschäftigten sind insbesondere die folgenden besonderen Maßnahmen zu treffen:

a)
Gefährdungen durch Absturz eines Lastaufnahmemittels sind mit geeigneten Vorrichtungen zu verhindern. Lastaufnahmemittel sind an jedem Arbeitstag auf einwandfreien Zustand zu überprüfen.

b)
Das Herausfallen von Beschäftigten aus dem Personenaufnahmemittel des Arbeitsmittels zum Heben von Lasten ist zu verhindern.

c)

Gefährdungen durch Quetschen oder Einklemmen der Beschäftigten oder Zusammenstoß von Beschäftigten mit Gegenständen sind zu vermeiden.

d)

Bei Störungen im Personenaufnahmemittel sind festsitzende Beschäftigte vor Gefährdungen zu schützen und müssen gefahrlos befreit werden können.

Der Arbeitgeber hat dafür zu sorgen, dass das Heben von Beschäftigten nur mit hierfür vorgesehenen Arbeitsmitteln einschließlich der notwendigen Zusatzausrüstungen erfolgt. Abweichend davon ist das Heben von Beschäftigten mit hierfür nicht vorgesehenen Arbeitsmitteln ausnahmsweise zulässig, wenn

a)

die Sicherheit der Beschäftigten auf andere Weise gewährleistet ist,

b)

bei der Tätigkeit eine angemessene Aufsicht durch einen anwesenden besonders eingewiesenen Beschäftigten sichergestellt ist,

c)

der Steuerstand des Arbeitsmittels ständig besetzt ist,

d)

der mit der Steuerung des Arbeitsmittels beauftragte Beschäftigte hierfür besonders eingewiesen ist,

e)

sichere Mittel zur Verständigung zur Verfügung stehen und

f)

ein Bergungsplan für den Gefahrenfall vorliegt.

2.5

Der Arbeitgeber hat dafür zu sorgen, dass

a)

Beschäftigte nicht durch hängende Lasten gefährdet werden, insbesondere hängende Lasten nicht über ungeschützte Bereiche, an denen sich für gewöhnlich Beschäftigte aufhalten, bewegt werden,

b)

Lasten sicher angeschlagen werden,

c)

Lasten, Lastaufnahme- sowie Anschlagmittel sich nicht unbeabsichtigt lösen oder verschieben können,

d)

den Beschäftigten bei der Verwendung von Lastaufnahme- und Anschlagmitteln angemessene Informationen über deren Eigenschaften und zulässigen Einsatzgebiete zur Verfügung stehen,

e)

Verbindungen von Anschlagmitteln deutlich gekennzeichnet sind, sofern sie nach der Verwendung nicht getrennt werden,

f)

Lastaufnahme- und Anschlagmittel entsprechend den zu handhabenden Lasten, den Greifpunkten, den Einhakvorrichtungen, den Witterungsbedingungen sowie der Art und Weise des Anschlagens ausgewählt werden und

g)

Lasten nicht mit kraftschlüssig wirkenden Lastaufnahmemitteln über ungeschützte Beschäftigte geführt werden.

2.6

Lastaufnahme- und Anschlagmittel sind so aufzubewahren, dass sie nicht beschädigt werden können und ihre Funktionsfähigkeit nicht beeinträchtigt werden kann.

2.7

2.7.1 Besondere Vorschriften für die Verwendung von Arbeitsmitteln zum Heben von nicht geführten Lasten

Überschneiden sich die Aktionsbereiche von Arbeitsmitteln zum Heben von nicht geführten Lasten, sind geeignete Maßnahmen zu treffen, um Gefährdungen durch Zusammenstöße der Arbeitsmittel zu verhindern. Ebenso sind geeignete Maßnahmen zu treffen, um Gefährdungen von Beschäftigten durch Zusammenstöße von diesen mit nichtgeführten Lasten zu verhindern.

2.7.2

Es sind geeignete Maßnahmen gegen Gefährdungen von Beschäftigten durch Abstürzen von nicht geführten Lasten zu treffen. Kann der Beschäftigte, der ein Arbeitsmittel zum Heben von nicht geführten Lasten steuert, die Last weder direkt noch durch Zusatzgeräte über den gesamten Weg beobachten, ist er von einem anderen Beschäftigten einzuweisen.

2.7.3

Der Arbeitgeber hat dafür zu sorgen, dass

a)
nicht geführte Lasten sicher von Hand ein- und ausgehängt werden können,

b)
die Beschäftigten den Hebe- und Transportvorgang direkt oder indirekt steuern können,

c)
alle Hebevorgänge mit nicht geführten Lasten so geplant und durchgeführt werden, dass die Sicherheit der Beschäftigten gewährleistet ist. Soll eine nicht geführte Last gleichzeitig durch zwei oder mehrere Arbeitsmittel angehoben werden, ist ein Verfahren festzulegen und zu überwachen, das die Zusammenarbeit der Beschäftigten sicherstellt,

d)
nur solche Arbeitsmittel zum Heben von nicht geführten Lasten eingesetzt werden, die diese Lasten auch bei einem teilweisen oder vollständigen Energieausfall sicher halten; ist dies nicht möglich, sind geeignete Maßnahmen zu treffen, damit die Sicherheit der Beschäftigten gewährleistet ist. Hängende, nicht geführte Lasten müssen ständig beobachtet werden, es sei denn, der Zugang zum Gefahrenbereich wird verhindert, die Last wurde sicher eingehängt und wird im hängenden Zustand sicher gehalten,

e)
die Verwendung von Arbeitsmitteln zum Heben von nicht geführten Lasten im Freien eingestellt wird, wenn die Witterungsbedingungen die sichere Verwendung des Arbeitsmittels beeinträchtigen, und

f)
die vom Hersteller des Arbeitsmittels zum Heben nicht geführter Lasten vorgegebenen Maßnahmen getroffen werden; dies gilt insbesondere für Maßnahmen gegen das Umkippen des Arbeitsmittels.

3. **Besondere Vorschriften für die Verwendung von Arbeitsmitteln bei zeitweiligem Arbeiten auf hoch gelegenen Arbeitsplätzen**

3.1
Allgemeine Mindestanforderungen

3.1.1

Diese Anforderungen gelten bei zeitweiligen Arbeiten an hoch gelegenen Arbeitsplätzen unter Verwendung von

a)
Gerüsten einschließlich deren Auf-, Um- und Abbau,

b)

Leitern sowie

c) von Zugangs- und Positionierungsverfahren unter der Zuhilfenahme von Seilen.

3.1.2 Können zeitweilige Arbeiten an hoch gelegenen Arbeitsplätzen nicht auf sichere Weise und unter angemessenen ergonomischen Bedingungen von einer geeigneten Standfläche aus durchgeführt werden, sind Maßnahmen zu treffen, mit denen die Gefährdung der Beschäftigten so gering wie möglich gehalten wird.
Bei der Auswahl der Zugangsmittel zu hoch gelegenen Arbeitsplätzen, an denen zeitweilige Arbeiten ausgeführt werden, sind der zu überwindende Höhenunterschied sowie Art, Dauer und Häufigkeit der Verwendung zu berücksichtigen. Arbeitsstelzen sind grundsätzlich nicht als geeignete Arbeitsmittel anzusehen. Die ausgewählten Zugangsmittel müssen auch die Flucht bei drohender Gefahr ermöglichen. Beim Zugang zum hoch gelegenen Arbeitsplatz sowie beim Abgang von diesem dürfen keine zusätzlichen Absturzgefährdungen entstehen.

3.1.3 Alle Einrichtungen, die als zeitweilige hoch gelegene Arbeitsplätze oder als Zugänge hierzu dienen, müssen insbesondere so beschaffen, bemessen, aufgestellt, unterstützt, ausgesteift und verankert sein, dass sie die bei der vorgesehenen Verwendung anfallenden Lasten aufnehmen und ableiten können. Die Einrichtungen dürfen nicht überlastet werden und müssen auch während der einzelnen Bauzustände und der gesamten Nutzungszeit standsicher sein.

3.1.4 Die Verwendung von Leitern als hoch gelegene Arbeitsplätze und von Zugangs- und Positionierungsverfahren unter Zuhilfenahme von Seilen ist nur in solchen Fällen zulässig, in denen

a) wegen der geringen Gefährdung und wegen der geringen Dauer der Verwendung die Verwendung anderer, sichererer Arbeitsmittel nicht verhältnismäßig ist und

b) die Gefährdungsbeurteilung ergibt, dass die Arbeiten sicher durchgeführt werden können.

3.1.5 An Arbeitsmitteln mit Absturzgefährdung sind Absturzsicherungen vorzusehen. Diese Vorrichtungen müssen so gestaltet und so beschaffen sein, dass Abstürze verhindert und Verletzungen der Beschäftigten so weit wie möglich vermieden werden. Feste Absturzsicherungen dürfen nur an Zugängen zu Leitern oder Treppen unterbrochen werden. Lassen sich im Einzelfall feste Absturzsicherungen nicht verwenden, müssen stattdessen andere Einrichtungen zum Auffangen abstürzender Beschäftigter vorhanden sein (zum Beispiel Auffangnetze). Individuelle Absturzsicherungen für die Beschäftigten sind nur ausnahmsweise im begründeten Einzelfall zulässig.

3.1.6 Kann eine Tätigkeit nur ausgeführt werden, wenn eine feste Absturzsicherung vorübergehend entfernt wird, so müssen wirksame Ersatzmaßnahmen für die Sicherheit der Beschäftigten getroffen werden. Die Tätigkeit darf erst ausgeführt werden, wenn diese Maßnahmen umgesetzt worden sind. Ist die Tätigkeit vorübergehend oder endgültig abgeschlossen, müssen die festen Absturzsicherungen unverzüglich wieder angebracht werden.

3.1.7 Beim Auf- und Abbau von Gerüsten sind auf der Grundlage der Gefährdungsbeurteilung geeignete Schutzmaßnahmen zu treffen, durch welche die Sicherheit der Beschäftigten stets gewährleistet ist.

3.1.8

56

Zeitweilige Arbeiten an hoch gelegenen Arbeitsplätzen dürfen im Freien unter Verwendung von Gerüsten einschließlich deren Auf-, Um- und Abbau sowie von Leitern und von Zugangs- und Positionierungsverfahren unter der Zuhilfenahme von Seilen nur dann ausgeführt werden, wenn die Witterungsverhältnisse die Sicherheit und die Gesundheit der Beschäftigten nicht beeinträchtigen. Insbesondere dürfen die Arbeiten nicht begonnen oder fortgesetzt werden, wenn witterungsbedingt, insbesondere durch starken oder böigen Wind, Vereisung oder Schneeglätte, die Möglichkeit besteht, dass Beschäftigte abstürzen oder durch herabfallende oder umfallende Teile verletzt werden.

3.2   Besondere Vorschriften für die Verwendung von Gerüsten

3.2.1

Kann das gewählte Gerüst nicht nach einer allgemein anerkannten Regelausführung errichtet werden, ist für das Gerüst oder einzelne Bereiche davon eine gesonderte Festigkeits- und Standfestigkeitsberechnung vorzunehmen.

3.2.2

Der für die Gerüstbauarbeiten verantwortliche Arbeitgeber oder eine von ihm bestimmte fachkundige Person hat je nach Komplexität des gewählten Gerüsts einen Plan für Aufbau, Verwendung und Abbau zu erstellen. Dabei kann es sich um eine allgemeine Aufbau- und Verwendungsanleitung handeln, die durch Detailangaben für das jeweilige Gerüst ergänzt wird.

3.2.3

Die Standsicherheit des Gerüsts muss sichergestellt sein. Der Arbeitgeber hat dafür zu sorgen, dass Gerüste, die freistehend nicht standsicher sind, vor der Verwendung verankert werden. Die Ständer eines Gerüsts sind vor der Möglichkeit des Verrutschens zu schützen, indem sie an der Auflagefläche durch eine Gleitschutzvorrichtung oder durch ein anderes, gleich geeignetes Mittel fixiert werden. Die belastete Fläche muss eine ausreichende Tragfähigkeit haben. Ein unbeabsichtigtes Fortbewegen von fahrbaren Gerüsten während der Arbeiten an hoch gelegenen Arbeitsplätzen muss durch geeignete Vorrichtungen verhindert werden. Während des Aufenthalts von Beschäftigten auf einem fahrbaren Gerüst darf dieses nicht vom Standort fortbewegt werden.

3.2.4

Die Abmessungen, die Form und die Anordnung der Lauf- und Arbeitsflächen auf Gerüsten müssen für die auszuführende Tätigkeit geeignet sein. Sie müssen an die zu erwartende Beanspruchung angepasst sein und ein gefahrloses Begehen erlauben. Sie sind dicht aneinander und so zu verlegen, dass sie bei normaler Verwendung nicht wippen und nicht verrutschen können. Zwischen den einzelnen Gerüstflächen und dem Seitenschutz darf kein Zwischenraum vorhanden sein, der zu Gefährdungen von Beschäftigten führen kann.

3.2.5

Sind bestimmte Teile eines Gerüsts nicht verwendbar, insbesondere während des Auf-, Ab- oder Umbaus, sind diese Teile mit dem Verbotszeichen „Zutritt verboten" zu kennzeichnen und durch Absperrungen, die den Zugang zu diesen Teilen verhindern, angemessen abzugrenzen.

3.2.6

Der Arbeitgeber hat dafür zu sorgen, dass Gerüste nur unter der Aufsicht einer fachkundigen Person und nach Unterweisung nach § 12 von fachlich hierfür geeigneten Beschäftigten auf-, ab- oder umgebaut werden. Die Unterweisung hat sich insbesondere zu erstrecken auf Informationen über

a)   den Plan für den Auf-, Ab- oder Umbau des betreffenden Gerüsts,

b)   den sicheren Auf-, Ab- oder Umbau des betreffenden Gerüsts,

c)

vorbeugende Maßnahmen gegen Gefährdungen von Beschäftigten durch Absturz oder des Herabfallens von Gegenständen,

d)

Sicherheitsvorkehrungen für den Fall, dass sich die Witterungsverhältnisse so verändern, dass die Sicherheit und Gesundheit der betroffenen Beschäftigten beeinträchtigt werden können,

e)

zulässige Belastungen,

f)

alle anderen, möglicherweise mit dem Auf-, Ab- oder Umbau verbundenen Gefährdungen.

Der fachkundigen Person, die die Gerüstarbeiten beaufsichtigt, und den betroffenen Beschäftigten muss der in Nummer 3.2.2 vorgesehene Plan mit allen darin enthaltenen Anweisungen vor Beginn der Tätigkeit vorliegen.

3.3

Besondere Vorschriften für die Verwendung von Leitern

3.3.1

Der Arbeitgeber darf Beschäftigten nur solche Leitern zur Verfügung stellen, die nach ihrer Bauart für die jeweils auszuführende Tätigkeit geeignet sind.

3.3.2

Leitern müssen während der Verwendung standsicher und sicher begehbar aufgestellt sein. Leitern müssen zusätzlich gegen Umstürzen gesichert werden, wenn die Art der auszuführenden Tätigkeit dies erfordert. Tragbare Leitern müssen so auf einem tragfähigen, unbeweglichen und ausreichend dimensionierten Untergrund stehen, dass die Stufen in horizontaler Stellung bleiben. Hängeleitern sind gegen unbeabsichtigtes Aushängen zu sichern. Sie müssen sicher und mit Ausnahme von Strickleitern so befestigt sein, dass sie nicht verrutschen oder in eine Pendelbewegung geraten können.

3.3.3

Das Verrutschen der Leiterfüße von tragbaren Leitern ist während der Verwendung dieser Leitern entweder durch Fixierung des oberen oder unteren Teils der Holme, durch eine Gleitschutzvorrichtung oder durch eine andere, gleich geeignete Maßnahme zu verhindern. Leitern, die als Aufstieg verwendet werden, müssen so beschaffen sein, dass sie weit genug über die Austrittsstelle hinausragen, sofern nicht andere Vorrichtungen ein sicheres Festhalten erlauben. Aus mehreren Teilen bestehende Steckleitern oder Schiebeleitern sind so zu verwenden, dass die Leiterteile unbeweglich miteinander verbunden bleiben. Fahrbare Leitern sind vor ihrer Verwendung so zu arretieren, dass sie nicht wegrollen können.

3.3.4

Leitern sind so zu verwenden, dass die Beschäftigten jederzeit sicher stehen und sich sicher festhalten können. Muss auf einer Leiter eine Last getragen werden, darf dies ein sicheres Festhalten nicht verhindern.

3.4

Besondere Vorschriften für Zugangs- und Positionierungsverfahren unter Zuhilfenahme von Seilen

3.4.1

Bei der Verwendung eines Zugangs- und Positionierungsverfahrens unter Zuhilfenahme von Seilen müssen folgende Bedingungen erfüllt sein:

a)

Das System muss aus mindestens zwei getrennt voneinander befestigten Seilen bestehen, wobei eines als Zugangs-, Absenk- und Haltemittel (Arbeitsseil) und das andere als Sicherungsmittel (Sicherungsseil) dient.

b)

Der Arbeitgeber hat dafür zu sorgen, dass die Beschäftigten geeignete Auffanggurte verwenden, über die sie mit dem Sicherungsseil verbunden sind.

c)

In dem System ist ein Sitz mit angemessenem Zubehör vorzusehen, der mit dem Arbeitsseil verbunden ist.

d)

Das Arbeitsseil muss mit sicheren Mitteln für das Auf- und Abseilen ausgerüstet werden. Hierzu gehört ein selbstsicherndes System, das einen Absturz verhindert, wenn Beschäftigte die Kontrolle über ihre Bewegungen verlieren. Das Sicherungsseil ist mit einer bewegungssynchron mitlaufenden, beweglichen Absturzsicherung auszurüsten.

e)

Werkzeug und anderes Zubehör, das von den Beschäftigten verwendet werden soll, ist an deren Auffanggurt oder Sitz oder unter Rückgriff auf andere, gleich geeignete Mittel so zu befestigen, dass es nicht abfällt und leicht erreichbar ist.

f)

Die Arbeiten sind sorgfältig zu planen und zu beaufsichtigen. Der Arbeitgeber hat dafür zu sorgen, dass den Beschäftigten bei Bedarf unmittelbar Hilfe geleistet werden kann.

g)

Die Beschäftigten, die Zugangs- und Positionierungsverfahren unter Zuhilfenahme von Seilen verwenden, müssen in den vorgesehenen Arbeitsverfahren, insbesondere in Bezug auf die Rettungsverfahren, besonders eingewiesen sein.

3.4.2

Abweichend von Nummer 3.4.1 ist die Verwendung eines einzigen Seils zulässig, wenn die Gefährdungsbeurteilung ergibt, dass die Verwendung eines zweiten Seils eine größere Gefährdung bei den Arbeiten darstellen würde, und geeignete Maßnahmen getroffen werden, um die Sicherheit der Beschäftigten auf andere Weise zu gewährleisten. Dies ist in der Dokumentation der Gefährdungsbeurteilung darzulegen.

4.

4.1

Besondere Vorschriften für Aufzugsanlagen

Wer eine Aufzugsanlage nach Anhang 2 Abschnitt 2 Nummer 2 Buchstabe a betreibt, hat dafür zu sorgen, dass im Fahrkorb der Aufzugsanlage ein Zweiwege-Kommunikationssystem wirksam ist, über das ein Notdienst ständig erreicht werden kann. Bei Aufzugsanlagen nach Satz 1 ist ein Notfallplan anzufertigen und einem Notdienst vor der Inbetriebnahme zur Verfügung zu stellen, damit dieser auf Notrufe unverzüglich angemessen reagieren und umgehend sachgerechte Hilfemaßnahmen einleiten kann. Sofern kein Notdienst vorhanden sein muss, ist der Notfallplan nach Satz 2 in der Nähe der Aufzugsanlage anzubringen. Der Notfallplan nach Satz 2 muss mindestens enthalten:

a)

Standort der Aufzugsanlage,

b)

Angaben zum verantwortlichen Arbeitgeber,

c)

Angaben zu den Personen, die Zugang zu allen Einrichtungen der Anlage haben,

d)

Angaben zu den Personen, die eine Befreiung Eingeschlossener vornehmen können,

e)

Kontaktdaten der Personen, die Erste Hilfe leisten können (zum Beispiel Notarzt oder Feuerwehr),

f)

      Angaben zum voraussichtlichen Beginn einer Befreiung und

g)

      die Notbefreiungsanleitung für die Aufzugsanlage.

Die Notbefreiungsanleitung und die zur Befreiung Eingeschlossener erforderlichen Einrichtungen sind vor der Inbetriebnahme in unmittelbarer Nähe der Anlage bereitzustellen. Wer eine Aufzugsanlage nach Anhang 2 Abschnitt 2 Nummer 2 Buchstabe b betreibt, in der eine Person eingeschlossen werden kann, hat dafür zu sorgen, dass diese Hilfe herbeirufen kann. Bei diesen Aufzugsanlagen gelten die Sätze 2 bis 5 entsprechend.

4.2

Wer eine Aufzugsanlage nach Anhang 2 Abschnitt 2 Nummer 2 betreibt, hat Instandhaltungsmaßnahmen nach § 10 unter Berücksichtigung von Art und Intensität der Nutzung der Anlage zu treffen.

4.3

Im unmittelbaren Bereich einer Aufzugsanlage nach Anhang 2 Abschnitt 2 Nummer 2 dürfen keine Einrichtungen vorhanden sein, die den sicheren Betrieb gefährden können.

4.4

Der Arbeitgeber hat dafür zu sorgen, dass Personen-Umlaufaufzüge nur von durch ihn eingewiesenen Beschäftigten verwendet werden. Der Arbeitgeber darf Personenumlaufaufzüge von anderen Personen als Beschäftigten nur verwenden lassen, wenn er geeignete Maßnahmen zum Schutz anderer Personen vor Gefährdungen durch Personenumlaufaufzüge trifft. Soweit technische Schutzmaßnahmen nicht möglich sind oder nicht ausreichen, hat der Arbeitgeber den erforderlichen Schutz dieser Personen durch andere Maßnahmen sicherzustellen; insbesondere hat er den anderen Personen mögliche Gefährdungen bei der Verwendung von Personenumlaufaufzügen bekannt zu machen, die notwendigen Verhaltensregeln für die Benutzung festzulegen und die erforderlichen Vorkehrungen dafür zu treffen, dass diese Verhaltensregeln von den anderen Personen beachtet werden.

4.5

Der Triebwerksraum einer Aufzugsanlage nach Anhang 2 Abschnitt 2 Nummer 2 darf nur zugangsberechtigten Personen zugänglich sein.

4.6

Wer eine Aufzugsanlage nach Anhang 2 Abschnitt 2 Nummer 2 betreibt, hat sie regelmäßig einer Inaugenscheinnahme und Funktionskontrolle nach § 4 Absatz 5 Satz 3 zu unterziehen.

5.

Besondere Vorschriften für Druckanlagen

5.1

Für die Erprobung von Druckanlagen ist ein schriftliches Arbeitsprogramm aufzustellen. Darin sind die einzelnen Schritte und die hierfür aufgrund der Gefährdungsbeurteilung festzulegenden Maßnahmen aufzunehmen, damit die mit der Erprobung verbundenen Risiken so gering wie möglich bleiben.

5.2

Druckanlagen dürfen nur so aufgestellt und betrieben werden, dass Beschäftigte oder andere Personen nicht gefährdet werden.

5.3

Dampfkesseln muss die zum sicheren Betrieb erforderliche Speisewassermenge zugeführt werden, solange sie beheizt werden.

5.4

Druckgase dürfen nur in geeignete Behälter abgefüllt werden.

Prüfvorschriften für überwachungsbedürftige Anlagen

(Fundstelle: BGBl. I 2015, 70 - 86;
bzgl. der einzelnen Änderungen vgl. Fußnote)

Abschnitt 1
Zugelassene Überwachungsstellen

1.

Zulassung von Überwachungsstellen

Zugelassene Überwachungsstellen für die Prüfungen, die nach diesem Anhang vorgeschrieben oder angeordnet sind, sind Stellen nach § 37 Absatz 1 und 2 des Produktsicherheitsgesetzes. Über die Anforderungen des § 37 Absatz 5 des Produktsicherheitsgesetzes hinaus sind folgende Voraussetzungen für die Erteilung der Befugnis zu erfüllen:
Die zugelassene Überwachungsstelle muss

a)
eine Haftpflichtversicherung mit einer Deckungssumme von mindestens 2,5 Millionen Euro besitzen,

b)
mindestens die Prüfung aller überwachungsbedürftigen Anlagen jeweils nach Abschnitt 2, 3 oder 4 vornehmen können,

c)
eine Leitung haben, welche die Gesamtverantwortung dafür trägt, dass die Prüftätigkeiten in Übereinstimmung mit den Bestimmungen dieser Verordnung durchgeführt werden,

d)
ein angemessenes, wirksames Qualitätssicherungssystem mit regelmäßiger interner Auditierung anwenden,

e)
gewährleisten, dass die mit Prüfungen beschäftigten Personen nur mit solchen Aufgaben betraut werden, bei deren Erledigung die Unparteilichkeit der Personen gewahrt bleibt, und

f)
über ein Vergütungssystem verfügen, bei dem die Vergütung der mit den Prüfungen beschäftigten Personen weder unmittelbar von der Anzahl der durchgeführten Prüfungen noch von deren Ergebnissen abhängt.

2.

Zulassung von Prüfstellen von Unternehmen und Unternehmensgruppen

Als zugelassene Überwachungsstellen dürfen Prüfstellen von Unternehmen und Unternehmensgruppen im Sinne von § 37 Absatz 5 Satz 3 des Produktsicherheitsgesetzes benannt werden, wenn dies sicherheitstechnisch angezeigt ist, die Voraussetzungen der Nummer 1 Satz 3 Buchstabe c bis f erfüllt sind und die Prüfstellen

a)
organisatorisch abgrenzbar sind,

b)
innerhalb des Unternehmens oder der Unternehmensgruppe über Berichtsverfahren verfügen, die ihre Unparteilichkeit sicherstellen und belegen,

c)
nicht für die Planung, die Herstellung, den Vertrieb, den Betrieb oder die Instandhaltung der überwachungsbedürftigen Anlage verantwortlich sind,

d)

keinen Tätigkeiten nachgehen, die mit der Unabhängigkeit ihrer Beurteilung und ihrer Zuverlässigkeit im Rahmen ihrer Überprüfungsarbeiten in Konflikt kommen können, und

e)

ausschließlich für das Unternehmen oder die Unternehmensgruppe arbeiten. Die Prüfstellen dürfen nur für Prüfungen an überwachungsbedürftigen Anlagen im Sinne der Abschnitte 3 und 4 benannt werden. Zu einer Unternehmensgruppe im Sinne von Satz 1 gehören Unternehmen nach den §§ 16 und 17 des Aktiengesetzes sowie Gemeinschaftsunternehmen, an denen das Unternehmen, welchem die Prüfstelle angehört, eine Beteiligung von über 50 Prozent hält.

Abschnitt 2
Aufzugsanlagen

1.

Anwendungsbereich und Ziel

Dieser Abschnitt ist für die Prüfung der in Nummer 2 aufgeführten Aufzugsanlagen vor der erstmaligen Inbetriebnahme und nach prüfpflichtigen Änderungen sowie für wiederkehrende Prüfungen anzuwenden. Die Prüfungen sind mit dem Ziel durchzuführen, den sicheren Betrieb der Aufzugsanlage bis zur nächsten Prüfung zu gewährleisten. Zur Prüfung gehören auch alle aufzugsexternen Sicherheitseinrichtungen, die für die sichere Verwendung der Aufzugsanlage erforderlich sind, wie Überdrucklüftungsanlage oder Notstromversorgung von Feuerwehraufzügen. Bei den Prüfungen nach diesem Abschnitt sollen gleichwertige Ergebnisse von Prüfungen nach anderen Rechtsvorschriften des Bundes und der Länder berücksichtigt werden.

2.

Begriffsbestimmungen

Aufzugsanlagen im Sinne von Nummer 1 sind:

a)

Aufzugsanlagen im Sinne der Richtlinie 2014/33/EU des Europäischen Parlaments und des Rates vom 26. Februar 2014 zur Angleichung der Rechtsvorschriften der Mitgliedstaaten über Aufzüge und Sicherheitsbauteile für Aufzüge (ABl. L 96 vom 29.3.2014, S. 251),

b)

Maschinen im Sinne des Anhangs IV Ziffer 17 der Richtlinie 2006/42/EG des Europäischen Parlaments und des Rates vom 17. Mai 2006 über Maschinen und zur Änderung der Richtlinie 95/16/EG (Neufassung) (ABl. L 157 vom 9.6.2006, S. 24), sofern es sich um Maschinen handelt, die

aa)

vorübergehend ein- oder angebaut werden, um Personen oder Personen und Güter während Bau- oder Instandsetzungsarbeiten auf die unterschiedlichen Stockwerksebenen eines Gebäudes oder Ebenen eines Gerüsts oder Bauwerks zu befördern (Baustellenaufzüge), oder

bb)

ortsfest und dauerhaft montiert, installiert und verwendet werden; hierzu gehören auch Gebäuden zugeordnete Anlagen, die dazu bestimmt sind, Personen mit und ohne Arbeitsgerät und Material aufzunehmen, und deren an Tragmitteln hängende Arbeitsbühnen durch Hubwerke oder durch Hubwerke und Fahrwerke bewegt werden (Fassadenbefahranlagen).

Ausgenommen sind folgende Maschinen:

aa)

Schiffshebewerke,

bb)

Geräte und Anlagen zur Regalbedienung,

cc)

dd)
Fahrtreppen und Fahrsteige,

ee)
Schrägbahnen, jedoch nicht Schrägaufzüge,

ff)
handbetriebene Aufzugsanlagen,

gg)
Fördereinrichtungen, die mit Kranen fest verbunden und zur Beförderung der Kranführer bestimmt sind,

versenkbare Steuerhäuser auf Binnenschiffen,

c)
Personen-Umlaufaufzüge.

3.

Prüfung von Aufzugsanlagen vor Inbetriebnahme und nach prüfpflichtigen Änderungen

3.1

Aufzugsanlagen im Sinne von Nummer 2 Satz 1 sind vor erstmaliger Inbetriebnahme von einer zugelassenen Überwachungsstelle zu prüfen.

3.2

Aufzugsanlagen im Sinne von Nummer 2 sind vor Wiederinbetriebnahme nach prüfpflichtigen Änderungen von einer zugelassenen Überwachungsstelle zu prüfen.

3.3

Bei der Prüfung nach den Nummern 3.1 und 3.2 ist zu prüfen, ob

a)
die technischen Unterlagen, wie beispielsweise die EG-Konformitätserklärung und der Notfallplan, vorhanden sind und der Inhalt der Notbefreiungsanleitung plausibel ist,

b)
die Aufzugsanlage entsprechend dieser Verordnung errichtet wurde und sicher verwendet werden kann und

c)
die elektrische Anlage der Aufzugsanlage vorschriftsmäßig und, soweit erforderlich, die Notrufweiterleitung an eine ständig besetzte Stelle gewährleistet ist.

Die Prüfung nach einer prüfpflichtigen Änderung darf sich darauf beschränken zu prüfen, ob die Aufzugsanlage vorschriftsmäßig geändert wurde und sicher funktioniert.

4.

Wiederkehrende Prüfungen von Aufzugsanlagen

4.1

Aufzugsanlagen im Sinne von Nummer 2 sind regelmäßig wiederkehrend von einer zugelassenen Überwachungsstelle zu prüfen (Hauptprüfung). Die Prüfung schließt die Prüfung der Sicherheit der elektrischen Anlage, soweit dies für die Beurteilung der sicheren Verwendung der Aufzugsanlage erforderlich ist, mit ein. Die Fristen für die wiederkehrenden Prüfungen sind vom Arbeitgeber nach § 3 Absatz 6 unter Berücksichtigung der erforderlichen Instandhaltungsmaßnahmen nach Anhang 1 Nummer 4.2 festzulegen. Die Prüffrist darf zwei Jahre nicht überschreiten. § 16 Absatz 2 gilt entsprechend. Stellt die zugelassene Überwachungsstelle bei einer Prüfung fest, dass die Prüffrist unzutreffend festgelegt ist, hat der Arbeitgeber in Abstimmung mit der zugelassenen Überwachungsstelle die Prüffrist zu verkürzen. Ist der Arbeitgeber mit der Verkürzung nicht einverstanden, hat er eine Entscheidung der zuständigen Behörde herbeizuführen.

4.2

Bei der Prüfung nach Nummer 4.1 Satz 1 ist festzustellen, ob

a)

die für die Prüfung benötigten technischen Unterlagen, insbesondere die EG-Konformitätserklärung und der Notfallplan, vorhanden sind und der Inhalt der Notbefreiungsanleitung plausibel ist und

b)

sich die Aufzugsanlage in einem dieser Verordnung entsprechenden Zustand befindet und sicher verwendet werden kann.

4.3

Zusätzlich zu der Prüfung nach Nummer 4.1 ist in der Mitte des Prüfzeitraums zwischen zwei Prüfungen nach Nummer 4.1 eine Prüfung durchzuführen (Zwischenprüfung). § 14 Absatz 5 gilt entsprechend. Die Prüfung nach Satz 1 umfasst Sicht- und einfache Funktionsprüfungen sicherheitstechnischer Einrichtungen und die Prüfung ausgewählter sicherheitsrelevanter Bauteile. Die Prüfung ist von einer zugelassenen Überwachungsstelle durchzuführen.

Abschnitt 3
Explosionsgefährdungen

1.

Anwendungsbereich und Ziel
Dieser Abschnitt gilt für Prüfungen von Arbeitsmitteln und für Prüfungen der Maßnahmen in explosionsgefährdeten Bereichen nach § 2 Absatz 14 der Gefahrstoffverordnung. Die Prüfungen sind mit dem Ziel durchzuführen, den Schutz vor Gefährdungen durch Explosionen und Brände mindestens bis zur nächsten Prüfung sicherzustellen. Bei den Prüfungen sind auch die Eignung und die Funktion der technischen Schutzmaßnahmen festzustellen, die nach dieser Verordnung und der Gefahrstoffverordnung getroffen wurden. Bei den Prüfungen nach diesem Abschnitt sollen gleichwertige Ergebnisse von Prüfungen nach anderen Rechtsvorschriften des Bundes und der Länder berücksichtigt werden.

2.

Begriffsbestimmung
Anlagen in explosionsgefährdeten Bereichen sind die Gesamtheit der explosionsschutzrelevanten Arbeitsmittel einschließlich der Verbindungselemente sowie der explosionsschutzrelevanten Gebäudeteile.

3.

Zur Prüfung befähigte Personen

3.1

Eine zur Prüfung befähigte Person im Sinne dieses Abschnitts muss über die in § 2 Absatz 6 genannte Qualifikation hinaus

a)

über eine einschlägige technische Berufsausbildung oder eine andere für die vorgesehenen Prüfungsaufgaben ausreichende technische Qualifikation verfügen,

b)

über eine mindestens einjährige Erfahrung mit der Herstellung, dem Zusammenbau, dem Betrieb oder der Instandhaltung der zu prüfenden Anlagen oder Anlagenkomponenten im Sinne dieses Abschnitts verfügen und

c)

ihre Kenntnisse über Explosionsgefährdungen durch Teilnahme an Schulungen oder Unterweisungen auf aktuellem Stand halten.

3.2

Zur Durchführung von Prüfungen nach Nummer 4.2 müssen die zur Prüfung befähigten Personen zusätzlich zu Nummer 3.1 über eine behördliche Anerkennung einer der Prüfaufgabe entsprechenden Qualifikation und über die für die Prüfung erforderlichen Prüfeinrichtungen verfügen.

3.3

Abweichend von Nummer 3.1 muss eine zur Prüfung befähigte Person, die Prüfungen nach den Nummern 4.1 und 5.1 durchführt,

a)

über die in § 2 Absatz 6 genannte Qualifikation hinaus, eine der folgenden Qualifikationen besitzen:

aa)

ein einschlägiges Studium,

bb)

eine einschlägige Berufsausbildung,

cc)

eine vergleichbare technische Qualifikation oder

dd)

eine andere technische Qualifikation mit langjähriger Erfahrung auf dem Gebiet der Sicherheitstechnik,

b)

umfassende Kenntnisse des Explosionsschutzes einschließlich des zugehörigen Regelwerkes besitzen,

c)

eine einschlägige Berufserfahrung aus einer zeitnahen Tätigkeit nachweisen können,

d)

ihre Kenntnisse zum Explosionsschutz auf aktuellem Stand halten und

e)

sich regelmäßig durch Teilnahme an einem einschlägigen Erfahrungsaustausch auf dem Gebiet des Explosionsschutzes fortbilden.

3.4   (weggefallen)

4.

Prüfung vor Inbetriebnahme, nach prüfpflichtigen Änderungen und nach Instandsetzung

4.1

Anlagen in explosionsgefährdeten Bereichen sind vor der erstmaligen Inbetriebnahme und vor der Wiederinbetriebnahme nach prüfpflichtigen Änderungen auf Explosionssicherheit zu prüfen. Hierbei sind das im Explosionsschutzdokument nach § 6 Absatz 9 Nummer 2 der Gefahrstoffverordnung dargelegte Explosionsschutzkonzept und die Zoneneinteilung zu berücksichtigen. Bei der Prüfung ist festzustellen, ob

a)

die für die Prüfung benötigten technischen Unterlagen vollständig vorhanden sind und ihr Inhalt plausibel ist,

b)

die Anlage entsprechend dieser Verordnung errichtet wurde und in einem sicheren Zustand ist,

c)

die festgelegten technischen Maßnahmen geeignet und funktionsfähig und die festgelegten organisatorischen Maßnahmen geeignet sind und

d)

die Prüfungen nach Satz 7 durchgeführt und die dabei festgestellten Mängel behoben wurden.

Die Prüfung nach einer prüfpflichtigen Änderung darf sich darauf beschränken zu prüfen, ob die Anlage im explosionsgefährdeten Bereich entsprechend dieser Verordnung geändert wurde und vorschriftsmäßig funktioniert. Zusätzlich ist bei Anlagen nach § 18 Satz 1 Absatz 1 Nummer 3 bis 7 zu prüfen, ob die erforderlichen Maßnahmen zum Brandschutz eingehalten sind.

Mit Ausnahme der Anlagen nach § 18 Satz 1 Absatz 1 Nummer 3 bis 7 dürfen die Prüfungen auch von einer zur Prüfung befähigten Person nach Nummer 3.3 durchgeführt werden. Mit Ausnahme von Anlagen nach § 18 Absatz 1 Satz 1 Nummer 3 bis 7 dürfen die Prüfungen von

– Lüftungsanlagen,

– Gaswarneinrichtungen,

– Inertisierungseinrichtungen und

– Geräten, Schutzsystemen, Sicherheits-, Kontroll- und Regelvorrichtungen im Sinne der Richtlinie 2014/34/EU

als Bestandteil einer Anlage in explosionsgefährdeten Bereichen mit ihren Verbindungseinrichtungen und ihren Wechselwirkungen mit anderen Anlagenteilen auch von einer zur Prüfung befähigten Person nach Nummer 3.1 durchgeführt werden.

4.2 Geräte, Schutzsysteme oder Sicherheits-, Kontroll- oder Regelvorrichtungen im Sinne der Richtlinie 2014/34/EU dürfen nach einer Instandsetzung hinsichtlich eines Teils, von dem der Explosionsschutz abhängt, erst wieder in Betrieb genommen werden, nachdem im Rahmen einer Prüfung festgestellt wurde, dass das Teil in den für den Explosionsschutz wesentlichen Merkmalen den gestellten Anforderungen entspricht. Diese Prüfung darf durch eine zur Prüfung befähigte Person nach Nummer 3.2 durchgeführt werden. Satz 1 gilt nicht, wenn Geräte, Schutzsysteme oder Sicherheits-, Kontroll- oder Regelvorrichtungen im Sinne der Richtlinie 2014/34/EU nach der Instandsetzung durch den Hersteller einer Prüfung unterzogen werden und der Hersteller bestätigt, dass das Gerät, das Schutzsystem oder die Sicherheits-, Kontroll- oder Regelvorrichtung in den für den Explosionsschutz wesentlichen Merkmalen den Anforderungen dieser Verordnung entspricht.

5.

Wiederkehrende Prüfungen

5.1 Anlagen in explosionsgefährdeten Bereichen sind mindestens alle sechs Jahre auf Explosionssicherheit zu prüfen. Hierbei sind das Explosionsschutzdokument und die Zoneneinteilung zu berücksichtigen. Bei der Prüfung ist festzustellen, ob

a) die für die Prüfung benötigten technischen Unterlagen vollständig vorhanden sind und ihr Inhalt plausibel ist,

b) die Prüfungen nach den Nummern 5.2 und 5.3 durchgeführt und die dabei festgestellten Mängel behoben wurden, oder ob das Instandhaltungskonzept nach Nummer 5.4 geeignet ist und angewendet wird,

c) sich die Anlage in einem dieser Verordnung entsprechenden Zustand befindet und sicher verwendet werden kann und

d) die festgelegten technischen Maßnahmen geeignet und funktionsfähig und die festgelegten organisatorischen Maßnahmen geeignet sind.

Zusätzlich ist bei Anlagen nach § 18 Absatz 1 Satz 1 Nummer 3 bis 7 zu prüfen, ob die erforderlichen Maßnahmen zum Brandschutz eingehalten sind.

Mit Ausnahme der Anlagen nach § 18 Absatz 1 Satz 1 Nummer 3 bis 7 dürfen die Prüfungen auch von einer zur Prüfung befähigten Person nach Nummer 3.3 durchgeführt werden.

5.2

66

Geräte, Schutzsysteme, Sicherheits-, Kontroll- und Regelvorrichtungen im Sinne der Richtlinie 2014/34/EU mit ihren Verbindungseinrichtungen sind, auch als Bestandteil von Anlagen in explosionsgefährdeten Bereichen nach Nummer 2 und von Anlagen nach § 18 Absatz 1 Satz 1 Nummer 3 bis 7, unter Berücksichtigung von Wechselwirkungen mit anderen Anlagenteilen, wiederkehrend mindestens alle drei Jahre zu prüfen. Die Prüfung kann von einer zur Prüfung befähigten Person nach Nummer 3.1 durchgeführt werden.

5.3

Lüftungsanlagen, Gaswarneinrichtungen und Inertisierungseinrichtungen sind, auch als Bestandteil von Anlagen in explosionsgefährdeten Bereichen nach Nummer 2 und von Anlagen nach § 18 Absatz 1 Satz 1 Nummer 3 bis 7, unter Berücksichtigung von Wechselwirkungen mit anderen Anlagenteilen, wiederkehrend jährlich zu prüfen. Die Prüfung kann von einer zur Prüfung befähigten Person nach Nummer 3.1 durchgeführt werden.

5.4

Auf die wiederkehrenden Prüfungen nach den Nummern 5.2 und 5.3 kann verzichtet werden, wenn der Arbeitgeber im Rahmen der Dokumentation der Gefährdungsbeurteilung ein Instandhaltungskonzept festgelegt hat, das gleichwertig sicherstellt, dass ein sicherer Zustand der Anlagen aufrechterhalten wird und die Explosionssicherheit dauerhaft gewährleistet ist. Die Eignung des Instandhaltungskonzepts ist im Rahmen der Prüfung nach Nummer 4.1 zu bewerten. Die im Rahmen des Instandhaltungskonzepts durchgeführten Arbeiten und Maßnahmen an der Anlage sind zu dokumentieren und der Behörde auf Verlangen darzulegen.

Abschnitt 4
Druckanlagen

1.

Anwendungsbereich und Ziel
Dieser Abschnitt gilt für die Prüfung der in den Nummern 2.1 und 2.2 aufgeführten Druckanlagen (Anlagen und Anlagenteile) vor der erstmaligen Inbetriebnahme und nach prüfpflichtigen Änderungen sowie für wiederkehrende Prüfungen. Die Prüfungen sind mit dem Ziel durchzuführen, den sicheren Betrieb der Druckanlage bis zur nächsten Prüfung zu gewährleisten. Bei der Prüfung sind die sicherheitsrelevanten Aufstellungs- und Umgebungsbedingungen sowie bei Dampfkesselanlagen der Aufstellungsraum einzubeziehen. Bei den Prüfungen sind auch die Eignung und die Funktion der nach dieser Verordnung und der Gefahrstoffverordnung getroffenen technischen Schutzmaßnahmen festzustellen. Bei den Prüfungen nach diesem Abschnitt sollen gleichwertige Ergebnisse von Prüfungen nach anderen Rechtsvorschriften des Bundes und der Länder berücksichtigt werden.

2.

Begriffsbestimmungen

2.1

Druckanlagen im Sinne der Nummer 1 sind
a)
    Dampfkesselanlagen, die beheizte überhitzungsgefährdete Druckgeräte zur Erzeugung von Dampf oder Heißwasser mit einer Temperatur von mehr als 110 Grad Celsius beinhalten,
b)
    Druckbehälteranlagen außer Dampfkessel,
c)
    Anlagen zur Abfüllung von verdichteten, verflüssigten oder unter Druck gelösten Gasen einschließlich der Lager- und Vorratsbehälter (Füllanlagen), die dazu bestimmt sind, dass in ihnen folgende Behälter, Geräte oder Fahrzeuge befüllt werden:

67

aa)

Druckbehälter zum Lagern von Gasen mit Gasen aus ortsbeweglichen Druckgeräten,

bb)

ortsbewegliche Druckgeräte mit Gasen,

cc)

Land-, Wasser- oder Luftfahrzeuge mit Gasen zur Verwendung als Treib- oder Brennstoff,

d)

Rohrleitungsanlagen unter innerem Überdruck für Gase, Dämpfe oder Flüssigkeiten, die nach der Verordnung (EG) Nr. 1272/2008 in deren Anhang I wie folgt eingestuft sind:

aa)

als entzündbare Gase in Nummer 2.2,

bb)

als entzündbare Flüssigkeiten in Nummer 2.6, sofern sie einen Flammpunkt von höchstens 55 Grad Celsius haben,

cc)

als pyrophore Flüssigkeiten in Nummer 2.9,

dd)

als akut toxisch in Nummer 3.1.2 Kategorie 1 oder 2 oder

ee)

als ätzend in Nummer 3.2.2.6.

Druckanlagen müssen zugleich sein oder enthalten:

a)

Druckgeräte im Sinne der Richtlinie 2014/68/EU des Europäischen Parlaments und des Rates vom 15. Mai 2014 zur Harmonisierung der Rechtsvorschriften der Mitgliedstaaten über die Bereitstellung von Druckgeräten auf dem Markt (ABl. L 189 vom 27.6.2014, S. 164), mit Ausnahme der Druckgeräte im Sinne des Artikels 4 Absatz 3 dieser Richtlinie,

b)

ortsbewegliche Druckgeräte im Sinne der Richtlinie 2010/35/EU des Europäischen Parlaments und des Rates vom 16. Juni 2010 über ortsbewegliche Druckgeräte und zur Aufhebung der Richtlinien des Rates 76/767/EWG, 84/525/EWG, 84/526/EWG, 84/527/EWG und 1999/36/EG (ABl. L 165 vom 30.6.2010, S. 1), wobei Artikel 1 Absatz 3 der Richtlinie 2010/35/EU keine Anwendung findet, oder

c)

einfache Druckbehälter im Sinne der Richtlinie 2014/29/EU des Europäischen Parlaments und des Rates vom 26. Februar 2014 zur Harmonisierung der Rechtsvorschriften der Mitgliedstaaten über die Bereitstellung einfacher Druckbehälter auf dem Markt (ABl. L 96 vom 29.3.2014, S. 45), mit Ausnahme von einfachen Druckbehältern mit einem Druckinhaltsprodukt von höchstens 50 Bar · Liter.

Zu einer Druckanlage gehören auch der Aufstellungsbereich und dessen Umgebung, soweit diese für die sichere Verwendung von Bedeutung sind, bei Dampfkesselanlagen insbesondere der Aufstellungsraum.

2.2

Anlagenteile im Sinne der Nummer 1 sind

a)

Druckgeräte nach Nummer 2.1 Satz 2 Buchstabe a, die Druckbehälter sind,

b)

Druckgeräte nach Nummer 2.1 Satz 2 Buchstabe a, die Dampf- oder Heißwassererzeuger sind,

68

c)

Druckgeräte nach Nummer 2.1 Satz 2 Buchstabe a, die Rohrleitungen für die unter Nummer 2.1 Satz 1 Buchstabe d aufgeführten Fluide sind,

d)

einfache Druckbehälter nach Nummer 2.1 Satz 2 Buchstabe c,

e)

ortsbewegliche Druckgeräte nach Nummer 2.1 Satz 2 Buchstabe b.

Den Anlagenteilen sind ihre Ausrüstungsteile im Sinne des Artikels 2 Nummer 4 der Richtlinie 2014/68/EU zugeordnet sowie alle weiteren, die Sicherheit beeinflussenden Ausrüstungsteile.

2.3

Zuordnung von Anlagenteilen nach Nummer 2.2 zu Nummer 5.9 Tabelle 3 bis 11:

a)

Überhitzte Flüssigkeiten sind Flüssigkeiten, deren Dampfdruck bei der maximal zulässigen Temperatur um mehr als 0,5 Bar über dem normalen Atmosphärendruck (1,013 Bar) liegt.

b)

Fluidgruppe 1 umfasst Fluide, die nach der Verordnung (EG) Nr. 1272/2008 wie folgt eingestuft sind:

aa)

explosive Stoffe/Gemische nach Anhang I Nummer 2.1,

bb)

entzündbare Gase nach Anhang I Nummer 2.2,

cc)

entzündbare Flüssigkeiten nach Anhang I Nummer 2.6,

dd)

pyrophore Flüssigkeiten nach Anhang I Nummer 2.9,

ee)

akut toxisch nach Anhang I Nummer 3.1.2 Kategorie 1,

ff)

akut toxisch nach Anhang I Nummer 3.1.2 Kategorie 2,

gg)

oxidierende Flüssigkeiten nach Anhang I Nummer 2.13,

hh)

oxidierende Gase nach Anhang I Nummer 2.4.

Zur Fluidgruppe 1 zählen entzündbare Flüssigkeiten der Kategorie 3 nur, wenn bei der Verwendung die maximal zulässige Temperatur über dem Flammpunkt liegt, aber begrenzt auf einen Flammpunkt von 55 Grad Celsius. Die Fluidgruppe 2 umfasst alle Fluide, die nicht unter Fluidgruppe 1 genannt sind.

c)

Ätzende Stoffe sind solche nach Anhang I Nummer 3.2.2.6 der Verordnung (EG) Nr. 1272/2008.

2.4

Für die Zuordnung von Anlagenteilen nach Nummer 2.2 zu Nummer 5.9 Tabelle 2 bis 11 kann anstelle des vom Hersteller angegebenen maximal zulässigen Drucks PS auch der vom Arbeitgeber festgelegte und durch ein Ausrüstungsteil mit Sicherheitsfunktion abgesicherte zulässige Betriebsdruck P_B zugrunde gelegt werden.

Dieser Betriebsdruck ist in der Gefährdungsbeurteilung zu dokumentieren und in die Prüfbescheinigung oder die Aufzeichnung über die Prüfung vor der erstmaligen Inbetriebnahme oder über die Prüfung nach einer prüfpflichtigen Änderung aufzunehmen.

3.

Zur Prüfung befähigte Personen

Eine zur Prüfung befähigte Person im Sinne dieses Abschnitts muss über die in § 2 Absatz 6 genannte Qualifikation hinaus

a)

over eine einschlägige technische Berufsausbildung oder eine andere für die vorgesehenen Prüfungsaufgaben ausreichende technische Qualifikation verfügen,

b)

über eine mindestens einjährige Erfahrung mit der Herstellung, dem Zusammenbau, dem Betrieb oder der Instandhaltung der zu prüfenden Anlagen oder Anlagenkomponenten im Sinne dieses Abschnitts verfügen und

c)

ihre Kenntnisse über Druckgefährdungen durch Teilnahme an Schulungen oder Unterweisungen, insbesondere zu folgenden Themen, auf aktuellem Stand halten:

aa)

Konstruktions- und Herstellungsverfahren,

bb)

Ausrüstung und Absicherungskonzepte,

cc)

Montage, Installation (Aufstellung) und Betrieb beziehungsweise Verwendung,

dd)

bestimmungsgemäßer Betrieb,

ee)

Gefährdungsbeurteilung,

ff)

Prüfungen, Prüffristen, Prüfverfahren einschließlich der Bewertung der Ergebnisse und

gg)

in der Praxis vorkommende, relevante Einflüsse und Schadensbilder.

4.

Prüfungen von Druckanlagen vor Inbetriebnahme und nach prüfpflichtigen Änderungen

4.1

Anlagen nach Nummer 2.1 einschließlich ihrer Anlagenteile nach Nummer 2.2 sind vor der erstmaligen Inbetriebnahme und nach prüfpflichtigen Änderungen zu prüfen. Die Prüfung ist von einer zugelassenen Überwachungsstelle durchzuführen. Davon abweichend kann die Prüfung von einer zur Prüfung befähigten Person durchgeführt werden, wenn sich die Anlage ausschließlich aus Anlagenteilen zusammensetzt, die vor der erstmaligen Inbetriebnahme oder nach prüfpflichtigen Änderungen entsprechend Nummer 5.9 Tabelle 2 bis 11 von einer zur Prüfung befähigten Person geprüft werden dürfen. Dampfkesselanlagen zur Erzeugung von Dampf oder Heißwasser, die länger als zwei Jahre außer Betrieb waren, dürfen erst wieder in Betrieb genommen werden, nachdem ihre Anlagenteile nach Nummer 2.2 Buchstabe b einer inneren Prüfung unterzogen worden sind.

4.2

Bei der Prüfung vor Inbetriebnahme ist zu prüfen, ob

a)

die für die Prüfung benötigten technischen Unterlagen, wie beispielsweise die EG-Konformitätserklärung, vorhanden sind und ihr Inhalt plausibel ist und

b)

die Anlage einschließlich der Anlagenteile entsprechend dieser Verordnung errichtet wurde und in einem sicheren Zustand ist.

Die Prüfung nach einer prüfpflichtigen Änderung darf sich darauf beschränken zu prüfen, ob die Anlage entsprechend dieser Verordnung geändert wurde und sicher funktioniert.

5. Wiederkehrende Prüfungen von Anlagen und Anlagenteilen

5.1

Anlagen nach Nummer 2.1 und ihre Anlagenteile nach Nummer 2.2 sind wiederkehrend zu prüfen. Die Prüfung ist grundsätzlich von einer zugelassenen Überwachungsstelle durchzuführen. Von Satz 2 abweichende Prüfzuständigkeiten für Anlagenteile sind in Nummer 5.9 Tabelle 2 bis 9 festgelegt. Setzt sich eine Anlage ausschließlich aus Anlagenteilen zusammen, die wiederkehrend von einer zur Prüfung befähigten Person geprüft werden dürfen, darf die Anlage wiederkehrend von einer zur Prüfung befähigten Person geprüft werden.

5.2

Bei der wiederkehrenden Prüfung zu festzustellen, ob

a)
    die für die Prüfung benötigten technischen Unterlagen vorhanden sind und ihr Inhalt plausibel ist,

b)
    sich die Anlage in einem dieser Verordnung entsprechenden Zustand befindet und sicher verwendet werden kann und

c)
    die festgelegten technischen Maßnahmen geeignet und funktionsfähig und die festgelegten organisatorischen Maßnahmen geeignet sind,

5.3

Die vom Arbeitgeber im Rahmen der Gefährdungsbeurteilung festzulegende Prüffrist für die Anlage nach Nummer 2.1 darf zehn Jahre nicht überschreiten.

5.4

Die nach § 3 Absatz 6 im Rahmen der Gefährdungsbeurteilung festzulegende Prüffrist muss bei Anlagen nach diesem Abschnitt spätestens innerhalb von sechs Monaten nach der Inbetriebnahme der Anlage ermittelt werden.

5.5

Wiederkehrende Prüfungen der Anlagenteile nach Nummer 2.2 bestehen aus äußeren Prüfungen, inneren Prüfungen und Festigkeitsprüfungen. Von Nummer 5.1 Satz 2 abweichende Prüfzuständigkeiten sind in Nummer 5.9 Tabelle 2 bis 11 festgelegt.

5.6

Äußere Prüfungen von Anlagenteilen können entfallen

a)
    bei Druckbehältern nach Nummer 2.2 Buchstabe a, es sei denn, sie sind feuerbeheizt, abgasbeheizt oder elektrisch beheizt, und

b)
    bei einfachen Druckbehältern nach Nummer 2.2 Buchstabe d.
Bei Rohrleitungen nach Nummer 2.2 Buchstabe c können innere Prüfungen entfallen.

5.7

Bei Prüfungen von Anlagenteilen können ersetzt werden

a)
    Besichtigungen durch andere Verfahren und

b)
    statische Druckproben bei Festigkeitsprüfungen durch zerstörungsfreie Verfahren,

wenn der Arbeitgeber ein von einer zugelassenen Überwachungsstelle bestätigtes Prüfkonzept vorlegt, mit dem sicherheitstechnisch gleichwertige Aussagen erreicht werden. Auf der Grundlage eines Prüfkonzepts können auch Maßnahmen festgelegt werden, auf deren Grundlage eine Prüfaussage getroffen werden kann, ohne dass dazu die Anlage oder Anlagenteile außer Betrieb genommen werden müssen. Ein Prüfergebnis darf nicht von einer Anlage auf eine andere Anlage übertragen werden.

5.8

Für Anlagenteile, die nach Nummer 5.9 Tabelle 2 bis 11 wiederkehrend von einer zugelassenen Überwachungsstelle zu prüfen sind, gelten die in Tabelle 1 festgelegten Höchstfristen.

Tabelle 1
Höchstfristen für die wiederkehrenden Prüfungen
von Anlagenteilen durch eine zugelassene Überwachungsstelle

Anlagenteil	Äußere Prüfung	Innere Prüfung	Festigkeitsprüfung
Dampfkessel nach Nummer 5.9 Tabelle 2	1 Jahr	3 Jahre	9 Jahre
Druckbehälter nach Nummer 5.9 Tabelle 3, 4, 5 und 6	2 Jahre (Ausnahmen nach Nummer 5.6 Satz 1)	5 Jahre	10 Jahre
Einfache Druckbehälter nach Nummer 5.9 Tabelle 7	–	5 Jahre	10 Jahre
Rohrleitungen nach Nummer 5.9 Tabelle 8, 9, 10 und 11	5 Jahre	–	5 Jahre

5.9

Für Anlagenteile, die nach den Tabellen 2 bis 9 wiederkehrend von einer zur Prüfung befähigten Person geprüft werden dürfen, darf die vom Arbeitgeber im Rahmen einer Gefährdungsbeurteilung festzulegende Prüffrist höchstens zehn Jahre betragen. Abweichend von Satz 1 kann die Frist der Festigkeitsprüfungen auf 15 Jahre verlängert werden, wenn im Rahmen der äußeren beziehungsweise inneren Prüfung nachgewiesen wird, dass die Anlage sicher betrieben werden kann. Der Nachweis ist in der Dokumentation der Gefährdungsbeurteilung darzulegen.

Tabelle 2
Prüfzuständigkeiten bei beheizten überhitzungsgefährdeten
Druckgeräten zur Erzeugung von Dampf oder Heißwasser mit einer
Temperatur von mehr als 110 Grad Celsius nach Nummer 2.2 Satz 1 Buchstabe b

V [Liter]	PS [Bar]	PS · V [Bar · Liter]	Prüfung vor Inbetriebnahme	Wiederkehrende Prüfung
> 2	$0,5 < PS \leq 32$	≤ 200	bP	bP
$\leq 1\,000$	$0,5 < PS \leq 32$	$200 < PS \cdot V \leq 1\,000$	ZÜS	bP
> 1 000	$0,5 < PS \leq 32$			
$\leq 1\,000$	$0,5 < PS \leq 32$	> 1 000	ZÜS	ZÜS
> 2	> 32			

Tabelle 3
Prüfzuständigkeiten bei Druckbehältern
und ortsbeweglichen Druckgeräten nach Nummer 2.2 Satz 1 Buchstabe a und e
für Gase, Dämpfe und überhitzte Flüssigkeiten der Fluidgruppe 1

72

V [Liter]	PS [Bar]	PS · V [Bar · Liter]	Prüfung vor Inbetriebnahme	Wiederkehre nde Prüfung
1 < V ≤ 200	> 0,5	25 < PS · V ≤ 200	bP	bP
> 200	0,5 < PS ≤ 1			
≤ 1	200 < PS ≤ 1 000			
> 1	> 1	200 < PS · V ≤ 1 000	ZÜS	bP
≤ 1	> 1 000			
> 1	> 1	> 1 000	ZÜS	ZÜS

Tabelle 4
Prüfzuständigkeiten bei Druckbehältern und
ortsbeweglichen Druckgeräten nach Nummer 2.2 Satz 1 Buchstabe a und e
für Gase, Dämpfe und überhitzte Flüssigkeiten der Fluidgruppe 2

V [Liter]	PS [Bar]	PS · V [Bar · Liter]	Prüfung vor Inbetriebnahme	Wiederkehrende Prüfung
1 < V ≤ 200	> 0,5	50 < PS · V ≤ 200	bP	bP
> 200	0,5 < PS ≤ 1			
> 1	> 1	200 < PS · V ≤ 1 000	ZÜS	bP
≤ 1	> 1 000			
> 1	> 1	> 1 000	ZÜS	ZÜS

Tabelle 5
Prüfzuständigkeiten bei Druckbehältern
und ortsbeweglichen Druckgeräten nach Nummer 2.2 Satz 1 Buchstabe a und e
für nicht überhitzte Flüssigkeiten der Fluidgruppe 1

V [Liter]	PS [Bar]	PS · V [Bar · Liter]	Prüfung vor Inbetriebnahme	Wiederkehrende Prüfung
	0,5 < PS ≤ 10	> 200	bP	bP
≤ 1	> 500	≤ 1 000		
≤ 1	> 500	1 000 < PS · V ≤ 10 000	ZÜS	bP
> 1	> 500	≤ 10 000		
	10 < PS ≤ 500	> 200		
	> 500	> 10 000	ZÜS	ZÜS

Tabelle 6
Prüfzuständigkeiten bei Druckbehältern und

73

ortsbeweglichen Druckgeräten nach Nummer 2.2 Satz 1 Buchstabe a und e
für nicht überhitzte Flüssigkeiten der Fluidgruppe 2

V [Liter]	PS [Bar]	PS · V [Bar · Liter]	Prüfung vor Inbetriebnahme	Wiederkehrende Prüfung
≤ 1	> 1 000	≤ 1 000	bP	bP
≤ 10	> 1 000	1 000 < PS · V ≤ 10 000	ZÜS	bP
	10 < PS ≤ 500	> 10 000		
	> 500	> 10 000	ZÜS	ZÜS

Tabelle 7
Prüfzuständigkeiten bei einfachen
Druckbehältern nach Nummer 2.2 Satz 1 Buchstabe d

V [Liter]	PS [Bar]	PS · V [Bar · Liter]	Prüfung vor Inbetriebnahme	Wiederkehrende Prüfung
	0,5 < PS ≤ 30	50 < PS · V ≤ 200	bP	bP
	0,5 < PS ≤ 1	200 < PS · V ≤ 10 000		
	1 < PS ≤ 30	200 < PS · V ≤ 1 000	ZÜS	bP
	1 < PS ≤ 30	1 000 < PS · V ≤ 10 000	ZÜS	ZÜS

Tabelle 8
Prüfzuständigkeiten bei Rohrleitungen nach
**Nummer 2.2 Satz 1 Buchstabe c für Gase, Dämpfe und überhitzte Flüssigkeiten,
die nach dem Anhang I der Verordnung (EG) Nr. 1272/2008 wie folgt eingestuft
werden:**

– als entzündbare Gase in Nummer 2.2,

– als entzündbare Flüssigkeiten in Nummer 2.6 Kategorie 1 oder 2,

– als entzündbare Flüssigkeiten in Nummer 2.6 Kategorie 3, wenn
bei der Verwendung die maximal zulässige Temperatur über
dem Flammpunkt liegt, aber begrenzt auf einen Flammpunkt von
55 Grad Celsius,

– als pyrophore Flüssigkeiten in Nummer 2.9,

– als akut toxisch in Nummer 3.1.2 Kategorie 1 oder 2

DN [Millimeter]	PS [Bar]	PS · DN [Bar · Millimeter]	Prüfung vor Inbetriebnahme	Wiederkehrende Prüfung
> 25	> 0,5	≤ 2 000	bP	bP
> 25	> 0,5	> 2 000	ZÜS	ZÜS

74

Bei Rohrleitungen mit DN > 25 und PS > 0,5 Bar für Gase, Dämpfe oder überhitzte Flüssigkeiten, die akut toxisch nach Anhang I Nummer 3.1.2 Kategorie I der Verordnung (EG) Nr. 1272/2008 sind, müssen die Prüfungen vor Inbetriebnahme und die wiederkehrenden Prüfungen von einer zugelassenen Überwachungsstelle durchgeführt werden.

Tabelle 9
Prüfzuständigkeiten bei Rohrleitungen nach
Nummer 2.2 Satz 1 Buchstabe c für Gase, Dämpfe, überhitzte Flüssigkeiten,
die nach dem Anhang I der Verordnung (EG) Nr. 1272/2008 wie folgt eingestuft
werden:

– **als entzündbare Flüssigkeiten in Nummer 2.6 Kategorie 3,**
wenn die Flüssigkeit höchstens bis zum Flammpunkt erwärmt
wird, aber begrenzt auf einen Flammpunkt von 55 Grad Celsius,

– **als ätzend in Nummer 3.2.2.6**

DN [Millimeter]	PS [Bar]	PS · DN [Bar · Millimeter]	Prüfung vor Inbetriebnahme	Wiederkehrende Prüfung
> 32	> 0,5	1 000 < PS · DN ≤ 2 000	bP	bP
> 32	> 0,5	> 2 000	ZÜS	ZÜS

Tabelle 10
Prüfzuständigkeiten bei Rohrleitungen nach
Nummer 2.2 Satz 1 Buchstabe c für nicht überhitzte Flüssigkeiten,
die nach dem Anhang I der Verordnung (EG) Nr. 1272/2008 wie folgt eingestuft
werden:

– **als entzündbare Flüssigkeiten in Nummer 2.6 Kategorie 1 oder 2,**

– **als entzündbare Flüssigkeiten in Nummer 2.6 Kategorie 3, wenn bei der**
Verwendung die maximal zulässige Temperatur über dem Flammpunkt
liegt, aber begrenzt auf einen Flammpunkt von 55 Grad Celsius,

– **als pyrophore Flüssigkeiten in Nummer 2.9,**

– **als akut toxisch in Nummer 3.1.2 Kategorie 1 oder 2**

DN [Millimeter]	PS [Bar]	PS · DN [Bar · Millimeter]	Prüfung vor Inbetriebnahme	Wiederkehrende Prüfung
> 25	> 0,5	> 2 000	ZÜS	ZÜS

Tabelle 11
Prüfzuständigkeiten bei Rohrleitungen nach
Nummer 2.2 Satz 1 Buchstabe c für nicht überhitzte Flüssigkeiten,
die nach dem Anhang I der Verordnung (EG) Nr. 1272/2008 wie folgt eingestuft
werden:

– **als entzündbare Flüssigkeiten in Nummer 2.6 Kategorie 3, wenn**
die Flüssigkeit höchstens bis zum Flammpunkt erwärmt wird,
aber begrenzt auf einen Flammpunkt von 55 Grad Celsius,

als ätzend in Nummer 3.2.2.6

DN [Millimeter]	PS [Bar]	PS · DN [Bar · Millimeter]	Prüfung vor Inbetriebnahme	Wiederkehrende Prüfung
> 200	> 10	> 5 000	ZÜS	ZÜS

Legende:
ZÜS – zugelassene Überwachungsstelle
bP – zur Prüfung befähigte Person

6.

Besondere Prüfanforderungen für bestimmte Anlagen und Anlagenteile

Die in den Nummern 4 und 5 genannten Prüfanforderungen sind für die in den Nummern 6.1 bis 6.35 genannten Anlagen und Anlagenteile nach den sich aus Nummer 6 ergebenden Maßgaben durchzuführen. Für die vom Arbeitgeber für diese Anlagen und Anlagenteile festzulegenden Fristen für wiederkehrende Prüfungen gilt Nummer 5, sofern in Nummer 6 nichts anderes bestimmt ist.

6.1

Röhrenöfen in verfahrenstechnischen Anlagen

Röhrenöfen in verfahrenstechnischen Anlagen, die ausschließlich aus Rohranordnungen bestehen, können vor der erstmaligen Inbetriebnahme oder nach einer prüfpflichtigen Änderung und wiederkehrend von einer zur Prüfung befähigten Person geprüft werden.

6.2

Kälte- und Wärmepumpenanlagen

6.2.1

Bei Kälte- und Wärmepumpenanlagen, die mit Kältemitteln in geschlossenem Kreislauf betrieben werden und die wiederkehrend von einer zugelassenen Überwachungsstelle geprüft werden müssen, sind Anlagenprüfungen spätestens alle fünf Jahre durchzuführen.

6.2.2

Wiederkehrende innere Prüfungen und Festigkeitsprüfungen müssen nur durchgeführt werden, wenn das Anlagenteil zu Instandsetzungsarbeiten außer Betrieb genommen wird.

6.3

Kondenstöpfe und Abscheider für Gasblasen

Die Prüfung vor der erstmaligen Inbetriebnahme, die Prüfung nach einer prüfpflichtigen Änderung und die wiederkehrende Prüfung kann von einer zur Prüfung befähigten Person durchgeführt werden bei

a)
Kondenstöpfen und

b)
Abscheidern für Gasblasen, bei denen der Gasraum auf höchstens 10 Prozent des Behälterinhalts begrenzt ist.

6.4

Dampfbeheizte Muldenpressen und Pressen zum maschinellen Bügeln

Die Prüfung vor der erstmaligen Inbetriebnahme, die Prüfung nach einer prüfpflichtigen Änderung und die wiederkehrende Prüfung kann von einer zur Prüfung befähigten Person durchgeführt werden bei

a)
dampfbeheizten Muldenpressen und

b)
Pressen zum maschinellen Bügeln, Dämpfen, Verkleben, Fixieren und dem Fixieren ähnlichen Behandlungsverfahren von Textilien und Ledererzeugnissen.

6.5

Pressgas-Kondensatoren

Bei Pressgas-Kondensatoren können die Prüfungen vor der erstmaligen Inbetriebnahme oder nach einer prüfpflichtigen Änderung und die wiederkehrenden Prüfungen von einer zur Prüfung befähigten Person durchgeführt werden.

6.6

Nicht direkt beheizte Wärmeerzeuger und Ausdehnungsgefäße in Heizungs- und Kälteanlagen

Die Prüfung vor der erstmaligen Inbetriebnahme, die Prüfung nach einer prüfpflichtigen Änderung und die wiederkehrende Prüfung kann von einer zur Prüfung befähigten Person durchgeführt werden bei

a)

nicht direkt beheizten Wärmeerzeugern mit einer Heizmitteltemperatur von höchstens 120 Grad Celsius und

b)

Ausdehnungsgefäßen in Heizungs- und Kälteanlagen mit Wassertemperaturen von höchstens 120 Grad Celsius.

6.7

Anlagenteile für die Erzeugung von Wasserdampf oder Heißwasser durch Wärmerückgewinnung

Bei Anlagenteilen, in denen Wasserdampf oder Heißwasser in einem Herstellungsverfahren durch Wärmerückgewinnung entsteht, richtet sich die Zuordnung der Prüfer nach Nummer 5.9 Tabelle 4. Es gelten die wiederkehrenden Prüffristen aus Nummer 5.8 Tabelle 1 für Druckbehälter nach Nummer 5.9 Tabelle 4. Abweichend von Satz 1 richtet sich die Zuordnung der Prüfer bei Anlagen, in denen Rauchgase gekühlt werden und der entstehende Wasserdampf oder das entstehende Heißwasser nicht überwiegend der Verfahrensanlage zugeführt wird, nach Nummer 5.9 Tabelle 2. Es gelten die wiederkehrenden Prüffristen aus Nummer 5.8 Tabelle 1 für Dampfkessel nach Nummer 5.9 Tabelle 2.

6.8

Rohrleitungen mit Prüfprogramm

Abweichend von Nummer 5.9 Tabelle 8 bis 11 dürfen Prüfungen, die dort einer zugelassenen Überwachungsstelle zugeordnet sind, von einer zur Prüfung befähigten Person durchgeführt werden, wenn

a)

auf der Grundlage der Gefährdungsbeurteilung in einem Prüfprogramm die wiederkehrenden Prüfungen von Rohrleitungen nach Nummer 2.2 Satz 1 Buchstabe c schriftlich festgelegt wurden und

b)

eine zugelassene Überwachungsstelle bescheinigt hat, dass mit den Festlegungen die Anforderungen dieser Verordnung erfüllt werden.

Die zugelassene Überwachungsstelle muss stichprobenweise überprüfen, ob die schriftlichen Festlegungen eingehalten und die Prüfungen durchgeführt werden. Es gelten die Höchstfristen für Rohrleitungen nach Nummer 5.8 Tabelle 1.

6.9

Flaschen für Atemschutzgeräte

6.9.1

An Flaschen für Atemschutzgeräte für Arbeits- und Rettungszwecke müssen alle fünf Jahre äußere Prüfungen, innere Prüfungen, Festigkeitsprüfungen und erforderlichenfalls Gewichtsprüfungen durch eine zugelassene Überwachungsstelle durchgeführt werden.

6.9.2

An Flaschen für Atemschutzgeräte, die als Tauchgeräte verwendet werden, müssen alle zweieinhalb Jahre äußere Prüfungen, innere Prüfungen und erforderlichenfalls Gewichtsprüfungen sowie alle fünf Jahre Festigkeitsprüfungen durch eine zugelassene Überwachungsstelle durchgeführt werden.

6.9.3

6.9.4

Bei Flaschen für Atemschutzgeräte, die mit Ausrüstung als funktionsfertige Baugruppe in Verkehr gebracht werden, entfällt die Prüfung vor Inbetriebnahme, sofern der Hersteller das nächste Prüfdatum auf der Flasche angegeben hat.

Nach einer Prüfung ist jeweils das aktuelle und das nächste Prüfdatum auf dem Flaschenkörper anzugeben. Die Erstellung einer Sammelprüfbescheinigung und deren Vorhaltung beim Arbeitgeber ist ausreichend.

6.10

Druckbehälter mit Gaspolster in Druckflüssigkeitsanlagen

6.10.1

Bei Druckbehältern mit Gaspolster in Druckflüssigkeitsanlagen nach Nummer 5.9 Tabelle 3 und 4 müssen wiederkehrende innere Prüfungen erst nach zehn Jahren durchgeführt werden, sofern die verwendeten Flüssigkeiten und Gase auf die Behälterwandung keine korrodierende Wirkung haben.

6.10.2

Bei Ölzwischenbehältern in ölhydraulischen Regelanlagen können die wiederkehrenden Prüfungen nach Nummer 5 entfallen.

6.11

Druckbehälter als Anlagenteile in elektrischen Schaltgeräten und Schaltanlagen

6.11.1

Bei Druckbehältern nach Nummer 5.9 Tabelle 4 und 7, die als Anlagenteil nur in elektrischen Schaltgeräten und Schaltanlagen verwendet werden, können die wiederkehrenden inneren Prüfungen bis zu Instandsetzungsarbeiten zurückgestellt werden, wenn sie so mit trockener Luft befüllt sind, dass auf die Behälterwandungen keine korrodierende Wirkung ausgeübt wird. Abweichend von Satz 1 müssen innere Prüfungen jedoch an Hauptbehältern nach zehn Jahren, an Zwischenbehältern und an den mit den Schaltgeräten unmittelbar verbundenen Behältern nach 15 Jahren durchgeführt werden.

6.11.2

Bei Druckbehältern nach Nummer 6.11.1 können die wiederkehrenden Festigkeitsprüfungen entfallen. Die inneren Prüfungen sind jedoch durch Festigkeitsprüfungen zu ergänzen, wenn

a)
   prüfpflichtige Änderungen stattgefunden haben oder

b)
   die inneren Prüfungen zur Beurteilung des sicherheitstechnischen Zustands der Behälter nicht ausreichen.

6.11.3

Bei Druckbehältern von Isoliermittel- und Löschmittel-Vorratsbehältern sowie von Hydraulikspeichern nach Nummer 5.9 Tabelle 3 und 4, die als Anlagenteil in elektrischen Schaltgeräten oder Schaltanlagen verwendet werden, können wiederkehrende Prüfungen entfallen, sofern diese mit Gasen oder Flüssigkeiten befüllt werden, die auf Behälterwandungen keine korrodierende Wirkung haben.

6.11.4

Bei Druckbehältern nach Nummer 5.9 Tabelle 3 und 4, die nicht unter die Nummern 6.11.1 bis 6.11.3 fallen, können die Prüfungen vor der erstmaligen Inbetriebnahme oder nach einer prüfpflichtigen Änderung und die wiederkehrenden Prüfungen unabhängig von Druck und Volumen von einer zur Prüfung befähigten Person durchgeführt werden, wenn die Druckbehälter

a)
   als Anlagenteil in elektrischen Hochspannungsschaltgeräten, Hochspannungsanlagen und gasisolierten Rohrschienen für elektrische Energieübertragung verwendet werden und

b)

die elektrischen Anlagen für ihre Funktion unter Überdruck stehende Lösch- oder Isoliermittel benötigen.

Die wiederkehrenden Prüfungen der Druckbehälter nach Satz 1 können entfallen, sofern diese mit Gasen oder Gasgemischen befüllt sind, die auf Behälterwandungen keine korrodierende Wirkung haben.

6.12

Schalldämpfer in Rohrleitungen

Bei Schalldämpfern, die in Rohrleitungen eingebaut sind, können wiederkehrende innere Prüfungen entfallen.

6.13

Druckbehälter von Feuerlöschgeräten und Löschmittelbehältern

6.13.1

Bei tragbaren Feuerlöschern, die als funktionsfertige Baugruppe in Verkehr gebracht werden, entfällt die Prüfung vor Inbetriebnahme. Die wiederkehrenden Prüfungen dürfen bei tragbaren Feuerlöschern von einer zur Prüfung befähigten Person durchgeführt werden, wenn das Produkt aus maximal zulässigem Druck PS und maßgeblichem Volumen V höchstens 1 000 Bar · Liter beträgt.

6.13.2

Bei Druckbehältern von Feuerlöschern, die nur beim Einsatz unter Druck gesetzt werden, und bei Druckbehältern von Kohlendioxidfeuerlöschern brauchen wiederkehrende Prüfungen nach Ablauf der Prüffrist nur durchgeführt zu werden, wenn diese zu Instandhaltungszwecken geöffnet oder mit Löschmittel wieder oder neu gefüllt/befüllt werden. Bei Feuerlöschgeräten und Löschmittelbehältern können Festigkeitsprüfungen entfallen, wenn als Löschmittel Löschpulver zum Einsatz kommt und bei der inneren Prüfung keine Mängel festgestellt wurden.

6.13.3

Bei tragbaren Feuerlöschern mit Innenauskleidung können wiederkehrende Festigkeitsprüfungen entfallen, sofern bei den inneren Prüfungen keine Beschädigung der Auskleidung festgestellt worden ist. Im Übrigen gilt Nummer 5.8.

6.13.4

Bei Löschmittelbehältern für stationäre Löschanlagen, die zur Speicherung von nicht korrosiv wirkenden Löschgasen dienen, brauchen wiederkehrende Prüfungen nach Ablauf der Prüffristen nur durchgeführt zu werden, wenn die Löschmittelbehälter zu Instandsetzungszwecken geöffnet werden oder wenn nach Gebrauch Löschmittel nachgefüllt wird.

6.14

Druckbehälter und Rohrleitungen mit Auskleidung oder Ausmauerung

6.14.1

Bei Druckbehältern und Rohrleitungen mit Auskleidung können wiederkehrende Festigkeitsprüfungen entfallen, sofern bei den inneren Prüfungen keine Beschädigung der Auskleidung festgestellt worden ist. Im Übrigen gilt Nummer 5.8.

6.14.2

Bei Druckbehältern und Rohrleitungen mit Ausmauerung können die wiederkehrenden Prüfungen entfallen. Abweichend von Satz 1 müssen jedoch innere Prüfungen durchgeführt werden, wenn

a)
Teile der Ausmauerung im Ausmaß von 1 Quadratmeter oder mehr entfernt worden sind,

b)
Wandungen freigelegt worden sind oder

c)
Anfressungen oder Schäden an den Wandungen der Behälter oder Rohrleitungen festgestellt worden sind.

Abweichend von den Sätzen 1 und 2 müssen innere Prüfungen und Festigkeitsprüfungen durchgeführt werden, wenn die Ausmauerung vollständig entfernt worden ist.

6.14.3

Druckbehälter und Rohrleitungen mit einem Zwischenraum zwischen Auskleidung und Mantel müssen nicht wiederkehrend geprüft werden, wenn der Zwischenraum im Hinblick auf die Dichtheit der Auskleidung geprüft wird und

a)

das Verfahren zur Überprüfung der Dichtheit von der zugelassenen Überwachungsstelle auf Zuverlässigkeit und Eignung überprüft worden ist und

b)

in den Prüfaufzeichnungen nach § 17 ein Nachweis über die Prüfung des Zwischenraums enthalten ist.

Bei Druckbehältern nach Satz 1 ist die innere Prüfung nach Nummer 5.9 Tabelle 3 und 4 durchzuführen, sofern bei einem Inhalt V ≤ 1 Liter der maximal zulässige Druck PS > 1 000 Bar beträgt oder bei einem Inhalt von V > 1 Liter der maximale Druck PS > 1 und das Druckinhaltsprodukt PS · V > 1 000 Bar · Liter betragen und wenn sie im Rahmen von Instandsetzungsarbeiten nach Ablauf der Fristen nach Nummer 5.8 Tabelle 1 so geöffnet werden, dass sie einer inneren Prüfung zugänglich sind.

6.15

Ortsfeste Druckbehälter für körnige oder staubförmige Güter

Bei ortsfesten Druckbehältern für körnige oder staubförmige Güter können wiederkehrende Festigkeitsprüfungen entfallen. Sofern Hinweise auf eine Schädigung der drucktragenden Wandung vorliegen, sind bei der inneren Prüfung zusätzlich zerstörungsfreie Prüfverfahren einzusetzen. Im Übrigen gilt Nummer 5.8.

6.16

Fahrzeugbehälter für flüssige, körnige oder staubförmige Güter

6.16.1

Bei Fahrzeugbehältern für flüssige, körnige oder staubförmige Güter ohne eigene Sicherheitseinrichtungen beginnt die Frist für die wiederkehrenden Prüfungen mit dem Herstellungsdatum des Behälters.

6.16.2

Bei Fahrzeugbehältern für körnige oder staubförmige Güter können die wiederkehrenden Festigkeitsprüfungen entfallen.

6.16.3

Im Rahmen der wiederkehrenden inneren Prüfungen der Fahrzeugbehälter sind stichprobenweise zerstörungsfreie Prüfungen, zum Beispiel Oberflächenrissprüfungen, an hochbeanspruchten Schweißnähten durchzuführen.

6.16.4

Bei Straßenfahrzeugbehältern für flüssige, körnige oder staubförmige Güter nach Nummer 5.9 Tabelle 3 und 4 müssen nach zwei Jahren äußere Prüfungen von einer zugelassenen Überwachungsstelle durchgeführt werden, sofern bei einem Inhalt V ≤ 1 Liter der maximal zulässige Druck PS > 1 000 Bar beträgt oder bei einem Inhalt von V > 1 Liter der maximale Druck PS > 1 und das Druckinhaltsprodukt PS · V > 1 000 Bar · Liter betragen.

6.17

Druckbehälter für nicht korrodierend wirkende Gase oder Gasgemische

6.17.1

An nicht erdgedeckten Druckbehältern nach Nummer 5.9 Tabelle 3 und 4 sind, sofern bei einem Inhalt V ≤ 1 Liter der maximale zulässige Druck PS > 1 000 Bar beträgt oder bei einem Inhalt von V > 1 Liter der maximale Druck PS > 1 Bar und das Druckinhaltsprodukt PS · V > 1 000 Bar · Liter betragen, für Gase oder Gasgemische, die auf die Behälterwandungen keine korrodierende Wirkung haben, die inneren

Prüfungen von einer zugelassenen Überwachungsstelle spätestens nach zehn Jahren durchzuführen.

6.17.2   Besteht die drucktragende Wandung von nicht erdgedeckten Druckbehältern für Gase oder Gasgemischen, die auf die Behälterwandung keine korrodierende Wirkung haben, weder ganz noch teilweise aus hochfesten Feinkornbaustählen, können die wiederkehrenden Festigkeitsprüfungen entfallen, wenn

a)
    die Prüfung vor der erstmaligen Inbetriebnahme oder nach einer prüfpflichtigen Änderung höchstens zehn Jahre zurückliegt oder

b)
    bei der zuletzt durchgeführten inneren Prüfung keine Mängel festgestellt worden sind.

6.17.3   An nicht erdgedeckten Druckbehältern für Gase oder Gasgemische, die auf die Behälterwandung keine korrodierende Wirkung haben, kann bei der wiederkehrenden Prüfung auf die Besichtigung der inneren Wandung verzichtet werden, wenn die Behälter

a)
    ausschließlich der Lagerung von Propan, Butan oder deren Gemischen mit einem genormten Reinheitsgrad dienen,

b)
    keine Einbauten, zum Beispiel Heizungen oder Versteifungsringe, haben und

c)
    höchstens 3 Tonnen Fassungsvermögen haben.

6.17.4   Erdgedeckte Druckbehälter nach Nummer 5.9 Tabelle 3 und 4
(1) Erdgedeckte Druckbehälter nach Nummer 5.9 Tabelle 3 und 4 sind den Druckbehältern nach Nummer 6.17.1 gleichgestellt, sofern

a)
    diese mit Gasen oder Gasgemischen befüllt sind, die auf die Behälterwandungen keine korrodierende Wirkung haben und

b)
    bei einem Inhalt von
    aa)
        $V \leq 1$ Liter der maximale zulässige Druck PS > 1 000 Bar beträgt oder
    bb)
        $V > 1$ Liter der maximale Druck PS > 1 Bar und das Druckinhaltsprodukt PS $\cdot$ V > 1 000 Bar $\cdot$ Liter betragen,

c)
    diese Druckbehälter durch besondere Schutzmaßnahmen gegen Beschädigungen durch chemische und mechanische Einwirkungen geschützt sind.
(2) Zu den besonderen Schutzmaßnahmen nach Absatz 1 gehört insbesondere die Ausrüstung mit

a)
    Bitumenumhüllungen und zusätzlichem kathodischem Korrosionsschutz,

b)
    zusätzlichem Außenbehälter aus Stahl und einer Lecküberwachung des Zwischenraums oder

c)
    einer Außenbeschichtung mit geeigneten Beschichtungsstoffen, die den Beanspruchungen bei bestimmungsgemäßer Verwendung standhalten.

81

(3) Die besonderen Schutzmaßnahmen nach Absatz 2 sind in die Prüfung vor der erstmaligen Inbetriebnahme oder nach einer prüfpflichtigen Änderung einzubeziehen. Eignung und Funktion von kathodischem Korrosionsschutz sind spätestens nach einem Jahr von einer zur Prüfung befähigten Person prüfen zu lassen.
(4) Die Funktion der Einrichtungen für kathodischen Korrosionsschutz und die Lecküberwachung sind wiederkehrend alle zwei Jahre von einer zur Prüfung befähigten Person prüfen zu lassen. Kathodische Korrosionsschutzanlagen mit Fremdstrom sind alle vier Jahre von einer zugelassenen Überwachungsstelle prüfen zu lassen.

6.17.5

Bei elektrisch beheizten Druckbehältern nach Nummer 5.9 Tabelle 4 für Kohlensäure können die äußeren Prüfungen unabhängig von Druck und Volumen von einer zur Prüfung befähigten Person durchgeführt werden.

6.17.6

Die Prüfung von Druckbehältern zum Verdampfen von nichtkorrodierend wirkenden Gasen oder Gasgemischen, die ausschließlich aus Rohranordnungen bestehen, darf vor der erstmaligen Inbetriebnahme oder nach einer prüfpflichtigen Änderung unabhängig von ihrem maximal zulässigen Druck und ihrem Volumen von einer zur Prüfung befähigten Person durchgeführt werden. Wiederkehrende innere Prüfungen und Festigkeitsprüfungen müssen nur durchgeführt werden, wenn die Druckbehälter für Instandsetzungsarbeiten außer Betrieb genommen werden. Die Prüfung nach Satz 2 darf von einer zur Prüfung befähigten Person durchgeführt werden.

6.17.7

Die Aufstellung von Behältern, die in Serie gefertigt wurden und die nach Nummer 5.9 Tabelle 3 und 4 in die Prüfzuständigkeit einer zugelassenen Überwachungsstelle fallen, kann von einer zur Prüfung befähigten Person geprüft werden, wenn der Behälter mit Ausrüstung als Baugruppe im Sinne der Richtlinie 2014/68/EU in Verkehr gebracht wurde und die Ausrüstung im Sinne des Artikels 2 Nummer 4 und 5 der Richtlinie 2014/68/EU in der Baugruppe enthalten ist.

6.18

Druckbehälter und daran angeschlossene Rohrleitungen für Gase oder Gasgemische mit Betriebstemperaturen von weniger als −10 Grad Celsius
Bei Druckbehältern und daran angeschlossenen Rohrleitungen für Gase oder Gasgemische, deren Betriebstemperaturen dauernd unter −10 Grad Celsius gehalten werden, müssen die wiederkehrenden inneren Prüfungen und Festigkeitsprüfungen nur durchgeführt werden, wenn die Druckbehälter und Rohrleitungen für Instandsetzungsarbeiten außer Betrieb genommen werden. Diese Prüfungen müssen von zugelassenen Überwachungsstellen durchgeführt werden, auch wenn der zulässige maximale Druck weniger als 1 Bar beträgt.

6.19

Druckbehälter und daran angeschlossene Rohrleitungen für Gase oder Gasgemische in flüssigem Zustand

6.19.1

Bei Druckbehältern und daran angeschlossene Rohrleitungen für entzündbare Gase und Gasgemische in flüssigem Zustand, die auf die Wandungen der Behälter und Rohrleitungen

a)

korrodierende Wirkung haben, müssen alle zwei Jahre äußere Prüfungen von einer zugelassenen Überwachungsstelle durchgeführt werden,

b)

keine korrodierende Wirkung haben, müssen alle zwei Jahre äußere Prüfungen von einer zur Prüfung befähigten Person durchgeführt werden.

6.19.2

Bei beheizten Druckbehältern zum Lagern entzündbarer Gase oder Gasgemische in flüssigem Zustand müssen alle zwei Jahre äußere Prüfungen von einer zugelassenen Überwachungsstelle durchgeführt werden.

6.19.3

Bei Druckbehältern für Gase oder Gasgemische in flüssigem Zustand, die zur Durchführung wiederkehrender Prüfungen von ihrem Aufstellungsort entfernt und nach Durchführung dieser Prüfungen an einem anderen Ort wieder aufgestellt werden, kann die erneute Prüfung vor Inbetriebnahme entfallen,

a)

sofern die Anschlüsse und die Ausrüstungsteile des Druckbehälters nicht geändert worden sind und

b)

am neuen Aufstellungsort bereits eine Prüfung der dort vorhandenen Anlagenteile vor Inbetriebnahme eines gleichartigen Druckbehälters durchgeführt worden ist.

6.19.4

Die Prüfungen nach den Nummern 6.19.1 und 6.19.2 gelten abweichend von § 16 Absatz 3 als fristgerecht durchgeführt, wenn sie bis zum Ende des Jahres ihrer Fälligkeit durchgeführt werden.

6.20

Rotierende dampfbeheizte Zylinder

An rotierenden dampfbeheizten Zylindern müssen wiederkehrende Festigkeitsprüfungen nur durchgeführt werden, wenn die Zylinder aus dem Maschinengestell ausgebaut werden und die Wandstärken entsprechend sicher dimensioniert sind. Im Übrigen gilt Nummer 5.8.

6.21

Steinhärtekessel

6.21.1

An Steinhärtekesseln nach Nummer 5.9 Tabelle 4 müssen die wiederkehrenden inneren Prüfungen alle zwei Jahre durchgeführt werden.

6.21.2

An instandgesetzten Steinhärtekesseln mit eingesetzten Flicken müssen die Reparaturbereiche jährlich einer Oberflächenrissprüfung durch eine zugelassene Überwachungsstelle unterzogen werden.

6.21.3

In Bereichen von Flicken mit einer Länge von über 400 Millimetern in Längsrichtung muss die erste Oberflächenrissprüfung nach Nummer 6.21.2 ein halbes Jahr nach der Reparatur durchgeführt werden.

6.21.4

Auf die Prüfungen nach Nummer 6.21.2 kann verzichtet werden, wenn bei fünf aufeinanderfolgenden Prüfungen der Reparaturbereiche keine Mängel festgestellt wurden.

6.22

Druckbehälter und Rohrleitungen aus Glas

6.22.1

Bei Druckbehältern und Rohrleitungen aus Glas, ausgenommen Versuchsautoklaven nach Nummer 6.24, können die wiederkehrenden Prüfungen nach Nummer 5 entfallen. Falls die Behälter oder die Rohrleitungen durch abtragende Medien beansprucht werden, müssen in Zeitabständen, die entsprechend den Betriebsbeanspruchungen festzulegen sind, die Wanddicken von einer zur Prüfung befähigten Person gemessen werden.

6.22.2

An Anlagen mit Druckbehältern und Rohrleitungen aus Glas muss vor der erstmaligen Inbetriebnahme oder nach einer prüfpflichtigen Änderung zusätzlich eine Dichtheitsprüfung von einer zur Prüfung befähigten Person durchgeführt werden.

6.23

Druckbehälter in Wärmeübertragungsanlagen

6.23.1

Bei Druckbehältern in Wärmeübertragungsanlagen, in denen Wärmeträgeröle erhitzt werden oder in denen diese Wärmeträgeröle oder ihre Dämpfe zur Wärmeabgabe verwendet werden, müssen folgende Prüfungen von einer zugelassenen Überwachungsstelle durchgeführt werden:

a)

eine Prüfung vor der erstmaligen Inbetriebnahme oder nach einer prüfpflichtigen Änderung, wenn das Produkt aus dem maximal zulässigen Druck PS und dem maßgeblichen Volumen V mehr als 100 Bar · Liter beträgt, und

b)

wiederkehrende Prüfungen, wenn das Produkt aus dem maximal zulässigen Druck PS und dem maßgeblichen Volumen V mehr als 500 Bar · Liter beträgt. Im Übrigen gilt Nummer 5.8.

6.23.2

Wärmeübertragungsanlagen mit Behältern nach Nummer 6.23.1 und Teile dieser Anlagen dürfen vor der erstmaligen Inbetriebnahme sowie nach einer Instandsetzung oder einer prüfpflichtigen Änderung nur in Betrieb genommen werden, nachdem sie von einer zur Prüfung befähigten Person auf Dichtheit geprüft worden sind.

6.23.3

Wärmeübertragungsanlagen mit Behältern nach Nummer 6.23.1 dürfen nur betrieben werden, wenn der Wärmeträger mindestens einmal jährlich von einer zur Prüfung befähigten Person auf weitere Verwendbarkeit geprüft worden ist.

6.24

Versuchsautoklaven

6.24.1

An Versuchsautoklaven müssen wiederkehrend innere Prüfungen und Festigkeitsprüfungen von einer zugelassenen Überwachungsstelle durchgeführt werden, wenn das Produkt aus dem maximal zulässigen Druck PS und dem maßgeblichen Volumen V mehr als 100 Bar · Liter beträgt. Im Übrigen gilt Nummer 5.8.

6.24.2

Versuchsautoklaven müssen nach jeder Verwendung von einer zur Prüfung befähigten Person geprüft werden.

6.25

Heizplatten in Wellpappenerzeugungsanlagen

An Heizplatten in Wellpappenerzeugungsanlagen brauchen wiederkehrende Festigkeitsprüfungen nur durchgeführt zu werden, wenn die Heizplatten aus dem Maschinengestell ausgebaut werden. Innere Prüfungen können entfallen.

6.26

Wassererwärmungsanlagen für Trink- oder Brauchwasser

Bei Druckbehältern, die der Beheizung von geschlossenen Wasserräumen in Wassererwärmungsanlagen mit einer zulässigen maximalen Temperatur des Heizmittels von höchstens 110 Grad Celsius dienen, können die Prüfung vor der erstmaligen Inbetriebnahme oder nach einer prüfpflichtigen Änderung und die wiederkehrenden Prüfungen von einer zur Prüfung befähigten Person vorgenommen werden. Wiederkehrende Prüfungen sind jährlich durchzuführen, wenn Wärmeträgermedien Stoffe oder Gemische enthalten, die nach Artikel 3 der Verordnung (EG) Nr. 1272/2008 in ihrer jeweiligen Fassung gefährlich sind. Im Übrigen gelten die Nummern 5.6 und 5.9.

6.27

Pneumatische Weinpressen (Membranpressen, Schlauchpressen)

6.27.1

An Druckbehältern zum Pressen von Weintrauben können die wiederkehrenden Prüfungen nach Nummer 5 entfallen, sofern sie jährlich mindestens einmal von einer zur Prüfung befähigten Person auf sichtbare Schäden geprüft worden sind. Werden jedoch an druckbeanspruchten Teilen Schäden festgestellt oder

84

Instandsetzungsarbeiten vorgenommen, müssen innere Prüfungen und Festigkeitsprüfungen durchgeführt werden. Bei Druckbehältern, die nach Nummer 5.9 Tabelle 4 zuzuordnen sind und deren Volumen V ≤ 1 Liter bei einem maximalen Druck PS > 1 000 Bar beträgt oder deren Volumen V > 1 Liter bei einem Druck PS > 0,5 Bar und das Druckinhaltsprodukt PS · V > 200 Bar · Liter betragen, ist die Prüfung nach Satz 2 von einer zugelassenen Überwachungsstelle durchzuführen.

6.27.2

Ausrüstungsteile von Druckbehältern nach Nummer 6.27.1 müssen wiederkehrend alle fünf Jahre geprüft werden, und zwar

a)

bei Druckbehältern nach Nummer 5.9 Tabelle 4, sofern bei einem Inhalt V ≤ 1 Liter der maximale zulässige Druck PS > 1 000 Bar beträgt oder bei einem Inhalt von V > 1 Liter der maximale Druck PS > 1 Bar und das Druckinhaltsprodukt PS · V > 1 000 Bar · Liter betragen, von einer zugelassenen Überwachungsstelle,

b)

im Übrigen von einer zur Prüfung befähigten Person.

6.28

Plattenwärmetauscher

Bei Plattenwärmetauschern, die aus lösbar verbundenen Platten bestehen, können die Prüfungen vor der erstmaligen Inbetriebnahme oder nach einer prüfpflichtigen Änderung und die wiederkehrenden Prüfungen entfallen.

6.29

Lagerbehälter für Lebensmittel

6.29.1

Bei Druckbehältern nach Nummer 5.9 Tabelle 4, die der Lagerung von Lebensmitteln dienen, können die wiederkehrenden Prüfungen nach Nummer 5.5 entfallen, sofern die Druckbehälter jährlich mindestens einmal von einer zur Prüfung befähigten Person auf sichtbare Schäden geprüft worden sind.

6.29.2

Ausrüstungsteile von Druckbehältern nach Nummer 6.29.1, die unter Druck gefüllt, entleert oder sterilisiert werden, müssen vor der erstmaligen Inbetriebnahme, nach einer prüfpflichtigen Änderung und wiederkehrend alle fünf Jahre geprüft werden. Die Prüfungen sind von zugelassenen Überwachungsstellen durchzuführen, wenn der zulässige Betriebsdruck mehr als 1 Bar beträgt.

6.30

Verwendungsfertige Druckanlagen und Druckgeräte in verwendungsfertigen Maschinen

6.30.1

Verwendungsfertige Druckanlagen

Bei verwendungsfertig, serienmäßig hergestellten Druckanlagen mit Druckgeräten im Sinne der Richtlinie 2014/68/EU oder mit einfachen Druckbehältern im Sinne der Richtlinie 2014/29/EU kann eine Prüfung vor Inbetriebnahme ohne Bezug auf einen Aufstellplatz an einem Muster durch eine zugelassene Überwachungsstelle durchgeführt werden, sofern für Geräte oder Behälter das Produkt aus maximal zulässigem Druck PS und maßgeblichem Volumen V höchstens 1 000 Bar · Liter beträgt. Die Prüfung vor Inbetriebnahme hinsichtlich der Aufstellungsbedingungen darf von einer zur Prüfung befähigten Person durchgeführt werden.

6.30.2

Druckgeräte in verwendungsfertigen Maschinen

Bei verwendungsfertig hergestellten Maschinen mit eingebauten Druckgeräten im Sinne von Nummer 2.1 Satz 2 Buchstabe a und b oder einfachen Druckbehältern im Sinne von Nummer 2.1 Satz 2 Buchstabe c beschränkt sich die Prüfung vor der erstmaligen Inbetriebnahme darauf zu prüfen, ob die für die Prüfung benötigten technischen Unterlagen vorhanden sind und ihr Inhalt plausibel ist. Satz 1 gilt jedoch nur, wenn die Konformitätsbescheinigung die zutreffende Auswahl der Druckgeräte für die vorgesehene Betriebsweise sowie die sichere Montage und Installation in der Maschine abdeckt und nachweislich die Sicherheit der Druckgeräte nicht von den Aufstellungsbedingungen der Maschine abhängt.

6.31

Anlagen, die bestimmungsgemäß für den ortsveränderlichen Einsatz verwendet werden

Bei Druckbehälteranlagen im Sinne von Nummer 2.1 Satz 1 Buchstabe b, die an wechselnden Aufstellungsorten verwendet werden, ist nach dem Wechsel des Aufstellungsortes eine erneute Prüfung vor Inbetriebnahme nicht erforderlich, wenn

a)

eine Bescheinigung über eine andernorts durchgeführte Prüfung vor Inbetriebnahme vorliegt,

b)

sich keine neue Betriebsweise ergeben hat und die Anschlussverhältnisse sowie die Ausrüstung unverändert bleiben und

c)

an die Aufstellung keine besonderen Anforderungen zu stellen sind.

Bei besonderen Anforderungen an die Aufstellung genügt es, wenn die sichere Aufstellung am Betriebsort von einer zur Prüfung befähigten Person geprüft wird und hierüber eine Bescheinigung vorliegt.

6.32

Ortsfeste Füllanlagen für Gase

Die Prüfungen nach Nummer 4.1 für Füllanlagen nach Nummer 2.1 Satz 1 Buchstabe c Doppelbuchstabe bb und cc einschließlich der Anlagenteile sind von einer zugelassenen Überwachungsstelle durchzuführen. Bei Füllanlagen nach Nummer 2.1 Satz 1 Buchstabe c Doppelbuchstabe cc sind die wiederkehrenden Prüfungen mindestens alle fünf Jahre von einer zugelassenen Überwachungsstelle durchzuführen.

6.33

Druckbehälter mit Schnellverschlüssen

An Schnellverschlüssen von Druckbehältern müssen zusätzlich mindestens alle zwei Jahre wiederkehrende äußere Prüfungen nach den Prüfzuständigkeiten in Nummer 5.9 Tabelle 3 und 4 durchgeführt werden, sofern bei einem Inhalt V ≤ 1 Liter der maximal zulässige Druck PS > 1 000 Bar beträgt oder bei einem Inhalt von V > 1 Liter der maximale Druck PS > 0,5 Bar und das Druckinhaltsprodukt PS · V > 1 000 Bar · Liter betragen.

6.34

Ortsbewegliche Druckgeräte nach Anhang 2 Abschnitt 4 Nummer 2.1 Satz 2 Buchstabe b

Bei ortsbeweglichen Druckgeräten im Sinne der Richtlinie 2010/35/EU, die befüllt und an einem anderen Ort entleert werden, darf von Prüfungen nach Abschnitt 4 Nummer 4 und 5 abgesehen werden, wenn die ortsbeweglichen Druckgeräte den Anforderungen der Richtlinie 2010/35/EU für Prüfung und Verwendung entsprechen.

6.35

Druckbehälter mit Einbauten

Bei Druckbehältern mit Einbauten, bei denen mit Schädigungen der drucktragenden Wandung, wie Korrosion, nicht zu rechnen ist und bei denen die innere Prüfung aller Wandungsteile nicht oder nur mit unverhältnismäßigem Aufwand möglich ist, kann die Prüffrist für die inneren Prüfungen auf bis zu zehn Jahre erweitert werden, sofern bei der ersten wiederkehrenden inneren Prüfung keine Mängel festgestellt worden sind.

(Fundstelle: BGBl. I 2015, 87 - 90)

Abschnitt 1
Krane

1.

Anwendungsbereich und Ziel

1.1

Dieser Abschnitt gilt für Prüfungen folgender Krane (Hebezeuge):
Laufkatzen, Ausleger-, Dreh-, Derrick-, Brücken-, Wandlauf-, Portal-, Schwenkarm-, Turmdreh-, Fahrzeug-, Lkw-, Lade-, Lkw-Anbau-, Schwimm-, Offshore- und Kabelkrane. Für Lkw-Ladekrane, deren Lastmoment mehr als 300 Kilonewtonmeter oder deren Auslegerlänge mehr als 15 Meter beträgt, gelten die Prüfvorschriften, wie sie in diesem Abschnitt für Fahrzeugkrane festgelegt sind.

1.2

Die Prüfungen sind mit dem Ziel durchzuführen, den Schutz der Beschäftigten vor Gefährdungen durch die genannten Krane sicherzustellen.

2.

Prüfsachverständige

Prüfsachverständige im Sinne dieses Abschnitts sind zur Prüfung befähigte Personen nach § 2 Absatz 6, die zusätzlich

a)

eine abgeschlossene Ausbildung als Ingenieur haben oder vergleichbare Kenntnisse und Erfahrungen in der Fachrichtung aufweisen, auf die sich ihre Tätigkeit bezieht,

b)

mindestens drei Jahre Erfahrung in der Konstruktion, dem Bau, der Instandhaltung oder der Prüfung von Kranen haben und davon mindestens ein halbes Jahr an der Prüftätigkeit eines Prüfsachverständigen beteiligt waren,

c)

ausreichende Kenntnisse über die einschlägigen Vorschriften und Regeln besitzen,

d)

über die für die Prüfung erforderlichen Einrichtungen und Unterlagen verfügen und

e)

ihre fachlichen Kenntnisse auf aktuellem Stand halten.

3.

Prüffristen, Prüfzuständigkeiten und Prüfaufzeichnungen

3.1

Für kraftbetriebene Krane gelten die in Tabelle 1 festgelegten Prüffristen und Prüfzuständigkeiten.

3.2

Für handbetriebene oder teilkraftbetriebene Krane gelten die in Tabelle 2 festgelegten Prüffristen und Prüfzuständigkeiten.

3.3

Abweichend von § 14 Absatz 7 Satz 1 sind Aufzeichnungen über die gesamte Verwendungsdauer des Arbeitsmittels aufzubewahren.

3.4

Die in den Tabellen 1 und 2 genannten Krane sind nach außergewöhnlichen Ereignissen durch eine zur Prüfung befähigte Person nach § 2 Absatz 6 und nach Änderungen durch einen Prüfsachverständigen zu prüfen. § 14 Absatz 3 Satz 1 findet insoweit keine Anwendung. § 14 Absatz 2 bleibt unberührt.

Tabelle 1
Prüffristen und Prüfzuständigkeiten für bestimmte Krane

Kran	Prüfung nach der Montage, Installation und vor der ersten Inbetriebnahme	Wiederkehrende Prüfung
Laufkatzen	Prüfsachverständiger	mindestens jährlich durch eine zur Prüfung befähigte Person nach § 2 Absatz 6
Ausleger- und Drehkrane	Prüfsachverständiger	mindestens jährlich durch eine zur Prüfung befähigte Person nach § 2 Absatz 6
Derrickkrane	Prüfung entfällt wegen § 14 Absatz 1 Satz 3	mindestens jährlich durch eine zur Prüfung befähigte Person nach § 2 Absatz 6 und mindestens alle 4 Betriebsjahre durch einen Prüfsachverständigen
Brückenkrane, Wandlaufkrane	Prüfsachverständiger	mindestens jährlich durch eine zur Prüfung befähigte Person nach § 2 Absatz 6
Portalkrane	Prüfsachverständiger	mindestens jährlich durch eine zur Prüfung befähigte Person nach § 2 Absatz 6
Schwenkarmkrane	Prüfsachverständiger	mindestens jährlich durch eine zur Prüfung befähigte Person nach § 2 Absatz 6
Turmdrehkrane	zur Prüfung befähigte Person nach § 2 Absatz 6	mindestens jährlich durch eine zur Prüfung befähigte Person nach § 2 Absatz 6 und mindestens alle 4 Betriebsjahre, im 14. und 16. Betriebsjahr und danach mindestens jährlich durch einen Prüfsachverständigen
fahrbare Turmdrehkrane (Auto-Turmdrehkrane) mit luftbereiftem und angetriebenem Unterwagen; die Fahrbewegungen werden von einer Fahrerkabine im Unterwagen und die Kranbewegungen von einer Krankabine aus gesteuert, die im oder am Turm angeordnet	Prüfung entfällt wegen § 14 Absatz 1 Satz 3	mindestens halbjährlich durch eine zur Prüfung befähigte Person nach § 2 Absatz 6 und mindestens alle 4 Betriebsjahre, im 14. und 16. Betriebsjahr und danach mindestens jährlich durch einen Prüfsachverständigen

Kran	Prüfung nach der Montage, Installation und vor der ersten Inbetriebnahme	Wiederkehrende Prüfung
ist		
Fahrzeugkrane	Prüfung entfällt wegen § 14 Absatz 1 Satz 3	mindestens jährlich durch eine zur Prüfung befähigte Person nach § 2 Absatz 6 und mindestens alle 4 Betriebsjahre, im 13. Betriebsjahr und danach mindestens jährlich durch einen Prüfsachverständigen
Lkw-Ladekrane a) grundsätzlich	Prüfung entfällt wegen § 14 Absatz 1 Satz 3	mindestens jährlich durch eine zur Prüfung befähigte Person nach § 2 Absatz 6
b) mit mehr als 300 kNm Lastmoment oder mit mehr als 15 m Auslegerlänge	Prüfung entfällt wegen § 14 Absatz 1 Satz 3	mindestens jährlich durch eine zur Prüfung befähigte Person nach § 2 Absatz 6 und mindestens alle 4 Betriebsjahre, im 13. Betriebsjahr und danach mindestens jährlich durch einen Prüfsachverständigen
Lkw-Anbaukrane	Prüfung entfällt wegen § 14 Absatz 1 Satz 3	mindestens jährlich durch eine zur Prüfung befähigte Person nach § 2 Absatz 6 und mindestens alle 4 Betriebsjahre durch einen Prüfsachverständigen
Schwimm- und Offshorekrane	Prüfsachverständiger, falls Einbau oder Aufbau vor Ort erfolgen	mindestens jährlich durch eine zur Prüfung befähigte Person nach § 2 Absatz 6
Kabelkrane	Prüfung entfällt wegen § 14 Absatz 1 Satz 3	mindestens jährlich durch eine zur Prüfung befähigte Person nach § 2 Absatz 6

Tabelle 2
Prüffristen und Prüfzuständigkeiten
für handbetriebene oder teilkraftbetriebene Krane

Kran	Prüfung nach Montage, Installation und vor der ersten Inbetriebnahme	Wiederkehrende Prüfung
handbetriebene oder teilkraftbetriebene Krane > 1 t Tragfähigkeit	Prüfsachverständiger	mindestens jährlich durch eine zur Prüfung befähigte Person nach § 2 Absatz 6
handbetriebene oder teilkraftbetriebene Krane ≤ 1 t Tragfähigkeit	zur Prüfung befähigte Person nach § 2 Absatz 6	mindestens jährlich durch eine zur Prüfung befähigte Person nach § 2 Absatz 6

89

Abschnitt 2
Flüssiggasanlagen

1.

Anwendungsbereich und Ziel

1.1

Dieser Abschnitt gilt für Prüfungen von Flüssiggasanlagen mit brennbaren Gasen, soweit sie in Tabelle 1 aufgeführt sind. Er gilt nicht, soweit die entsprechenden Prüfungen nach Anhang 2 dieser Verordnung durchzuführen sind.

1.2

Die Prüfungen sind mit dem Ziel durchzuführen, den Schutz der Beschäftigten vor Gefährdungen durch Flüssiggasanlagen nach Tabelle 1 sicherzustellen. Die Anlagen sind zu prüfen auf:
a)
    sichere Installation und Aufstellung sowie
b)
    Dichtheit und sichere Funktion.

2.

Begriffsbestimmungen

2.1

Flüssiggasanlagen nach Tabelle 1 bestehen aus Versorgungsanlagen und zugehörigen Verbrauchsanlagen.

2.2

Versorgungsanlagen bestehen aus Druckgasbehältern und allen Teilen, die der Versorgung der Verbrauchsanlagen dienen, einschließlich der Hauptabsperreinrichtung.

2.3

Verbrauchsanlagen umfassen die Gasverbrauchseinrichtungen einschließlich der Leitungsanlage und der Ausrüstungsteile hinter der Hauptabsperreinrichtung.

2.4

Gasverbrauchseinrichtungen sind Gasgeräte mit und ohne Abgasführung.

2.5

Hauptabsperreinrichtung ist die Absperreinrichtung, mit der die gesamte Verbrauchsanlage von der Versorgungsanlage abgesperrt werden kann. Dies kann auch das Behälterabsperrventil sein.

2.6

Ortsveränderliche Flüssiggasanlagen sind Anlagen, bei denen die Versorgungsanlagen oder Verbrauchsanlagen an unterschiedlichen Aufstellungsorten verwendet werden können.

3.

Zur Prüfung befähigte Personen
Zur Prüfung befähigte Personen im Sinne dieses Abschnitts sind solche nach § 2 Absatz 6.

4.

Prüfungen und Prüfaufzeichnungen

4.1

Die in Tabelle 1 genannten Flüssiggasanlagen sind vor ihrer erstmaligen Inbetriebnahme, vor Wiederinbetriebnahme nach prüfpflichtigen Änderungen und nach den in Spalte 2 genannten Höchstfristen wiederkehrend von einer zur Prüfung befähigten Personen zu prüfen. § 14 Absatz 2 und 3 bleibt unberührt.

Tabelle 1
Prüffristen für die wiederkehrende Prüfung

Flüssiggasanlage	Wiederkehrende Prüfung
ortsveränderliche Flüssiggasanlage	mindestens alle 2 Jahre
ortsfeste Flüssiggasanlage	mindestens alle 4 Jahre
Flüssiggasanlage mit Gasverbrauchseinrichtungen in Räumen unter Erdgleiche	mindestens jährlich
flüssiggasbetriebene Räucheranlage	mindestens jährlich
Flüssiggasanlagen in oder an Fahrzeugen	mindestens alle 2 Jahre
Flüssiggasanlage auf Maschinen und Geräten des Bauwesens	mindestens jährlich
Arbeitsgeräte und -maschinen mit Gasentnahme aus der Flüssigphase	mindestens jährlich
Fahrzeuge mit Flüssiggas-Verbrennungsmotoren, die nicht Regelungsgegenstand der Straßenverkehrs-Zulassungs-Ordnung sind	mindestens jährlich

4.2

Abweichend von § 14 Absatz 7 Satz 1 sind Aufzeichnungen über die gesamte Verwendungsdauer des Arbeitsmittels aufzubewahren.

Abschnitt 3
Maschinentechnische Arbeitsmittel der Veranstaltungstechnik

1.

Anwendungsbereich und Ziel

1.1

Die in diesem Abschnitt genannten Anforderungen gelten für maschinentechnische Arbeitsmittel der Veranstaltungstechnik, die zum szenischen Bewegen und Halten von Personen und Lasten verwendet werden. Maschinentechnische Arbeitsmittel der Veranstaltungstechnik sind insbesondere Beleuchtungs- und Oberlichtzüge, Beleuchtungs- und Portalbrücken, Bildwände, Bühnenwagen, Dekorations- und Prospektzüge, Drehbühnen und Drehscheiben, Elektrokettenzüge, Flugwerke, Kamerakrane und Kamerasupportsysteme, kraftbewegte Dekorationselemente, Leuchtenhänger, Punktzüge, Schutzvorhänge, Stative und Versenkeinrichtungen.

1.2

Die Prüfungen sind mit dem Ziel durchzuführen, den Schutz der Beschäftigten vor Gefährdungen durch die genannten Arbeitsmittel der Veranstaltungstechnik sicherzustellen.

2.

Prüfsachverständige

Prüfsachverständige im Sinne dieses Abschnitts sind zur Prüfung befähigte Personen nach § 2 Absatz 6, die zusätzlich

a)

eine abgeschlossene Ausbildung als Ingenieur haben oder vergleichbare Kenntnisse und Erfahrungen in der Fachrichtung aufweisen, auf die sich ihre Tätigkeit bezieht,

b)

über mindestens drei Jahre Erfahrung in der Konstruktion, dem Bau der Instandhaltung oder der Prüfung von sicherheitstechnischen und maschinentechnischen Einrichtungen von Veranstaltungs- und Produktionsstätten für szenische Darstellung haben, davon mindestens ein halbes Jahr an der Prüftätigkeit eines Prüfsachverständigen,

91

c)

ausreichende Kenntnisse über die einschlägigen Vorschriften und Regeln besitzen,

d)

mit der Betriebsweise der Veranstaltungs- und Produktionstechnik vertraut sind,

e)

über die für die Prüfung erforderlichen Einrichtungen und Unterlagen verfügen und

f)

ihre fachlichen Kenntnisse auf aktuellem Stand halten.

3.

Prüfzuständigkeiten, Prüffristen und Prüfaufzeichnungen

3.1

Für die unter Nummer 1 genannten Arbeitsmittel gelten die in der nachfolgenden Tabelle festgelegten Prüffristen und Prüfzuständigkeiten.

3.2

Die in Tabelle 1 genannten maschinentechnischen Arbeitsmittel der Veranstaltungstechnik sind nach außergewöhnlichen Ereignissen und nach Änderungen von einem Prüfsachverständigen zu prüfen. § 14 Absatz 3 Satz 1 findet insoweit keine Anwendung. § 14 Absatz 2 bleibt unberührt.

Tabelle 1
Prüfzuständigkeiten und Prüffristen

maschinentechnisches Arbeitsmittel der Veranstaltungstechnik	Prüfung nach Montage, Installation und vor der ersten Inbetriebnahme	Wiederkehrende Prüfung
Arbeitsmittel (einschließlich Eigenbauten), die unter den Anwendungsbereich der Maschinenverordnung (Neunte Verordnung zum Produktsicherheitsgesetz) fallen, soweit es sich handelt um		mindestens jährlich durch eine zur Prüfung befähigte Person nach § 2 Absatz 6 und mindestens alle 4 Jahre durch einen Prüfsachverständigen
a) stationäre Arbeitsmittel	Prüfsachverständiger	
b) mobile Arbeitsmittel	zur Prüfung befähigte Person nach § 2 Absatz 6	
c) mobile Arbeitsmittel, mit denen Personen bewegt oder Lasten über Personen bewegt werden	Prüfsachverständiger	
d) mobile Arbeitsmittel, mit denen software-basierte automatisierte Bewegungsabläufe erfolgen	Prüfsachverständiger	
Arbeitsmittel (einschließlich Eigenbauten), die nicht unter den Anwendungsbereich der Maschinenverordnung (Neunte Verordnung zum Produktsicherheitsgesetz) fallen	Prüfsachverständiger	

3.3

Abweichend von § 14 Absatz 7 Satz 1 sind Aufzeichnungen über die gesamte Verwendungsdauer des Arbeitsmittels aufzubewahren.

Verordnung zum Schutz vor
Gefahrstoffen (Gefahrstoffverordnung - GefStoffV)

GefStoffV

Ausfertigungsdatum: 26.11.2010

"Gefahrstoffverordnung vom 26. November 2010 (BGBl. I S. 1643, 1644), die zuletzt durch Artikel 148 des Gesetzes vom 29. März 2017 (BGBl. I S. 626) geändert worden ist". Zuletzt geändert durch Art. 148 G v. 29.3.2017 I 626

*)

Artikel 1 dieser Verordnung dient der Umsetzung folgender Richtlinien:

- Richtlinie 98/24/EG des Rates vom 7. April 1998 zum Schutz von Gesundheit und Sicherheit der Arbeitnehmer vor der Gefährdung durch chemische Arbeitsstoffe bei der Arbeit (ABl. L 131 vom 5.5.1998, S. 11), die durch die Richtlinie 2007/30/EG (ABl. L 165 vom 27.6.2007, S. 21) geändert worden ist,

- Richtlinie 2000/39/EG der Kommission vom 8. Juni 2000 zur Festlegung einer ersten Liste von Arbeitsplatz-Richtgrenzwerten in Durchführung der Richtlinie 98/24/EG des Rates zum Schutz von Gesundheit und Sicherheit der Arbeitnehmer vor der Gefährdung durch chemische Arbeitsstoffe bei der Arbeit (ABl. L 142 vom 16.6.2000, S. 47), die zuletzt durch die Richtlinie 2009/161/EU (ABl. L 338 vom 19.12.2009, S. 87) geändert worden ist,

- Richtlinie 2006/15/EG der Kommission vom 7. Februar 2006 zur Festlegung einer zweiten Liste von Arbeitsplatz-Richtgrenzwerten in Durchführung der Richtlinie 98/24/EG des Rates und zur Änderung der Richtlinien 91/322/EWG und 2000/39/EG (ABl. L 38 vom 9.2.2006, S. 36),

- Richtlinie 2009/161/EU der Kommission vom 17. Dezember 2009 zur Festlegung einer dritten Liste von Arbeitsplatz-Richtgrenzwerten in Durchführung der Richtlinie 98/24/EG des Rates und zur Änderung der Richtlinie 2000/39/EG (ABl. L 338 vom 19.12.2009, S. 87),

- Richtlinie 2004/37/EG des Europäischen Parlaments und des Rates vom 29. April 2004 über den Schutz der Arbeitnehmer gegen Gefährdung durch Karzinogene oder Mutagene bei der Arbeit (ABl. L 158 vom 30.4.2004, S. 50, L 229 vom 29.6.2004, S. 23, L 204 vom 4.8.2007, S. 28),

- Richtlinie 2009/148/EG des Europäischen Parlaments und des Rates vom 30. November 2009 über den Schutz der Arbeitnehmer gegen Gefährdung durch Asbest am Arbeitsplatz (ABl. L 330 vom 16.12.2009, S. 28),

Richtlinie 67/548/EWG des Rates vom 27. Juni 1967 zur Angleichung der Rechts- und Verwaltungsvorschriften für die Einstufung, Verpackung und Kennzeichnung gefährlicher Stoffe (ABl. L 196 vom 16.8.1967, S. 1), die zuletzt durch die Richtlinie 2009/2/EG (ABl. L 11 vom 16.1.2009, S. 6) geändert worden ist,

— Richtlinie 1999/45/EG des Europäischen Parlaments und des Rates vom 31. Mai 1999 zur Angleichung der Rechts- und Verwaltungsvorschriften der Mitgliedstaaten für die Einstufung, Verpackung und Kennzeichnung gefährlicher Zubereitungen (ABl. L 200 vom 30.7.1999, S. 1, L 6 vom 10.1.2002, S. 71), die zuletzt durch die Verordnung (EG) Nr. 1272/2008 (ABl. L 353 vom 31.12.2008, S. 1) geändert worden ist,

— Richtlinie 98/8/EG des Europäischen Parlaments und des Rates vom 16. Februar 1998 über das Inverkehrbringen von Biozid-Produkten (ABl. L 123 vom 24.4.1998, S. 1, L 150 vom 8.6.2002, S. 71), die zuletzt durch die Richtlinien 2010/7/EU, 2010/8/EU, 2010/9/EU, 2010/10/EU und 2010/11/EU (ABl. L 37 vom 10.2.2010, S. 33, 37, 40, 44, 47) geändert worden ist,

— Richtlinie 96/59/EG des Rates vom 16. September 1996 über die Beseitigung polychlorierter Biphenyle und polychlorierter Terphenyle (PCB/PCT) (ABl. L 243 vom 24.9.1996, S. 31), die durch die Verordnung (EG) Nr. 596/2009 (ABl. L 188 vom 18.7.2009, S. 14) geändert worden ist,

— Richtlinie 1999/92/EG des Europäischen Parlaments und des Rates vom 16. Dezember 1992 über Mindestvorschriften zur Verbesserung des Gesundheitsschutzes und der Sicherheit der Arbeitnehmer, die durch explosionsfähige Atmosphären gefährdet werden können (ABl. L 23 vom 28.1.2000, S. 57), die durch die Richtlinie 2007/30/EG (ABl. L 165 vom 27.6.2007, S. 21) geändert worden ist.

Fußnote

(+++ Textnachweis ab: 1.12.2010 +++)
(+++ Amtlicher Hinweis des Normgebers auf EG-Recht:
    Umsetzung der

EGRL	24/98	(CELEX Nr: 31998L0024)
EGRL	39/2000	(CELEX Nr: 32000L0039)
EGRL	15/2006	(CELEX Nr: 32006L0015)
EURL	161/2009	(CELEX Nr: 32009L0161)
EGRL	37/2004	(CELEX Nr: 32004L0037)
EGRL	148/2009	(CELEX Nr: 32009L0148)
EWGRL	548/67	(CELEX Nr: 31967L0548)
EGRL	45/99	(CELEX Nr: 31999L0045)
EGRL	8/98	(CELEX Nr: 31998L0008)
EGRL	59/96	(CELEX Nr: 31996L0059)
EGRL	92/99	(CELEX Nr: 31999L0092) +++)

Die V wurde als Artikel 1 der V v. 26.11.2010 I 1643 von der Bundesregierung, dem Bundesministerium des Innern, dem Bundesministerium für Arbeit und Soziales, dem Bundesministerium für Wirtschaft und Technologie, nach Anhörung der beteiligten Kreise und mit Zustimmung des Bundesrates erlassen. Sie ist gem. Artikel 6 Satz 1 dieser V am 1.12.2010 in Kraft getreten.

Abschnitt 1
Zielsetzung, Anwendungsbereich und Begriffsbestimmungen

§ 1 Zielsetzung und Anwendungsbereich

(1) Ziel dieser Verordnung ist es, den Menschen und die Umwelt vor stoffbedingten Schädigungen zu schützen durch

1.

   Regelungen zur Einstufung, Kennzeichnung und Verpackung gefährlicher Stoffe und Gemische,

2.

   Maßnahmen zum Schutz der Beschäftigten und anderer Personen bei Tätigkeiten mit Gefahrstoffen und

3.

   Beschränkungen für das Herstellen und Verwenden bestimmter gefährlicher Stoffe, Gemische und Erzeugnisse.

(2) Abschnitt 2 gilt für das Inverkehrbringen von

1.

   gefährlichen Stoffen und Gemischen,

2.

   bestimmten Stoffen, Gemischen und Erzeugnissen, die mit zusätzlichen Kennzeichnungen zu versehen sind, nach Maßgabe der Richtlinie 96/59/EG des Rates vom 16. September 1996 über die Beseitigung polychlorierter Biphenyle und polychlorierter Terphenyle (PCB/PCT) (ABl. L 243 vom 24.9.1996, S. 31), die durch die Verordnung (EG) Nr. 596/2009 (ABl. L 188 vom 18.7.2009, S. 14) geändert worden ist,

3.

   Biozid-Produkten im Sinne des § 3 Nummer 11 des Chemikaliengesetzes, die keine gefährlichen Stoffe oder Gemische sind, sowie

4.

   Biozid-Wirkstoffen im Sinne des § 3 Nummer 12 des Chemikaliengesetzes, die biologische Arbeitsstoffe im Sinne der Biostoffverordnung sind, und Biozid-Produkten im Sinne des § 3 Nummer 11 des Chemikaliengesetzes, die als Wirkstoffe solche biologischen Arbeitsstoffe enthalten.

Abschnitt 2 gilt nicht für Lebensmittel oder Futtermittel in Form von Fertigerzeugnissen, die für den Endverbrauch bestimmt sind.

(3) Die Abschnitte 3 bis 6 gelten für Tätigkeiten, bei denen Beschäftigte Gefährdungen ihrer Gesundheit und Sicherheit durch Stoffe, Gemische oder Erzeugnisse ausgesetzt sein können. Sie gelten auch, wenn die Sicherheit und Gesundheit anderer Personen aufgrund von Tätigkeiten im Sinne von § 2 Absatz 5 gefährdet sein können, die durch Beschäftigte oder Unternehmer ohne Beschäftigte ausgeübt werden. Die Sätze 1 und 2 finden auch Anwendung auf Tätigkeiten, die im Zusammenhang mit der Beförderung von Stoffen, Gemischen und Erzeugnissen ausgeübt werden. Die Vorschriften des Gefahrgutbeförderungsgesetzes und der darauf gestützten Rechtsverordnungen bleiben unberührt.

(4) Sofern nicht ausdrücklich etwas anderes bestimmt ist, gilt diese Verordnung nicht für

1.

   biologische Arbeitsstoffe im Sinne der Biostoffverordnung und

2.

   private Haushalte.

Diese Verordnung gilt ferner nicht für Betriebe, die dem Bundesberggesetz unterliegen, soweit dort oder in Rechtsverordnungen, die auf Grund dieses Gesetzes erlassen worden sind, entsprechende Rechtsvorschriften bestehen.

§ 2 Begriffsbestimmungen

(1) Gefahrstoffe im Sinne dieser Verordnung sind

1.
gefährliche Stoffe und Gemische nach § 3,

2.
Stoffe, Gemische und Erzeugnisse, die explosionsfähig sind,

3.
Stoffe, Gemische und Erzeugnisse, aus denen bei der Herstellung oder Verwendung Stoffe nach Nummer 1 oder Nummer 2 entstehen oder freigesetzt werden,

4.
Stoffe und Gemische, die die Kriterien nach den Nummern 1 bis 3 nicht erfüllen, aber auf Grund ihrer physikalisch-chemischen, chemischen oder toxischen Eigenschaften und der Art und Weise, wie sie am Arbeitsplatz vorhanden sind oder verwendet werden, die Gesundheit und die Sicherheit der Beschäftigten gefährden können,

5.
alle Stoffe, denen ein Arbeitsplatzgrenzwert zugewiesen worden ist.

(2) Für die Begriffe Stoff, Gemisch, Erzeugnis, Lieferant, nachgeschalteter Anwender und Hersteller gelten die Begriffsbestimmungen nach Artikel 2 der Verordnung (EG) Nr. 1272/2008 des Europäischen Parlaments und des Rates vom 16. Dezember 2008 über die Einstufung, Kennzeichnung und Verpackung von Stoffen und Gemischen, zur Änderung und Aufhebung der Richtlinien 67/548/EWG und 1999/45/EG und zur Änderung der Verordnung (EG) Nr. 1907/2006 (ABl. L 353 vom 31.12.2008, S. 1), die zuletzt durch die Verordnung (EU) 2015/1221 (ABl. L 197 vom 25.7.2015, S. 10) geändert worden ist.

(2a) Umweltgefährlich sind, über die Gefahrenklasse gewässergefährdend nach der Verordnung (EG) Nr. 1272/2008 hinaus, Stoffe oder Gemische, wenn sie selbst oder ihre Umwandlungsprodukte geeignet sind, die Beschaffenheit von Naturhaushalt, Boden oder Luft, Klima, Tieren, Pflanzen oder Mikroorganismen derart zu verändern, dass dadurch sofort oder später Gefahren für die Umwelt herbeigeführt werden können.

(3) Krebserzeugend, keimzellmutagen oder reproduktionstoxisch sind

1.
Stoffe, die in Anhang VI der Verordnung (EG) Nr. 1272/2008 in der jeweils geltenden Fassung als karzinogen, keimzellmutagen oder reproduktionstoxisch eingestuft sind,

2.
Stoffe, welche die Kriterien für die Einstufung als karzinogen, keimzellmutagen oder reproduktionstoxisch nach Anhang I der Verordnung (EG) Nr. 1272/2008 in der jeweils geltenden Fassung erfüllen,

3.
Gemische, die einen oder mehrere der in § 2 Absatz 3 Nummer 1 oder 2 genannten Stoffe enthalten, wenn die Konzentration dieses Stoffs oder dieser Stoffe die stoffspezifischen oder die allgemeinen Konzentrationsgrenzen nach der Verordnung (EG) Nr. 1272/2008 in der jeweils geltenden Fassung erreicht oder übersteigt, die für die Einstufung eines Gemischs als karzinogen, keimzellmutagen oder reproduktionstoxisch festgelegt sind,

4.
Stoffe, Gemische oder Verfahren, die in den nach § 20 Absatz 4 bekannt gegebenen Regeln und Erkenntnissen als krebserzeugend, keimzellmutagen oder reproduktionstoxisch bezeichnet werden.

(4) Organische Peroxide im Sinne des § 11 Absatz 4 und des Anhangs III sind Stoffe, die sich vom Wasserstoffperoxid dadurch ableiten, dass ein oder beide Wasserstoffatome durch organische Gruppen ersetzt sind, sowie Gemische, die diese Stoffe enthalten.

(5) Eine Tätigkeit ist jede Arbeit mit Stoffen, Gemischen oder Erzeugnissen, einschließlich Herstellung, Mischung, Ge- und Verbrauch, Lagerung, Aufbewahrung, Be- und Verarbeitung, Ab- und Umfüllung, Entfernung, Entsorgung und Vernichtung. Zu den Tätigkeiten zählen auch das innerbetriebliche Befördern sowie Bedien- und Überwachungsarbeiten.

(6) Lagern ist das Aufbewahren zur späteren Verwendung sowie zur Abgabe an andere. Es schließt die Bereitstellung zur Beförderung ein, wenn die Beförderung nicht innerhalb von 24 Stunden nach der Bereitstellung oder am darauffolgenden Werktag erfolgt. Ist dieser Werktag ein Samstag, so endet die Frist mit Ablauf des nächsten Werktags.

(7) Es stehen gleich

1.

    den Beschäftigten die in Heimarbeit beschäftigten Personen sowie Schülerinnen und Schüler, Studierende und sonstige, insbesondere an wissenschaftlichen Einrichtungen tätige Personen, die Tätigkeiten mit Gefahrstoffen ausüben; für Schülerinnen und Schüler und Studierende gelten jedoch nicht die Regelungen dieser Verordnung über die Beteiligung der Personalvertretungen,

2.

    dem Arbeitgeber der Unternehmer ohne Beschäftigte sowie der Auftraggeber und der Zwischenmeister im Sinne des Heimarbeitsgesetzes in der im Bundesgesetzblatt Teil III, Gliederungsnummer 804-1, veröffentlichten bereinigten Fassung, das zuletzt durch Artikel 225 der Verordnung vom 31. Oktober 2006 (BGBl. I S. 2407) geändert worden ist.

(8) Der Arbeitsplatzgrenzwert ist der Grenzwert für die zeitlich gewichtete durchschnittliche Konzentration eines Stoffs in der Luft am Arbeitsplatz in Bezug auf einen gegebenen Referenzzeitraum. Er gibt an, bis zu welcher Konzentration eines Stoffs akute oder chronische schädliche Auswirkungen auf die Gesundheit von Beschäftigten im Allgemeinen nicht zu erwarten sind.

(9) Der biologische Grenzwert ist der Grenzwert für die toxikologisch-arbeitsmedizinisch abgeleitete Konzentration eines Stoffs, seines Metaboliten oder eines Beanspruchungsindikators im entsprechenden biologischen Material. Er gibt an, bis zu welcher Konzentration die Gesundheit von Beschäftigten im Allgemeinen nicht beeinträchtigt wird.

(9a) Physikalisch-chemische Einwirkungen umfassen Gefährdungen, die hervorgerufen werden können durch Tätigkeiten mit

1.

    Stoffen, Gemischen oder Erzeugnissen mit einer physikalischen Gefahr nach der Verordnung (EG) Nr. 1272/2008 oder

2.

    weiteren Gefahrstoffen, die nach der Verordnung (EG) Nr. 1272/2008 nicht mit einer physikalischen Gefahr eingestuft sind, die aber miteinander oder aufgrund anderer Wechselwirkungen so reagieren können, dass Brände oder Explosionen entstehen können.

(10) Ein explosionsfähiges Gemisch ist ein Gemisch aus brennbaren Gasen, Dämpfen, Nebeln oder aufgewirbelten Stäuben und Luft oder einem anderen Oxidationsmittel, das nach Wirksamwerden einer Zündquelle in einer sich selbsttätig fortpflanzenden Flammenausbreitung reagiert, sodass im Allgemeinen ein sprunghafter Temperatur- und Druckanstieg hervorgerufen wird.

(11) Chemisch instabile Gase, die auch ohne ein Oxidationsmittel nach Wirksamwerden einer Zündquelle in einer sich selbsttätig fortpflanzenden Flammenausbreitung reagieren können, sodass ein sprunghafter Temperatur- und Druckanstieg hervorgerufen wird, stehen explosionsfähigen Gemischen nach Absatz 10 gleich.

(12) Ein gefährliches explosionsfähiges Gemisch ist ein explosionsfähiges Gemisch, das in solcher Menge auftritt, dass besondere Schutzmaßnahmen für die Aufrechterhaltung der Gesundheit und Sicherheit der Beschäftigten oder anderer Personen erforderlich werden.

(13) Gefährliche explosionsfähige Atmosphäre ist ein gefährliches explosionsfähiges Gemisch mit Luft als Oxidationsmittel unter atmosphärischen Bedingungen (Umgebungstemperatur von −20 °C bis +60 °C und Druck von 0,8 Bar bis 1,1 Bar).
(14) Explosionsgefährdeter Bereich ist der Gefahrenbereich, in dem gefährliche explosionsfähige Atmosphäre auftreten kann.
(15) Der Stand der Technik ist der Entwicklungsstand fortschrittlicher Verfahren, Einrichtungen oder Betriebsweisen, der die praktische Eignung einer Maßnahme zum Schutz der Gesundheit und zur Sicherheit der Beschäftigten gesichert erscheinen lässt. Bei der Bestimmung des Stands der Technik sind insbesondere vergleichbare Verfahren, Einrichtungen oder Betriebsweisen heranzuziehen, die mit Erfolg in der Praxis erprobt worden sind. Gleiches gilt für die Anforderungen an die Arbeitsmedizin und die Arbeitsplatzhygiene.
(16) Fachkundig ist, wer zur Ausübung einer in dieser Verordnung bestimmten Aufgabe über die erforderlichen Fachkenntnisse verfügt. Die Anforderungen an die Fachkunde sind abhängig von der jeweiligen Art der Aufgabe. Zu den Anforderungen zählen eine entsprechende Berufsausbildung, Berufserfahrung oder eine zeitnah ausgeübte entsprechende berufliche Tätigkeit sowie die Teilnahme an spezifischen Fortbildungsmaßnahmen.
(17) Sachkundig ist, wer seine bestehende Fachkunde durch Teilnahme an einem behördlich anerkannten Sachkundelehrgang erweitert hat. In Abhängigkeit vom Aufgabengebiet kann es zum Erwerb der Sachkunde auch erforderlich sein, den Lehrgang mit einer erfolgreichen Prüfung abzuschließen. Sachkundig ist ferner, wer über eine von der zuständigen Behörde als gleichwertig anerkannte oder in dieser Verordnung als gleichwertig bestimmte Qualifikation verfügt.

Abschnitt 2
Gefahrstoffinformation

§ 3 Gefahrenklassen

(1) Gefährlich im Sinne dieser Verordnung sind Stoffe, Gemische und bestimmte Erzeugnisse, die den in Anhang I der Verordnung (EG) Nr. 1272/2008 dargelegten Kriterien entsprechen.
(2) Die folgenden Gefahrenklassen geben die Art der Gefährdung wieder und werden unter Angabe der Nummerierung des Anhangs I der Verordnung (EG) Nr. 1272/2008 aufgelistet:

	Nummerierung nach Anhang I der Verordnung (EG) Nr. 1272/2008
1. Physikalische Gefahren	2
a) Explosive Stoffe/Gemische und Erzeugnisse mit Explosivstoff	2.1
b) Entzündbare Gase	2.2
c) Aerosole	2.3
d) Oxidierende Gase	2.4
e) Gase unter Druck	2.5
f) Entzündbare Flüssigkeiten	2.6
g) Entzündbare Feststoffe	2.7
h) Selbstzersetzliche Stoffe und Gemische	2.8
i) Pyrophore Flüssigkeiten	2.9
j) Pyrophore Feststoffe	2.10
k) Selbsterhitzungsfähige Stoffe und Gemische	2.11
l) Stoffe und Gemische, die in Berührung mit	2.12

	Nummerierung nach Anhang I der Verordnung (EG) Nr. 1272/2008
Wasser entzündbare Gase entwickeln	
m) Oxidierende Flüssigkeiten	2.13
n) Oxidierende Feststoffe	2.14
o) Organische Peroxide	2.15
p) Korrosiv gegenüber Metallen	2.16
2. Gesundheitsgefahren	3
a) Akute Toxizität (oral, dermal und inhalativ)	3.1
b) Ätz-/Reizwirkung auf die Haut	3.2
c) Schwere Augenschädigung/Augenreizung	3.3
d) Sensibilisierung der Atemwege oder der Haut	3.4
e) Keimzellmutagenität	3.5
f) Karzinogenität	3.6
g) Reproduktionstoxizität	3.7
h) Spezifische Zielorgan-Toxizität, einmalige Exposition (STOT SE)	3.8
i) Spezifische Zielorgan-Toxizität, wiederholte Exposition (STOT RE)	3.9
j) Aspirationsgefahr	3.10
3. Umweltgefahren	4
Gewässergefährdend (akut und langfristig)	4.1
4. Weitere Gefahren	5
Die Ozonschicht schädigend	5.1

§ 4 Einstufung, Kennzeichnung, Verpackung

(1) Die Einstufung, Kennzeichnung und Verpackung von Stoffen und Gemischen sowie von Erzeugnissen mit Explosivstoff richten sich nach den Bestimmungen der Verordnung (EG) Nr. 1272/2008. Gemische, die bereits vor dem 1. Juni 2015 in Verkehr gebracht worden sind und die nach den Bestimmungen der Richtlinie 1999/45/EG gekennzeichnet und verpackt sind, müssen bis 31. Mai 2017 nicht nach der Verordnung (EG) Nr. 1272/2008 eingestuft, gekennzeichnet und verpackt werden.

(2) Bei der Einstufung von Stoffen und Gemischen sind die nach § 20 Absatz 4 bekannt gegebenen Regeln und Erkenntnisse zu beachten.

(3) Die Kennzeichnung von Stoffen und Gemischen, die in Deutschland in Verkehr gebracht werden, muss in deutscher Sprache erfolgen.

(4) Werden gefährliche Stoffe oder gefährliche Gemische unverpackt in Verkehr gebracht, sind jeder Liefereinheit geeignete Sicherheitsinformationen oder ein Sicherheitsdatenblatt in deutscher Sprache beizufügen.

(5) Lieferanten eines Biozid-Produkts, für das ein Dritter der Zulassungsinhaber ist, haben über die in Absatz 1 erwähnten Kennzeichnungspflichten hinaus sicherzustellen, dass die vom Zulassungsinhaber nach Artikel 69 Absatz 2 Satz 2 der Verordnung (EU) Nr. 528/2012 anzubringende Zusatzkennzeichnung bei der Abgabe an Dritte erhalten oder neu angebracht ist. Biozid-Produkte, die aufgrund des § 28 Absatz 8 des Chemikaliengesetzes ohne Zulassung auf dem Markt bereitgestellt werden, sind zusätzlich zu der in Absatz 1 erwähnten Kennzeichnung

entsprechend Artikel 69 Absatz 2 Satz 2 und 3 der Verordnung (EU) Nr. 528/2012 zu kennzeichnen, wobei die dort in Satz 2 Buchstabe c und d aufgeführten Angaben entfallen und die Angaben nach Satz 2 Buchstabe f und g auf die vorgesehenen Anwendungen zu beziehen sind.

(6) Biozid-Wirkstoffe, die biologische Arbeitsstoffe nach § 2 Absatz 1 der Biostoffverordnung sind, sind zusätzlich nach § 3 der Biostoffverordnung einzustufen. Biozid-Wirkstoffe nach Satz 1 sowie Biozid-Produkte, bei denen der Wirkstoff ein biologischer Arbeitsstoff ist, sind zusätzlich mit den folgenden Elementen zu kennzeichnen:

1.
    Identität des Organismus nach Anhang II Titel 2 Nummer 2.1 und 2.2 der Verordnung (EU) Nr. 528/2012,

2.
    Einstufung der Mikroorganismen in Risikogruppen nach § 3 der Biostoffverordnung und

3.
    im Falle einer Einstufung in die Risikogruppe 2 und höher nach § 3 der Biostoffverordnung Hinzufügung des Symbols für Biogefährdung nach Anhang I der Biostoffverordnung.

(7) Dekontaminierte PCB-haltige Geräte im Sinne der Richtlinie 96/59/EG müssen nach dem Anhang dieser Richtlinie gekennzeichnet werden.

(8) Die Kennzeichnung bestimmter, beschränkter Stoffe, Gemische und Erzeugnisse richtet sich zusätzlich nach Artikel 67 in Verbindung mit Anhang XVII der Verordnung (EG) Nr. 1907/2006 in ihrer jeweils geltenden Fassung.

(9) Der Lieferant eines Gemischs oder eines Stoffs hat einem nachgeschalteten Anwender auf Anfrage unverzüglich alle Informationen zur Verfügung zu stellen, die dieser für eine ordnungsgemäße Einstufung neuer Gemische benötigt, wenn

1.
    der Informationsgehalt der Kennzeichnung oder des Sicherheitsdatenblatts des Gemischs oder

2.
    die Information über eine Verunreinigung oder Beimengung auf dem Kennzeichnungsetikett oder im Sicherheitsdatenblatt des Stoffs

dafür nicht ausreicht.

§ 5 Sicherheitsdatenblatt und sonstige Informationspflichten

(1) Die vom Lieferanten hinsichtlich des Sicherheitsdatenblatts beim Inverkehrbringen von Stoffen und Gemischen zu beachtenden Anforderungen ergeben sich aus Artikel 31 in Verbindung mit Anhang II der Verordnung (EG) Nr. 1907/2006. Ist nach diesen Vorschriften die Übermittlung eines Sicherheitsdatenblatts nicht erforderlich, richten sich die Informationspflichten nach Artikel 32 der Verordnung (EG) Nr. 1907/2006.

(2) Bei den Angaben, die nach den Nummern 15 und 16 des Anhangs II der Verordnung (EG) Nr. 1907/2006 zu machen sind, sind insbesondere die nach § 20 Absatz 4 bekannt gegebenen Regeln und Erkenntnisse zu berücksichtigen, nach denen Stoffe oder Tätigkeiten als krebserzeugend, keimzellmutagen oder reproduktionstoxisch bezeichnet werden.

(3) (weggefallen)

Abschnitt 3
Gefährdungsbeurteilung und Grundpflichten

§ 6 Informationsermittlung und Gefährdungsbeurteilung

(1) Im Rahmen einer Gefährdungsbeurteilung als Bestandteil der Beurteilung der Arbeitsbedingungen nach § 5 des Arbeitsschutzgesetzes hat der Arbeitgeber festzustellen, ob die Beschäftigten Tätigkeiten mit Gefahrstoffen ausüben oder ob bei Tätigkeiten Gefahrstoffe entstehen oder freigesetzt werden können. Ist dies der Fall, so hat er alle hiervon ausgehenden Gefährdungen der Gesundheit und Sicherheit der Beschäftigten unter folgenden Gesichtspunkten zu beurteilen:

1.
    gefährliche Eigenschaften der Stoffe oder Gemische, einschließlich ihrer physikalisch-chemischen Wirkungen,

2.
    Informationen des Lieferanten zum Gesundheitsschutz und zur Sicherheit insbesondere im Sicherheitsdatenblatt,

3.
    Art und Ausmaß der Exposition unter Berücksichtigung aller Expositionswege; dabei sind die Ergebnisse der Messungen und Ermittlungen nach § 7 Absatz 8 zu berücksichtigen,

4.
    Möglichkeiten einer Substitution,

5.
    Arbeitsbedingungen und Verfahren, einschließlich der Arbeitsmittel und der Gefahrstoffmenge,

6.
    Arbeitsplatzgrenzwerte und biologische Grenzwerte,

7.
    Wirksamkeit der ergriffenen oder zu ergreifenden Schutzmaßnahmen,

8.
    Erkenntnisse aus arbeitsmedizinischen Vorsorgeuntersuchungen nach der Verordnung zur arbeitsmedizinischen Vorsorge.

(2) Der Arbeitgeber hat sich die für die Gefährdungsbeurteilung notwendigen Informationen beim Lieferanten oder aus anderen, ihm mit zumutbarem Aufwand zugänglichen Quellen zu beschaffen. Insbesondere hat der Arbeitgeber die Informationen zu beachten, die ihm nach Titel IV der Verordnung (EG)Nr. 1907/2006 zur Verfügung gestellt werden; dazu gehören Sicherheitsdatenblätter und die Informationen zu Stoffen oder Gemischen, für die kein Sicherheitsdatenblatt zu erstellen ist. Sofern die Verordnung (EG) Nr. 1907/2006 keine Informationspflicht vorsieht, hat der Lieferant dem Arbeitgeber auf Anfrage die für die Gefährdungsbeurteilung notwendigen Informationen über die Gefahrstoffe zur Verfügung zu stellen.

(3) Stoffe und Gemische, die nicht von einem Lieferanten nach § 4 Absatz 1 eingestuft und gekennzeichnet worden sind, beispielsweise innerbetrieblich hergestellte Stoffe oder Gemische, hat der Arbeitgeber selbst einzustufen. Zumindest aber hat er die von den Stoffen oder Gemischen ausgehenden Gefährdungen der Beschäftigten zu ermitteln; dies gilt auch für Gefahrstoffe nach § 2 Absatz 1 Nummer 4.

(4) Der Arbeitgeber hat festzustellen, ob die verwendeten Stoffe, Gemische und Erzeugnisse bei Tätigkeiten, auch unter Berücksichtigung verwendeter Arbeitsmittel, Verfahren und der Arbeitsumgebung sowie ihrer möglichen Wechselwirkungen, zu Brand- oder Explosionsgefährdungen führen können. Dabei hat er zu beurteilen,

1.
    ob gefährliche Mengen oder Konzentrationen von Gefahrstoffen, die zu Brand- und Explosionsgefährdungen führen können, auftreten; dabei sind sowohl Stoffe und Gemische mit physikalischen Gefährdungen nach der Verordnung (EG) Nr. 1272/2008 wie auch andere Gefahrstoffe, die zu Brand- und Explosionsgefährdungen führen können, sowie Stoffe, die in gefährlicher Weise miteinander reagieren können, zu berücksichtigen,

2.
    ob Zündquellen oder Bedingungen, die Brände oder Explosionen auslösen können, vorhanden sind und

3.

ob schädliche Auswirkungen von Bränden oder Explosionen auf die Gesundheit und Sicherheit der Beschäftigten möglich sind.

Insbesondere hat er zu ermitteln, ob die Stoffe, Gemische und Erzeugnisse auf Grund ihrer Eigenschaften und der Art und Weise, wie sie am Arbeitsplatz vorhanden sind oder verwendet werden, explosionsfähige Gemische bilden können. Im Fall von nicht atmosphärischen Bedingungen sind auch die möglichen Veränderungen der für den Explosionsschutz relevanten sicherheitstechnischen Kenngrößen zu ermitteln und zu berücksichtigen.

(5) Bei der Gefährdungsbeurteilung sind ferner Tätigkeiten zu berücksichtigen, bei denen auch nach Ausschöpfung sämtlicher technischer Schutzmaßnahmen die Möglichkeit einer Gefährdung besteht. Dies gilt insbesondere für Instandhaltungsarbeiten, einschließlich Wartungsarbeiten. Darüber hinaus sind auch andere Tätigkeiten wie Bedien- und Überwachungsarbeiten zu berücksichtigen, wenn diese zu einer Gefährdung von Beschäftigten durch Gefahrstoffe führen können.

(6) Die mit den Tätigkeiten verbundenen inhalativen, dermalen und physikalisch-chemischen Gefährdungen sind unabhängig voneinander zu beurteilen und in der Gefährdungsbeurteilung zusammenzuführen. Treten bei einer Tätigkeit mehrere Gefahrstoffe gleichzeitig auf, sind Wechsel- oder Kombinationswirkungen der Gefahrstoffe, die Einfluss auf die Gesundheit und Sicherheit der Beschäftigten haben, bei der Gefährdungsbeurteilung zu berücksichtigen, soweit solche Wirkungen bekannt sind.

(7) Der Arbeitgeber kann bei der Festlegung der Schutzmaßnahmen eine Gefährdungsbeurteilung übernehmen, die ihm der Lieferant mitgeliefert hat, sofern die Angaben und Festlegungen in dieser Gefährdungsbeurteilung den Arbeitsbedingungen und Verfahren, einschließlich der Arbeitsmittel und der Gefahrstoffmenge, im eigenen Betrieb entsprechen.

(8) Der Arbeitgeber hat die Gefährdungsbeurteilung unabhängig von der Zahl der Beschäftigten erstmals vor Aufnahme der Tätigkeit zu dokumentieren. Dabei ist Folgendes anzugeben:

1.

die Gefährdungen bei Tätigkeiten mit Gefahrstoffen,

2.

das Ergebnis der Prüfung auf Möglichkeiten einer Substitution nach Absatz 1 Satz 2 Nummer 4,

3.

eine Begründung für einen Verzicht auf eine technisch mögliche Substitution, sofern Schutzmaßnahmen nach § 9 oder § 10 zu ergreifen sind,

4.

die durchzuführenden Schutzmaßnahmen einschließlich derer,

a)

die wegen der Überschreitung eines Arbeitsplatzgrenzwerts zusätzlich ergriffen wurden sowie der geplanten Schutzmaßnahmen, die zukünftig ergriffen werden sollen, um den Arbeitsplatzgrenzwert einzuhalten, oder

b)

die unter Berücksichtigung eines Beurteilungsmaßstabs für krebserzeugende Gefahrstoffe, der nach § 20 Absatz 4 bekannt gegeben worden ist, zusätzlich getroffen worden sind oder zukünftig getroffen werden sollen (Maßnahmenplan),

5.

eine Begründung, wenn von den nach § 20 Absatz 4 bekannt gegebenen Regeln und Erkenntnissen abgewichen wird, und

6.

die Ermittlungsergebnisse, die belegen, dass der Arbeitsplatzgrenzwert eingehalten wird oder, bei Stoffen ohne Arbeitsplatzgrenzwert, die ergriffenen technischen Schutzmaßnahmen wirksam sind.

Im Rahmen der Dokumentation der Gefährdungsbeurteilung können auch vorhandene Gefährdungsbeurteilungen, Dokumente oder andere gleichwertige Berichte verwendet werden, die auf Grund von Verpflichtungen nach anderen Rechtsvorschriften erstellt worden sind.

(9) Bei der Dokumentation nach Absatz 8 hat der Arbeitgeber in Abhängigkeit der Feststellungen nach Absatz 4 die Gefährdungen durch gefährliche explosionsfähige Gemische besonders auszuweisen (Explosionsschutzdokument). Daraus muss insbesondere hervorgehen,

1.
dass die Explosionsgefährdungen ermittelt und einer Bewertung unterzogen worden sind,

2.
dass angemessene Vorkehrungen getroffen werden, um die Ziele des Explosionsschutzes zu erreichen (Darlegung eines Explosionsschutzkonzeptes),

3.
ob und welche Bereiche entsprechend Anhang I Nummer 1.7 in Zonen eingeteilt wurden,

4.
für welche Bereiche Explosionsschutzmaßnahmen nach § 11 und Anhang I Nummer 1 getroffen wurden,

5.
wie die Vorgaben nach § 15 umgesetzt werden und

6.
welche Überprüfungen nach § 7 Absatz 7 und welche Prüfungen zum Explosionsschutz nach Anhang 2 Abschnitt 3 der Betriebssicherheitsverordnung durchzuführen sind.

(10) Bei Tätigkeiten mit geringer Gefährdung nach Absatz 13 kann auf eine detaillierte Dokumentation verzichtet werden. Falls in anderen Fällen auf eine detaillierte Dokumentation verzichtet wird, ist dies nachvollziehbar zu begründen. Die Gefährdungsbeurteilung ist regelmäßig zu überprüfen und bei Bedarf zu aktualisieren. Sie ist umgehend zu aktualisieren, wenn maßgebliche Veränderungen oder neue Informationen dies erfordern oder wenn sich eine Aktualisierung auf Grund der Ergebnisse der arbeitsmedizinischen Vorsorge nach der Verordnung zur arbeitsmedizinischen Vorsorge als notwendig erweist.

(11) Die Gefährdungsbeurteilung darf nur von fachkundigen Personen durchgeführt werden. Verfügt der Arbeitgeber nicht selbst über die entsprechenden Kenntnisse, so hat er sich fachkundig beraten zu lassen. Fachkundig können insbesondere die Fachkraft für Arbeitssicherheit und die Betriebsärztin oder der Betriebsarzt sein.

(12) Der Arbeitgeber hat nach Satz 2 ein Verzeichnis der im Betrieb verwendeten Gefahrstoffe zu führen, in dem auf die entsprechenden Sicherheitsdatenblätter verwiesen wird. Das Verzeichnis muss mindestens folgende Angaben enthalten:

1.
Bezeichnung des Gefahrstoffs,

2.
Einstufung des Gefahrstoffs oder Angaben zu den gefährlichen Eigenschaften,

3.
Angaben zu den im Betrieb verwendeten Mengenbereichen,

4.
Bezeichnung der Arbeitsbereiche, in denen Beschäftigte dem Gefahrstoff ausgesetzt sein können.

Die Sätze 1 und 2 gelten nicht, wenn nur Tätigkeiten mit geringer Gefährdung nach Absatz 13 ausgeübt werden. Die Angaben nach Satz 2 Nummer 1, 2 und 4 müssen allen betroffenen Beschäftigten und ihrer Vertretung zugänglich sein.

(13) Ergibt sich aus der Gefährdungsbeurteilung für bestimmte Tätigkeiten auf Grund

1.
der gefährlichen Eigenschaften des Gefahrstoffs,

2.
einer geringen verwendeten Stoffmenge,

3.
einer nach Höhe und Dauer niedrigen Exposition und

4.
der Arbeitsbedingungen

insgesamt eine nur geringe Gefährdung der Beschäftigten und reichen die nach § 8 zu ergreifenden Maßnahmen zum Schutz der Beschäftigten aus, so müssen keine weiteren Maßnahmen des Abschnitts 4 ergriffen werden.

(14) Liegen für Stoffe oder Gemische keine Prüfdaten oder entsprechende aussagekräftige Informationen zur akut toxischen, reizenden, hautsensibilisierenden oder keimzellmutagenen Wirkung oder zur spezifischen Zielorgan-Toxizität bei wiederholter Exposition vor, sind die Stoffe oder Gemische bei der Gefährdungsbeurteilung wie Stoffe der Gefahrenklasse Akute Toxizität (oral, dermal und inhalativ) Kategorie 3, Ätz-/Reizwirkung auf die Haut Kategorie 2, Sensibilisierung der Haut Kategorie 1, Keimzellmutagenität Kategorie 2 oder Spezifische Zielorgan-Toxizität, wiederholte Exposition (STOT RE) Kategorie 2 zu behandeln. Hinsichtlich der Spezifizierung der anzuwendenden Einstufungskategorien sind die entsprechenden nach § 20 Absatz 4 Nummer 1 bekannt gegebenen Regeln und Erkenntnisse zu berücksichtigen.

§ 7 Grundpflichten

(1) Der Arbeitgeber darf eine Tätigkeit mit Gefahrstoffen erst aufnehmen lassen, nachdem eine Gefährdungsbeurteilung nach § 6 durchgeführt und die erforderlichen Schutzmaßnahmen nach Abschnitt 4 ergriffen worden sind.

(2) Um die Gesundheit und die Sicherheit der Beschäftigten bei allen Tätigkeiten mit Gefahrstoffen zu gewährleisten, hat der Arbeitgeber die erforderlichen Maßnahmen nach dem Arbeitsschutzgesetz und zusätzlich die nach dieser Verordnung erforderlichen Maßnahmen zu ergreifen. Dabei hat er die nach § 20 Absatz 4 bekannt gegebenen Regeln und Erkenntnisse zu berücksichtigen. Bei Einhaltung dieser Regeln und Erkenntnisse ist in der Regel davon auszugehen, dass die Anforderungen dieser Verordnung erfüllt sind. Von diesen Regeln und Erkenntnissen kann abgewichen werden, wenn durch andere Maßnahmen zumindest in vergleichbarer Weise der Schutz der Gesundheit und die Sicherheit der Beschäftigten gewährleistet werden.

(3) Der Arbeitgeber hat auf der Grundlage des Ergebnisses der Substitutionsprüfung nach § 6 Absatz 1 Satz 2 Nummer 4 vorrangig eine Substitution durchzuführen. Er hat Gefahrstoffe oder Verfahren durch Stoffe, Gemische oder Erzeugnisse oder Verfahren zu ersetzen, die unter den jeweiligen Verwendungsbedingungen für die Gesundheit und Sicherheit der Beschäftigten nicht oder weniger gefährlich sind.

(4) Der Arbeitgeber hat Gefährdungen der Gesundheit und der Sicherheit der Beschäftigten bei Tätigkeiten mit Gefahrstoffen auszuschließen. Ist dies nicht möglich, hat er sie auf ein Minimum zu reduzieren. Diesen Geboten hat der Arbeitgeber durch die Festlegung und Anwendung geeigneter Schutzmaßnahmen Rechnung zu tragen. Dabei hat er folgende Rangfolge zu beachten:

1.
    Gestaltung geeigneter Verfahren und technischer Steuerungseinrichtungen von Verfahren, den Einsatz emissionsfreier oder emissionsarmer Verwendungsformen sowie Verwendung geeigneter Arbeitsmittel und Materialien nach dem Stand der Technik,

2.
    Anwendung kollektiver Schutzmaßnahmen technischer Art an der Gefahrenquelle, wie angemessene Be- und Entlüftung, und Anwendung geeigneter organisatorischer Maßnahmen,

3.
    sofern eine Gefährdung nicht durch Maßnahmen nach den Nummern 1 und 2 verhütet werden kann, Anwendung von individuellen Schutzmaßnahmen, die auch die Bereitstellung und Verwendung von persönlicher Schutzausrüstung umfassen.

(5) Beschäftigte müssen die bereitgestellte persönliche Schutzausrüstung verwenden, solange eine Gefährdung besteht. Die Verwendung von belastender persönlicher Schutzausrüstung darf keine Dauermaßnahme sein. Sie ist für jeden Beschäftigten auf das unbedingt erforderliche Minimum zu beschränken.

(6) Der Arbeitgeber stellt sicher, dass

1.

die persönliche Schutzausrüstung an einem dafür vorgesehenen Ort sachgerecht aufbewahrt wird,

2.

die persönliche Schutzausrüstung vor Gebrauch geprüft und nach Gebrauch gereinigt wird und

3.

schadhafte persönliche Schutzausrüstung vor erneutem Gebrauch ausgebessert oder ausgetauscht wird.

(7) Der Arbeitgeber hat die Funktion und die Wirksamkeit der technischen Schutzmaßnahmen regelmäßig, mindestens jedoch jedes dritte Jahr, zu überprüfen. Das Ergebnis der Prüfungen ist aufzuzeichnen und vorzugsweise zusammen mit der Dokumentation nach § 6 Absatz 8 aufzubewahren.

(8) Der Arbeitgeber stellt sicher, dass die Arbeitsplatzgrenzwerte eingehalten werden. Er hat die Einhaltung durch Arbeitsplatzmessungen oder durch andere geeignete Methoden zur Ermittlung der Exposition zu überprüfen. Ermittlungen sind auch durchzuführen, wenn sich die Bedingungen ändern, welche die Exposition der Beschäftigten beeinflussen können. Die Ermittlungsergebnisse sind aufzuzeichnen, aufzubewahren und den Beschäftigten und ihrer Vertretung zugänglich zu machen. Werden Tätigkeiten entsprechend einem verfahrens- und stoffspezifischen Kriterium ausgeübt, das nach § 20 Absatz 4 bekannt gegeben worden ist, kann der Arbeitgeber in der Regel davon ausgehen, dass die Arbeitsplatzgrenzwerte eingehalten werden; in diesem Fall findet Satz 2 keine Anwendung.

(9) Sofern Tätigkeiten mit Gefahrstoffen ausgeübt werden, für die kein Arbeitsplatzgrenzwert vorliegt, hat der Arbeitgeber regelmäßig die Wirksamkeit der ergriffenen technischen Schutzmaßnahmen durch geeignete Ermittlungsmethoden zu überprüfen, zu denen auch Arbeitsplatzmessungen gehören können.

(10) Wer Arbeitsplatzmessungen von Gefahrstoffen durchführt, muss fachkundig sein und über die erforderlichen Einrichtungen verfügen. Wenn ein Arbeitgeber eine für Messungen von Gefahrstoffen an Arbeitsplätzen akkreditierte Messstelle beauftragt, kann der Arbeitgeber in der Regel davon ausgehen, dass die von dieser Messstelle gewonnenen Erkenntnisse zutreffend sind.

(11) Der Arbeitgeber hat bei allen Ermittlungen und Messungen die nach § 20 Absatz 4 bekannt gegebenen Verfahren, Messregeln und Grenzwerte zu berücksichtigen, bei denen die entsprechenden Bestimmungen der folgenden Richtlinien berücksichtigt worden sind:

1.

der Richtlinie 98/24/EG des Rates vom 7. April 1998 zum Schutz von Gesundheit und Sicherheit der Arbeitnehmer vor der Gefährdung durch chemische Arbeitsstoffe bei der Arbeit (vierzehnte Einzelrichtlinie im Sinne des Artikels 16 Absatz 1 der Richtlinie 89/391/EWG) (ABl. L 131 vom 5.5.1998, S. 11), die zuletzt durch die Richtlinie 2014/27/EU (ABl. L 65 vom 5.3.2014, S. 1) geändert worden ist, einschließlich der Richtlinien über Arbeitsplatzgrenzwerte, die nach Artikel 3 Absatz 2 der Richtlinie 98/24/EG erlassen wurden,

2.

der Richtlinie 2004/37/EG des Europäischen Parlaments und des Rates vom 29. April 2004 über den Schutz der Arbeitnehmer gegen Gefährdung durch Karzinogene oder Mutagene bei der Arbeit (Sechste Einzelrichtlinie im Sinne von Artikel 16 Absatz 1 der Richtlinie 89/391/EWG des Rates) (kodifizierte Fassung) (ABl. L 158 vom 30.4.2004, S. 50, L 229 vom 29.6.2004, S. 23, L 204 vom 4.8.2007, S. 28), die zuletzt durch die Richtlinie 2014/27/EU geändert worden ist, sowie

3.

der Richtlinie 2009/148/EG des Europäischen Parlaments und des Rates vom 30. November 2009 über den Schutz der Arbeitnehmer gegen Gefährdung durch Asbest am Arbeitsplatz (ABl. L 330 vom 16.12.2009, S. 28).

§ 8 Allgemeine Schutzmaßnahmen

(1) Der Arbeitgeber hat bei Tätigkeiten mit Gefahrstoffen die folgenden Schutzmaßnahmen zu ergreifen:

1.
geeignete Gestaltung des Arbeitsplatzes und geeignete Arbeitsorganisation,

2.
Bereitstellung geeigneter Arbeitsmittel für Tätigkeiten mit Gefahrstoffen und geeignete Wartungsverfahren zur Gewährleistung der Gesundheit und Sicherheit der Beschäftigten bei der Arbeit,

3.
Begrenzung der Anzahl der Beschäftigten, die Gefahrstoffen ausgesetzt sind oder ausgesetzt sein können,

4.
Begrenzung der Dauer und der Höhe der Exposition,

5.
angemessene Hygienemaßnahmen, insbesondere zur Vermeidung von Kontaminationen, und die regelmäßige Reinigung des Arbeitsplatzes,

6.
Begrenzung der am Arbeitsplatz vorhandenen Gefahrstoffe auf die Menge, die für den Fortgang der Tätigkeiten erforderlich ist,

7.
geeignete Arbeitsmethoden und Verfahren, welche die Gesundheit und Sicherheit der Beschäftigten nicht beeinträchtigen oder die Gefährdung so gering wie möglich halten, einschließlich Vorkehrungen für die sichere Handhabung, Lagerung und Beförderung von Gefahrstoffen und von Abfällen, die Gefahrstoffe enthalten, am Arbeitsplatz.

(2) Der Arbeitgeber hat sicherzustellen, dass

1.
alle verwendeten Stoffe und Gemische identifizierbar sind,

2.
gefährliche Stoffe und Gemische innerbetrieblich mit einer Kennzeichnung versehen sind, die ausreichende Informationen über die Einstufung, über die Gefahren bei der Handhabung und über die zu beachtenden Sicherheitsmaßnahmen enthält; vorzugsweise ist eine Kennzeichnung zu wählen, die der Verordnung (EG) Nr. 1272/2008 entspricht,

3.
Apparaturen und Rohrleitungen so gekennzeichnet sind, dass mindestens die enthaltenen Gefahrstoffe sowie die davon ausgehenden Gefahren eindeutig identifizierbar sind. Kennzeichnungspflichten nach anderen Rechtsvorschriften bleiben unberührt. Solange der Arbeitgeber den Verpflichtungen nach Satz 1 nicht nachgekommen ist, darf er Tätigkeiten mit den dort genannten Stoffen und Gemischen nicht ausüben lassen. Satz 1 Nummer 2 gilt nicht für Stoffe, die für Forschungs- und Entwicklungszwecke oder für wissenschaftliche Lehrzwecke neu hergestellt worden sind und noch nicht geprüft werden konnten. Eine Exposition der Beschäftigten bei Tätigkeiten mit diesen Stoffen ist zu vermeiden.

(3) Der Arbeitgeber hat gemäß den Ergebnissen der Gefährdungsbeurteilung nach § 6 sicherzustellen, dass die Beschäftigten in Arbeitsbereichen, in denen sie Gefahrstoffen ausgesetzt sein können, keine Nahrungs- oder Genussmittel zu sich nehmen. Der Arbeitgeber hat hierfür vor Aufnahme der Tätigkeiten geeignete Bereiche einzurichten.

(4) Der Arbeitgeber hat sicherzustellen, dass durch Verwendung verschließbarer Behälter eine sichere Lagerung, Handhabung und Beförderung von Gefahrstoffen auch bei der Abfallentsorgung gewährleistet ist.

(5) Der Arbeitgeber hat sicherzustellen, dass Gefahrstoffe so aufbewahrt oder gelagert werden, dass sie weder die menschliche Gesundheit noch die Umwelt gefährden. Er hat dabei wirksame Vorkehrungen zu treffen, um Missbrauch oder Fehlgebrauch zu verhindern. Insbesondere dürfen Gefahrstoffe nicht in solchen Behältern aufbewahrt oder gelagert werden, durch deren Form oder Bezeichnung der Inhalt mit Lebensmitteln verwechselt werden kann. Sie dürfen nur übersichtlich geordnet und nicht in unmittelbarer Nähe von Arznei-, Lebens- oder Futtermitteln, einschließlich deren Zusatzstoffe, aufbewahrt oder gelagert werden. Bei der Aufbewahrung zur Abgabe oder zur sofortigen Verwendung muss eine Kennzeichnung nach Absatz 2 deutlich sichtbar und lesbar angebracht sein.

(6) Der Arbeitgeber hat sicherzustellen, dass Gefahrstoffe, die nicht mehr benötigt werden, und entleerte Behälter, die noch Reste von Gefahrstoffen enthalten können, sicher gehandhabt, vom Arbeitsplatz entfernt und sachgerecht gelagert oder entsorgt werden.

(7) Der Arbeitgeber hat sicherzustellen, dass Stoffe und Gemische, die als akut toxisch Kategorie 1, 2 oder 3, spezifisch zielorgantoxisch Kategorie 1, krebserzeugend Kategorie 1A oder 1B oder keimzellmutagen Kategorie 1A oder 1B eingestuft sind, unter Verschluss oder so aufbewahrt oder gelagert werden, dass nur fachkundige und zuverlässige Personen Zugang haben. Tätigkeiten mit diesen Stoffen und Gemischen dürfen nur von fachkundigen oder besonders unterwiesenen Personen ausgeführt werden. Satz 2 gilt auch für Tätigkeiten mit Stoffen und Gemischen, die als reproduktionstoxisch Kategorie 1A oder 1B oder als atemwegssensibilisierend eingestuft sind. Die Sätze 1 und 2 gelten nicht für Kraftstoffe an Tankstellen oder sonstigen Betankungseinrichtungen sowie für Stoffe und Gemische, die als akut toxisch Kategorie 3 eingestuft sind, sofern diese vormals nach der Richtlinie 67/548/EWG oder der Richtlinie 1999/45/EG als gesundheitsschädlich bewertet wurden. Hinsichtlich der Bewertung als gesundheitsschädlich sind die entsprechenden nach § 20 Absatz 4 Nummer 1 bekannt gegebenen Regeln und Erkenntnisse zu berücksichtigen.

(8) Der Arbeitgeber hat bei Tätigkeiten mit Gefahrstoffen nach Anhang I Nummer 2 bis 5 sowohl die §§ 6 bis 18 als auch die betreffenden Vorschriften des Anhangs I Nummer 2 bis 5 zu beachten.

§ 9 Zusätzliche Schutzmaßnahmen

(1) Sind die allgemeinen Schutzmaßnahmen nach § 8 nicht ausreichend, um Gefährdungen durch Einatmen, Aufnahme über die Haut oder Verschlucken entgegenzuwirken, hat der Arbeitgeber zusätzlich diejenigen Maßnahmen nach den Absätzen 2 bis 7 zu ergreifen, die auf Grund der Gefährdungsbeurteilung nach § 6 erforderlich sind. Dies gilt insbesondere, wenn

1.
    Arbeitsplatzgrenzwerte oder biologische Grenzwerte überschritten werden,

2.
    bei hautresorptiven oder haut- oder augenschädigenden Gefahrstoffen eine Gefährdung durch Haut- oder Augenkontakt besteht oder

3.
    bei Gefahrstoffen ohne Arbeitsplatzgrenzwert und ohne biologischen Grenzwert eine Gefährdung auf Grund der ihnen zugeordneten Gefahrenklasse nach § 3 und der inhalativen Exposition angenommen werden kann.

(2) Der Arbeitgeber hat sicherzustellen, dass Gefahrstoffe in einem geschlossenen System hergestellt und verwendet werden, wenn

1.
    die Substitution der Gefahrstoffe nach § 7 Absatz 3 durch solche Stoffe, Gemische, Erzeugnisse oder Verfahren, die bei ihrer Verwendung nicht oder weniger gefährlich für die Gesundheit und Sicherheit sind, technisch nicht möglich ist und

107

2.

eine erhöhte Gefährdung der Beschäftigten durch inhalative Exposition gegenüber diesen Gefahrstoffen besteht.

Ist die Anwendung eines geschlossenen Systems technisch nicht möglich, so hat der Arbeitgeber dafür zu sorgen, dass die Exposition der Beschäftigten nach dem Stand der Technik und unter Beachtung von § 7 Absatz 4 so weit wie möglich verringert wird.

(3) Bei Überschreitung eines Arbeitsplatzgrenzwerts muss der Arbeitgeber unverzüglich die Gefährdungsbeurteilung nach § 6 erneut durchführen und geeignete zusätzliche Schutzmaßnahmen ergreifen, um den Arbeitsplatzgrenzwert einzuhalten. Wird trotz Ausschöpfung aller technischen und organisatorischen Schutzmaßnahmen der Arbeitsplatzgrenzwert nicht eingehalten, hat der Arbeitgeber unverzüglich persönliche Schutzausrüstung bereitzustellen. Dies gilt insbesondere für Abbruch-, Sanierungs- und Instandhaltungsarbeiten.

(4) Besteht trotz Ausschöpfung aller technischen und organisatorischen Schutzmaßnahmen bei hautresorptiven, haut- oder augenschädigenden Gefahrstoffen eine Gefährdung durch Haut- oder Augenkontakt, hat der Arbeitgeber unverzüglich persönliche Schutzausrüstung bereitzustellen.

(5) Der Arbeitgeber hat getrennte Aufbewahrungsmöglichkeiten für die Arbeits- oder Schutzkleidung einerseits und die Straßenkleidung andererseits zur Verfügung zu stellen. Der Arbeitgeber hat die durch Gefahrstoffe verunreinigte Arbeitskleidung zu reinigen.

(6) Der Arbeitgeber hat geeignete Maßnahmen zu ergreifen, die gewährleisten, dass Arbeitsbereiche, in denen eine erhöhte Gefährdung der Beschäftigten besteht, nur den Beschäftigten zugänglich sind, die sie zur Ausübung ihrer Arbeit oder zur Durchführung bestimmter Aufgaben betreten müssen.

(7) Wenn Tätigkeiten mit Gefahrstoffen von einer oder einem Beschäftigten allein ausgeübt werden, hat der Arbeitgeber zusätzliche Schutzmaßnahmen zu ergreifen oder eine angemessene Aufsicht zu gewährleisten. Dies kann auch durch den Einsatz technischer Mittel sichergestellt werden.

§ 10 Besondere Schutzmaßnahmen bei Tätigkeiten mit krebserzeugenden, keimzellmutagenen und reproduktionstoxischen Gefahrstoffen der Kategorie 1A und 1B

(1) Bei Tätigkeiten mit krebserzeugenden Gefahrstoffen der Kategorie 1A oder 1B, für die kein Arbeitsplatzgrenzwert nach § 20 Absatz 4 bekannt gegeben worden ist, hat der Arbeitgeber ein geeignetes, risikobezogenes Maßnahmenkonzept anzuwenden, um das Minimierungsgebot nach § 7 Absatz 4 umzusetzen. Hierbei sind die nach § 20 Absatz 4 bekannt gegebenen Regeln, Erkenntnisse und Beurteilungsmaßstäbe zu berücksichtigen. Bei Tätigkeiten mit krebserzeugenden, keimzellmutagenen oder reproduktionstoxischen Gefahrstoffen der Kategorie 1A oder 1B hat der Arbeitgeber, unbeschadet des Absatzes 2, zusätzlich die Bestimmungen nach den Absätzen 3 bis 5 zu erfüllen. Die besonderen Bestimmungen des Anhangs II Nummer 6 sind zu beachten.

(2) Die Absätze 3 bis 5 gelten nicht, wenn

1.

ein Arbeitsplatzgrenzwert nach § 20 Absatz 4 bekannt gegeben worden ist, dieser eingehalten und dies durch Arbeitsplatzmessung oder durch andere geeignete Methoden zur Ermittlung der Exposition belegt wird oder

2.

Tätigkeiten entsprechend einem nach § 20 Absatz 4 bekannt gegebenen verfahrens- und stoffspezifischen Kriterium ausgeübt werden.

(3) Wenn Tätigkeiten mit krebserzeugenden, keimzellmutagenen oder reproduktionstoxischen Gefahrstoffen der Kategorie 1A oder 1B ausgeübt werden, hat der Arbeitgeber

1.

die Exposition der Beschäftigten durch Arbeitsplatzmessungen oder durch andere geeignete Ermittlungsmethoden zu bestimmen, auch um erhöhte Expositionen infolge eines unvorhersehbaren Ereignisses oder eines Unfalls schnell erkennen zu können,

2.

Gefahrenbereiche abzugrenzen, in denen Beschäftigte diesen Gefahrstoffen ausgesetzt sind oder ausgesetzt sein können, und Warn- und Sicherheitszeichen anzubringen, einschließlich der Verbotszeichen „Zutritt für Unbefugte verboten" und „Rauchen verboten" nach Anhang II Nummer 3.1 der Richtlinie 92/58/EWG des Rates vom 24. Juni 1992 über Mindestvorschriften für die Sicherheits- und/oder Gesundheitsschutzkennzeichnung am Arbeitsplatz (ABI. L 245 vom 26.8.1992, S. 23), die zuletzt durch die Richtlinie 2014/27/EU (ABI. L 65 vom 5.3.2014, S. 1) geändert worden ist.

(4) Bei Tätigkeiten, bei denen eine beträchtliche Erhöhung der Exposition der Beschäftigten durch krebserzeugende, keimzellmutagene oder reproduktionstoxische Gefahrstoffe der Kategorie 1A oder 1B zu erwarten ist und bei denen jede Möglichkeit weiterer technischer Schutzmaßnahmen zur Begrenzung dieser Exposition bereits ausgeschöpft wurde, hat der Arbeitgeber nach Beratung mit den Beschäftigten oder mit ihrer Vertretung Maßnahmen zu ergreifen, um die Dauer der Exposition der Beschäftigten so weit wie möglich zu verkürzen und den Schutz der Beschäftigten während dieser Tätigkeiten zu gewährleisten. Er hat den betreffenden Beschäftigten persönliche Schutzausrüstung zur Verfügung zu stellen, die sie während der gesamten Dauer der erhöhten Exposition tragen müssen.

(5) Werden in einem Arbeitsbereich Tätigkeiten mit krebserzeugenden, keimzellmutagenen oder reproduktionstoxischen Gefahrstoffen der Kategorie 1A oder 1B ausgeübt, darf die dort abgesaugte Luft nicht in den Arbeitsbereich zurückgeführt werden. Dies gilt nicht, wenn die Luft unter Anwendung von behördlich oder von den Trägern der gesetzlichen Unfallversicherung anerkannten Verfahren oder Geräte ausreichend von solchen Stoffen gereinigt ist. Die Luft muss dann so geführt oder gereinigt werden, dass krebserzeugende, keimzellmutagene oder reproduktionstoxische Stoffe nicht in die Atemluft anderer Beschäftigter gelangen.

§ 11 Besondere Schutzmaßnahmen gegen physikalisch-chemische Einwirkungen, insbesondere gegen Brand- und Explosionsgefährdungen

(1) Der Arbeitgeber hat auf der Grundlage der Gefährdungsbeurteilung Maßnahmen zum Schutz der Beschäftigten und anderer Personen vor physikalisch-chemischen Einwirkungen zu ergreifen. Er hat die Maßnahmen so festzulegen, dass die Gefährdungen vermieden oder so weit wie möglich verringert werden. Dies gilt insbesondere bei Tätigkeiten einschließlich Lagerung, bei denen es zu Brand- und Explosionsgefährdungen kommen kann. Dabei hat der Arbeitgeber Anhang I Nummer 1 und 5 zu beachten. Die Vorschriften des Sprengstoffgesetzes und der darauf gestützten Rechtsvorschriften bleiben unberührt.

(2) Zur Vermeidung von Brand- und Explosionsgefährdungen hat der Arbeitgeber Maßnahmen nach folgender Rangfolge zu ergreifen:

1.

gefährliche Mengen oder Konzentrationen von Gefahrstoffen, die zu Brand- oder Explosionsgefährdungen führen können, sind zu vermeiden,

2.

Zündquellen oder Bedingungen, die Brände oder Explosionen auslösen können, sind zu vermeiden,

3.

schädliche Auswirkungen von Bränden oder Explosionen auf die Gesundheit und Sicherheit der Beschäftigten und anderer Personen sind so weit wie möglich zu verringern.

(3) Arbeitsbereiche, Arbeitsplätze, Arbeitsmittel und deren Verbindungen untereinander müssen so konstruiert, errichtet, zusammengebaut, installiert, verwendet und instand gehalten werden, dass keine Brand- und Explosionsgefährdungen auftreten.

(4) Bei Tätigkeiten mit organischen Peroxiden hat der Arbeitgeber über die Bestimmungen der Absätze 1 und 2 sowie des Anhangs I Nummer 1 hinaus insbesondere Maßnahmen zu treffen, die die

1.

    Gefahr einer unbeabsichtigten Explosion minimieren und

2.

    Auswirkungen von Bränden und Explosionen beschränken.

Dabei hat der Arbeitgeber Anhang III zu beachten.

§ 12 (weggefallen)

§ 13 Betriebsstörungen, Unfälle und Notfälle

(1) Um die Gesundheit und die Sicherheit der Beschäftigten bei Betriebsstörungen, Unfällen oder Notfällen zu schützen, hat der Arbeitgeber rechtzeitig die Notfallmaßnahmen festzulegen, die beim Eintreten eines derartigen Ereignisses zu ergreifen sind. Dies schließt die Bereitstellung angemessener Erste-Hilfe-Einrichtungen und die Durchführung von Sicherheitsübungen in regelmäßigen Abständen ein.

(2) Tritt eines der in Absatz 1 Satz 1 genannten Ereignisse ein, so hat der Arbeitgeber unverzüglich die gemäß Absatz 1 festgelegten Maßnahmen zu ergreifen, um

1.

    betroffene Beschäftigte über die durch das Ereignis hervorgerufene Gefahrensituation im Betrieb zu informieren,

2.

    die Auswirkungen des Ereignisses zu mindern und

3.

    wieder einen normalen Betriebsablauf herbeizuführen.

Neben den Rettungskräften dürfen nur die Beschäftigten im Gefahrenbereich verbleiben, die Tätigkeiten zur Erreichung der Ziele nach Satz 1 Nummer 2 und 3 ausüben.

(3) Der Arbeitgeber hat Beschäftigten, die im Gefahrenbereich tätig werden, vor Aufnahme ihrer Tätigkeit geeignete Schutzkleidung und persönliche Schutzausrüstung sowie gegebenenfalls erforderliche spezielle Sicherheitseinrichtungen und besondere Arbeitsmittel zur Verfügung zu stellen. Im Gefahrenbereich müssen die Beschäftigten die Schutzkleidung und die persönliche Schutzausrüstung für die Dauer des nicht bestimmungsgemäßen Betriebsablaufs verwenden. Die Verwendung belastender persönlicher Schutzausrüstung muss für die einzelnen Beschäftigten zeitlich begrenzt sein. Ungeschützte und unbefugte Personen dürfen sich nicht im festzulegenden Gefahrenbereich aufhalten.

(4) Der Arbeitgeber hat Warn- und sonstige Kommunikationssysteme, die eine erhöhte Gefährdung der Gesundheit und Sicherheit anzeigen, zur Verfügung zu stellen, so dass eine angemessene Reaktion möglich ist und unverzüglich Abhilfemaßnahmen sowie Hilfs-, Evakuierungs- und Rettungsmaßnahmen eingeleitet werden können.

(5) Der Arbeitgeber hat sicherzustellen, dass Informationen über Maßnahmen bei Notfällen mit Gefahrstoffen zur Verfügung stehen. Die zuständigen innerbetrieblichen und betriebsfremden Unfall- und Notfalldienste müssen Zugang zu diesen Informationen erhalten. Zu diesen Informationen zählen:

1.

    eine Vorabmitteilung über einschlägige Gefahren bei der Arbeit, über Maßnahmen zur Feststellung von Gefahren sowie über Vorsichtsmaßregeln und Verfahren, damit die Notfalldienste ihre eigenen Abhilfe- und Sicherheitsmaßnahmen vorbereiten können,

2.

alle verfügbaren Informationen über spezifische Gefahren, die bei einem Unfall oder Notfall auftreten oder auftreten können, einschließlich der Informationen über die Verfahren nach den Absätzen 1 bis 4.

§ 14 Unterrichtung und Unterweisung der Beschäftigten

(1) Der Arbeitgeber hat sicherzustellen, dass den Beschäftigten eine schriftliche Betriebsanweisung, die der Gefährdungsbeurteilung nach § 6 Rechnung trägt, in einer für die Beschäftigten verständlichen Form und Sprache zugänglich gemacht wird. Die Betriebsanweisung muss mindestens Folgendes enthalten:

1.
   Informationen über die am Arbeitsplatz vorhandenen oder entstehenden Gefahrstoffe, wie beispielsweise die Bezeichnung der Gefahrstoffe, ihre Kennzeichnung sowie mögliche Gefährdungen der Gesundheit und der Sicherheit,

2.
   Informationen über angemessene Vorsichtsmaßregeln und Maßnahmen, die die Beschäftigten zu ihrem eigenen Schutz und zum Schutz der anderen Beschäftigten am Arbeitsplatz durchzuführen haben; dazu gehören insbesondere
   a)
      Hygienevorschriften,
   b)
      Informationen über Maßnahmen, die zur Verhütung einer Exposition zu ergreifen sind,
   c)
      Informationen zum Tragen und Verwenden von persönlicher Schutzausrüstung und Schutzkleidung,

3.
   Informationen über Maßnahmen, die bei Betriebsstörungen, Unfällen und Notfällen und zur Verhütung dieser von den Beschäftigten, insbesondere von Rettungsmannschaften, durchzuführen sind.

Die Betriebsanweisung muss bei jeder maßgeblichen Veränderung der Arbeitsbedingungen aktualisiert werden. Der Arbeitgeber hat ferner sicherzustellen, dass die Beschäftigten

1.
   Zugang haben zu allen Informationen nach Artikel 35 der Verordnung (EG) Nr. 1907/2006 über die Stoffe und Gemische, mit denen sie Tätigkeiten ausüben, insbesondere zu Sicherheitsdatenblättern, und

2.
   über Methoden und Verfahren unterrichtet werden, die bei der Verwendung von Gefahrstoffen zum Schutz der Beschäftigten angewendet werden müssen.

(2) Der Arbeitgeber hat sicherzustellen, dass die Beschäftigten anhand der Betriebsanweisung nach Absatz 1 über alle auftretenden Gefährdungen und entsprechende Schutzmaßnahmen mündlich unterwiesen werden. Teil dieser Unterweisung ist ferner eine allgemeine arbeitsmedizinisch-toxikologische Beratung. Diese dient auch zur Information der Beschäftigten über die Voraussetzungen, unter denen sie Anspruch auf arbeitsmedizinische Vorsorgeuntersuchungen nach der Verordnung zur arbeitsmedizinischen Vorsorge haben, und über den Zweck dieser Vorsorgeuntersuchungen. Die Beratung ist unter Beteiligung der Ärztin oder des Arztes nach § 7 Absatz 1 der Verordnung zur arbeitsmedizinischen Vorsorge durchzuführen, falls dies erforderlich sein sollte. Die Unterweisung muss vor Aufnahme der Beschäftigung und danach mindestens jährlich arbeitsplatzbezogen durchgeführt werden. Sie muss in für die Beschäftigten verständlicher Form und Sprache erfolgen. Inhalt und Zeitpunkt der Unterweisung sind schriftlich festzuhalten und von den Unterwiesenen durch Unterschrift zu bestätigen.

(3) Der Arbeitgeber hat bei Tätigkeiten mit krebserzeugenden, keimzellmutagenen oder reproduktionstoxischen Gefahrstoffen der Kategorie 1A oder 1B sicherzustellen, dass

1.

die Beschäftigten und ihre Vertretung nachprüfen können, ob die Bestimmungen dieser Verordnung eingehalten werden, und zwar insbesondere in Bezug auf
   a)
      die Auswahl und Verwendung der persönlichen Schutzausrüstung und die damit verbundenen Belastungen der Beschäftigten,
   b)
      durchzuführende Maßnahmen im Sinne des § 10 Absatz 4 Satz 1,

2.

die Beschäftigten und ihre Vertretung bei einer erhöhten Exposition, einschließlich der in § 10 Absatz 4 Satz 1 genannten Fälle, unverzüglich unterrichtet und über die Ursachen sowie über die bereits ergriffenen oder noch zu ergreifenden Gegenmaßnahmen informiert werden,

3.

ein aktualisiertes Verzeichnis über die Beschäftigten geführt wird, die Tätigkeiten mit krebserzeugenden oder keimzellmutagenen Gefahrstoffen der Kategorie 1A oder 1B ausüben, bei denen die Gefährdungsbeurteilung nach § 6 eine Gefährdung der Gesundheit oder der Sicherheit der Beschäftigten ergibt; in dem Verzeichnis ist auch die Höhe und die Dauer der Exposition anzugeben, der die Beschäftigten ausgesetzt waren,

4.

das Verzeichnis nach Nummer 3 mit allen Aktualisierungen 40 Jahre nach Ende der Exposition aufbewahrt wird; bei Beendigung von Beschäftigungsverhältnissen hat der Arbeitgeber den Beschäftigten einen Auszug über die sie betreffenden Angaben des Verzeichnisses auszuhändigen und einen Nachweis hierüber wie Personalunterlagen aufzubewahren,

5.

die Ärztin oder der Arzt nach § 7 Absatz 1 der Verordnung zur arbeitsmedizinischen Vorsorge, die zuständige Behörde sowie jede für die Gesundheit und die Sicherheit am Arbeitsplatz verantwortliche Person Zugang zu dem Verzeichnis nach Nummer 3 haben,

6.

alle Beschäftigten Zugang zu den sie persönlich betreffenden Angaben in dem Verzeichnis haben,

7.

die Beschäftigten und ihre Vertretung Zugang zu den nicht personenbezogenen Informationen allgemeiner Art in dem Verzeichnis haben.

(4) Der Arbeitgeber kann mit Einwilligung des betroffenen Beschäftigten die Aufbewahrungs- einschließlich der Aushändigungspflicht nach Absatz 3 Nummer 4 auf den zuständigen gesetzlichen Unfallversicherungsträger übertragen. Dafür übergibt der Arbeitgeber dem Unfallversicherungsträger die erforderlichen Unterlagen in einer für die elektronische Datenverarbeitung geeigneten Form. Der Unfallversicherungsträger händigt der betroffenen Person auf Anforderung einen Auszug des Verzeichnisses mit den sie betreffenden Angaben aus.

§ 15 Zusammenarbeit verschiedener Firmen

(1) Sollen in einem Betrieb Fremdfirmen Tätigkeiten mit Gefahrstoffen ausüben, hat der Arbeitgeber als Auftraggeber sicherzustellen, dass nur solche Fremdfirmen herangezogen werden, die über die Fachkenntnisse und Erfahrungen verfügen, die für diese Tätigkeiten erforderlich sind. Der Arbeitgeber als Auftraggeber hat die Fremdfirmen über Gefahrenquellen und spezifische Verhaltensregeln zu informieren.

(2) Kann bei Tätigkeiten von Beschäftigten eines Arbeitgebers eine Gefährdung von Beschäftigten anderer Arbeitgeber durch Gefahrstoffe nicht ausgeschlossen werden, so haben alle betroffenen

Arbeitgeber bei der Durchführung ihrer Gefährdungsbeurteilungen nach § 6 zusammenzuwirken und die Schutzmaßnahmen abzustimmen. Dies ist zu dokumentieren. Die Arbeitgeber haben dabei sicherzustellen, dass Gefährdungen der Beschäftigten aller beteiligten Unternehmen durch Gefahrstoffe wirksam begegnet wird.

(3) Jeder Arbeitgeber ist dafür verantwortlich, dass seine Beschäftigten die gemeinsam festgelegten Schutzmaßnahmen anwenden.

(4) Besteht bei Tätigkeiten von Beschäftigten eines Arbeitgebers eine erhöhte Gefährdung von Beschäftigten anderer Arbeitgeber durch Gefahrstoffe, ist durch die beteiligten Arbeitgeber ein Koordinator zu bestellen. Wurde ein Koordinator nach den Bestimmungen der Baustellenverordnung vom 10. Juni 1998 (BGBl. I S. 1283), die durch Artikel 15 der Verordnung vom 23. Dezember 2004 (BGBl. I S. 3758) geändert worden ist, bestellt, gilt die Pflicht nach Satz 1 als erfüllt. Dem Koordinator sind von den beteiligten Arbeitgebern alle erforderlichen sicherheitsrelevanten Informationen sowie Informationen zu den festgelegten Schutzmaßnahmen zur Verfügung zu stellen. Die Bestellung eines Koordinators entbindet die Arbeitgeber nicht von ihrer Verantwortung nach dieser Verordnung.

(5) Vor dem Beginn von Abbruch-, Sanierungs- und Instandhaltungsarbeiten oder Bauarbeiten muss der Arbeitgeber für die Gefährdungsbeurteilung nach § 6 Informationen, insbesondere vom Auftraggeber oder Bauherrn, darüber einholen, ob entsprechend der Nutzungs- oder Baugeschichte des Objekts Gefahrstoffe, insbesondere Asbest, vorhanden oder zu erwarten sind. Weiter reichende Informations-, Schutz- und Überwachungspflichten, die sich für den Auftraggeber oder Bauherrn nach anderen Rechtsvorschriften ergeben, bleiben unberührt.

Abschnitt 5
Verbote und Beschränkungen

§ 16 Herstellungs- und Verwendungsbeschränkungen

(1) Herstellungs- und Verwendungsbeschränkungen für bestimmte Stoffe, Gemische und Erzeugnisse ergeben sich aus Artikel 67 in Verbindung mit Anhang XVII der Verordnung (EG) Nr. 1907/2006.

(2) Nach Maßgabe des Anhangs II bestehen weitere Herstellungs- und Verwendungsbeschränkungen für dort genannte Stoffe, Gemische und Erzeugnisse.

(3) Biozid-Produkte dürfen nicht verwendet werden, soweit damit zu rechnen ist, dass ihre Verwendung im einzelnen Anwendungsfall schädliche Auswirkungen auf die Gesundheit von Menschen, Nicht-Zielorganismen oder auf die Umwelt hat. Wer Biozid-Produkte verwendet, hat dies ordnungsgemäß zu tun. Zur ordnungsgemäßen Verwendung gehört es insbesondere, dass

1. ein Biozid-Produkt nur für die in der Kennzeichnung ausgewiesenen Verwendungszwecke eingesetzt wird,

2. die sich aus der Kennzeichnung und der Zulassung ergebenden Verwendungsbedingungen eingehalten werden und

3. der Einsatz von Biozid-Produkten durch eine sachgerechte Berücksichtigung physikalischer, biologischer, chemischer und sonstiger Alternativen auf das Minimum begrenzt wird.

Die Sätze 1 bis 3 gelten auch für private Haushalte.

(4) Der Arbeitgeber darf in Heimarbeit beschäftigte Personen nur Tätigkeiten mit geringer Gefährdung im Sinne des § 6 Absatz 11 ausüben lassen.

§ 17 Nationale Ausnahmen von Beschränkungsregelungen nach der Verordnung (EG) Nr. 1907/2006

(1) Für am 1. Dezember 2010 bestehende Anlagen gelten die Beschränkungen nach Artikel 67 in Verbindung mit Anhang XVII Nummer 6 der Verordnung (EG) Nr. 1907/2006 bis zum 1. Juli 2025 nicht für das Verwenden chrysotilhaltiger Diaphragmen für die Chloralkalielektrolyse oder für das Verwenden von Chrysotil, das ausschließlich zur Wartung dieser Diaphragmen eingesetzt wird, wenn

1.
    keine asbestfreien Ersatzstoffe, Gemische oder Erzeugnisse auf dem Markt angeboten werden oder

2.
    die Verwendung der asbestfreien Ersatzstoffe, Gemische oder Erzeugnisse zu einer unzumutbaren Härte führen würde

und die Konzentration der Asbestfasern in der Luft am Arbeitsplatz unterhalb von 1 000 Fasern je Kubikmeter liegt. Betreiber von Anlagen, die von der Regelung nach Satz 1 Gebrauch machen, übermitteln der Bundesstelle für Chemikalien bis zum 31. Januar eines jeden Kalenderjahres einen Bericht, aus dem die Menge an Chrysotil hervorgeht, die in Diaphragmen, die unter diese Ausnahmeregelung fallen, im Vorjahr verwendet wurde. Die Ergebnisse der Arbeitsplatzmessungen sind in den Bericht aufzunehmen. Die Bundesstelle für Chemikalien übermittelt der Europäischen Kommission eine Kopie des Berichts.

(2) Das Verwendungsverbot nach Artikel 67 in Verbindung mit Anhang XVII Nummer 16 und 17 der Verordnung (EG) Nr. 1907/2006 gilt nicht für die Verwendung der dort genannten Bleiverbindungen in Farben, die zur Erhaltung oder originalgetreuen Wiederherstellung von Kunstwerken und historischen Bestandteilen oder von Einrichtungen denkmalgeschützter Gebäude bestimmt sind, wenn die Verwendung von Ersatzstoffen nicht möglich ist.

Abschnitt 6
Vollzugsregelungen und Ausschuss für Gefahrstoffe

§ 18 Unterrichtung der Behörde

(1) Der Arbeitgeber hat der zuständigen Behörde unverzüglich anzuzeigen

1.
    jeden Unfall und jede Betriebsstörung, die bei Tätigkeiten mit Gefahrstoffen zu einer ernsten Gesundheitsschädigung von Beschäftigten geführt haben,

2.
    Krankheits- und Todesfälle, bei denen konkrete Anhaltspunkte dafür bestehen, dass sie durch die Tätigkeit mit Gefahrstoffen verursacht worden sind, mit der genauen Angabe der Tätigkeit und der Gefährdungsbeurteilung nach § 6.

Lassen sich die für die Anzeige nach Satz 1 erforderlichen Angaben gleichwertig aus Anzeigen nach anderen Rechtsvorschriften entnehmen, kann die Anzeigepflicht auch durch Übermittlung von Kopien dieser Anzeigen an die zuständige Behörde erfüllt werden. Der Arbeitgeber hat den betroffenen Beschäftigten oder ihrer Vertretung Kopien der Anzeigen nach Satz 1 oder Satz 2 zur Kenntnis zu geben.

(2) Unbeschadet des § 22 des Arbeitsschutzgesetzes hat der Arbeitgeber der zuständigen Behörde auf Verlangen Folgendes mitzuteilen:

1.
    das Ergebnis der Gefährdungsbeurteilung nach § 6 und die ihr zugrunde liegenden Informationen, einschließlich der Dokumentation der Gefährdungsbeurteilung,

2.

114

die Tätigkeiten, bei denen Beschäftigte tatsächlich oder möglicherweise gegenüber Gefahrstoffen exponiert worden sind, und die Anzahl dieser Beschäftigten,

3.

die nach § 13 des Arbeitsschutzgesetzes verantwortlichen Personen,

4.

die durchgeführten Schutz- und Vorsorgemaßnahmen, einschließlich der Betriebsanweisungen.

(3) Der Arbeitgeber hat der zuständigen Behörde bei Tätigkeiten mit krebserzeugenden, keimzellmutagenen oder reproduktionstoxischen Gefahrstoffen der Kategorie 1A oder 1B zusätzlich auf Verlangen Folgendes mitzuteilen:

1.

das Ergebnis der Substitutionsprüfung,

2.

Informationen über

a)

ausgeübte Tätigkeiten und angewandte industrielle Verfahren und die Gründe für die Verwendung dieser Gefahrstoffe,

b)

die Menge der hergestellten oder verwendeten Gefahrstoffe,

c)

die Art der zu verwendenden Schutzausrüstung,

d)

Art und Ausmaß der Exposition,

e)

durchgeführte Substitutionen.

(4) Auf Verlangen der zuständigen Behörde ist die nach Anhang II der Verordnung (EG) Nr. 1907/2006 geforderte Fachkunde für die Erstellung von Sicherheitsdatenblättern nachzuweisen.

§ 19 Behördliche Ausnahmen, Anordnungen und Befugnisse

(1) Die zuständige Behörde kann auf schriftlichen oder elektronischen Antrag des Arbeitgebers Ausnahmen von den §§ 6 bis 15 zulassen, wenn die Anwendung dieser Vorschriften im Einzelfall zu einer unverhältnismäßigen Härte führen würde und die Abweichung mit dem Schutz der Beschäftigten vereinbar ist. Der Arbeitgeber hat der zuständigen Behörde im Antrag darzulegen:

1.

den Grund für die Beantragung der Ausnahme,

2.

die jährlich zu verwendende Menge des Gefahrstoffs,

3.

die betroffenen Tätigkeiten und Verfahren,

4.

die Zahl der voraussichtlich betroffenen Beschäftigten,

5.

die geplanten Maßnahmen zur Gewährleistung des Gesundheitsschutzes und der Sicherheit der betroffenen Beschäftigten,

6.

die technischen und organisatorischen Maßnahmen, die zur Verringerung oder Vermeidung einer Exposition der Beschäftigten ergriffen werden sollen.

(2) Eine Ausnahme nach Absatz 1 kann auch im Zusammenhang mit Verwaltungsverfahren nach anderen Rechtsvorschriften beantragt werden.

(3) Die zuständige Behörde kann unbeschadet des § 23 des Chemikaliengesetzes im Einzelfall Maßnahmen anordnen, die der Hersteller, Lieferant oder Arbeitgeber zu ergreifen hat, um die Pflichten nach den Abschnitten 2 bis 5 dieser Verordnung zu erfüllen; dabei kann sie insbesondere anordnen, dass der Arbeitgeber

1.

    die zur Bekämpfung besonderer Gefahren notwendigen Maßnahmen ergreifen muss,

2.

    festzustellen hat, ob und in welchem Umfang eine vermutete Gefahr tatsächlich besteht und welche Maßnahmen zur Bekämpfung der Gefahr ergriffen werden müssen,

3.

    die Arbeit, bei der die Beschäftigten gefährdet sind, einstellen zu lassen hat, wenn der Arbeitgeber die zur Bekämpfung der Gefahr angeordneten notwendigen Maßnahmen nicht unverzüglich oder nicht innerhalb der gesetzten Frist ergreift.

Bei Gefahr im Verzug können die Anordnungen auch gegenüber weisungsberechtigten Personen im Betrieb erlassen werden.

(4) Der zuständigen Behörde ist auf Verlangen ein Nachweis vorzulegen, dass die Gefährdungsbeurteilung fachkundig nach § 6 Absatz 9 erstellt wurde.

(5) Die zuständige Behörde kann dem Arbeitgeber untersagen, Tätigkeiten mit Gefahrstoffen auszuüben oder ausüben zu lassen, und insbesondere eine Stilllegung der betroffenen Arbeitsbereiche anordnen, wenn der Arbeitgeber der Mitteilungspflicht nach § 18 Absatz 2 Nummer 1 nicht nachkommt.

§ 20 Ausschuss für Gefahrstoffe

(1) Beim Bundesministerium für Arbeit und Soziales wird ein Ausschuss für Gefahrstoffe (AGS) gebildet, in dem geeignete Personen vonseiten der Arbeitgeber, der Gewerkschaften, der Landesbehörden, der gesetzlichen Unfallversicherung und weitere geeignete Personen, insbesondere aus der Wissenschaft, vertreten sein sollen. Die Gesamtzahl der Mitglieder soll 21 Personen nicht überschreiten. Für jedes Mitglied ist ein stellvertretendes Mitglied zu benennen. Die Mitgliedschaft im Ausschuss für Gefahrstoffe ist ehrenamtlich.

(2) Das Bundesministerium für Arbeit und Soziales beruft die Mitglieder des Ausschusses und die stellvertretenden Mitglieder. Der Ausschuss gibt sich eine Geschäftsordnung und wählt die Vorsitzende oder den Vorsitzenden aus seiner Mitte. Die Geschäftsordnung und die Wahl der oder des Vorsitzenden bedürfen der Zustimmung des Bundesministeriums für Arbeit und Soziales.

(3) Zu den Aufgaben des Ausschusses gehört es:

1.

    den Stand der Wissenschaft, Technik, Arbeitsmedizin und Arbeitshygiene sowie sonstige gesicherte Erkenntnisse für Tätigkeiten mit Gefahrstoffen einschließlich deren Einstufung und Kennzeichnung zu ermitteln und entsprechende Empfehlungen auszusprechen,

2.

    zu ermitteln, wie die in dieser Verordnung gestellten Anforderungen erfüllt werden können und dazu die dem jeweiligen Stand von Technik und Medizin entsprechenden Regeln und Erkenntnisse zu erarbeiten,

3.

    das Bundesministerium für Arbeit und Soziales in allen Fragen zu Gefahrstoffen und zur Chemikaliensicherheit zu beraten und

4.

    Arbeitsplatzgrenzwerte, biologische Grenzwerte und andere Beurteilungsmaßstäbe für Gefahrstoffe vorzuschlagen und regelmäßig zu überprüfen, wobei Folgendes zu berücksichtigen ist:

    a)

b) bei der Festlegung der Grenzwerte und Beurteilungsmaßstäbe ist sicherzustellen, dass der Schutz der Gesundheit der Beschäftigten gewahrt ist,

für jeden Stoff, für den ein Arbeitsplatzgrenzwert oder ein biologischer Grenzwert in Rechtsakten der Europäischen Union festgelegt worden ist, ist unter Berücksichtigung dieses Grenzwerts ein nationaler Grenzwert vorzuschlagen.

Das Arbeitsprogramm des Ausschusses für Gefahrstoffe wird mit dem Bundesministerium für Arbeit und Soziales abgestimmt, wobei die Letztentscheidungsbefugnis beim Bundesministerium für Arbeit und Soziales liegt. Der Ausschuss arbeitet eng mit den anderen Ausschüssen beim Bundesministerium für Arbeit und Soziales zusammen.

(4) Nach Prüfung kann das Bundesministerium für Arbeit und Soziales

1. die vom Ausschuss für Gefahrstoffe ermittelten Regeln und Erkenntnisse nach Absatz 3 Satz 1 Nummer 2 sowie die Arbeitsplatzgrenzwerte und Beurteilungsmaßstäbe nach Absatz 3 Satz 1 Nummer 4 im Gemeinsamen Ministerialblatt bekannt geben und

2. die Empfehlungen nach Absatz 3 Satz 1 Nummer 1 sowie die Beratungsergebnisse nach Absatz 3 Satz 1 Nummer 3 in geeigneter Weise veröffentlichen.

(5) Die Bundesministerien sowie die obersten Landesbehörden können zu den Sitzungen des Ausschusses Vertreterinnen oder Vertreter entsenden. Auf Verlangen ist diesen in der Sitzung das Wort zu erteilen.

(6) Die Bundesanstalt für Arbeitsschutz und Arbeitsmedizin führt die Geschäfte des Ausschusses.

Abschnitt 7
Ordnungswidrigkeiten und Straftaten

§ 21 Chemikaliengesetz – Anzeigen

Ordnungswidrig im Sinne des § 26 Absatz 1 Nummer 8 Buchstabe b des Chemikaliengesetzes handelt, wer vorsätzlich oder fahrlässig

1. entgegen § 8 Absatz 8 in Verbindung mit Anhang I Nummer 2.4.2 Absatz 1 Satz 1 oder Absatz 2 eine Anzeige nicht, nicht richtig, nicht vollständig oder nicht rechtzeitig erstattet,

2. entgegen § 8 Absatz 8 in Verbindung mit Anhang I Nummer 3.4 Absatz 1 oder Absatz 2 eine Anzeige nicht, nicht richtig, nicht vollständig oder nicht rechtzeitig erstattet,

3. entgegen § 8 Absatz 8 in Verbindung mit Anhang I Nummer 3.4 Absatz 3 eine Änderung nicht oder nicht rechtzeitig anzeigt,

4. entgegen § 8 Absatz 8 in Verbindung mit Anhang I Nummer 3.6 eine Anzeige nicht, nicht richtig, nicht vollständig oder nicht rechtzeitig erstattet,

5. entgegen § 8 Absatz 8 in Verbindung mit Anhang I Nummer 4.3.2 Absatz 1 Satz 1 oder Absatz 2 in Verbindung mit Absatz 3 eine Anzeige nicht, nicht richtig, nicht vollständig oder nicht rechtzeitig erstattet,

6. entgegen § 8 Absatz 8 in Verbindung mit Anhang I Nummer 4.3.2 Absatz 4 eine Anzeige nicht oder nicht rechtzeitig erstattet,

7.

117

entgegen § 8 Absatz 8 in Verbindung mit Anhang I Nummer 5.4.2.3 Absatz 1 oder Absatz 2 eine Anzeige nicht, nicht richtig, nicht vollständig oder nicht rechtzeitig erstattet,

8.

entgegen § 8 Absatz 8 in Verbindung mit Anhang I Nummer 5.4.2.3 Absatz 3 eine Änderung nicht oder nicht rechtzeitig anzeigt,

9.

entgegen § 18 Absatz 1 eine Anzeige nicht, nicht richtig, nicht vollständig oder nicht rechtzeitig erstattet oder

10.

entgegen § 18 Absatz 2 eine Mitteilung nicht, nicht richtig, nicht vollständig oder nicht rechtzeitig macht.

§ 22 Chemikaliengesetz – Tätigkeiten

(1) Ordnungswidrig im Sinne des § 26 Absatz 1 Nummer 8 Buchstabe b des Chemikaliengesetzes handelt, wer vorsätzlich oder fahrlässig

1.

entgegen § 6 Absatz 8 Satz 1 eine Gefährdungsbeurteilung nicht, nicht richtig, nicht vollständig oder nicht rechtzeitig dokumentiert,

2.

entgegen § 6 Absatz 12 Satz 1 ein Gefahrstoffverzeichnis nicht, nicht richtig oder nicht vollständig führt,

3.

entgegen § 7 Absatz 1 eine Tätigkeit aufnehmen lässt,

3a.

entgegen § 7 Absatz 5 Satz 2 das Verwenden von belastender persönlicher Schutzausrüstung als Dauermaßnahme anwendet,

4.

entgegen § 7 Absatz 7 Satz 1 die Funktion und die Wirksamkeit der technischen Schutzmaßnahmen nicht oder nicht rechtzeitig überprüft,

5.

entgegen § 8 Absatz 2 Satz 3 eine Tätigkeit ausüben lässt,

6.

entgegen § 8 Absatz 3 Satz 2 einen Bereich nicht oder nicht rechtzeitig einrichtet,

7.

entgegen § 8 Absatz 5 Satz 3 Gefahrstoffe aufbewahrt oder lagert,

8.

entgegen § 8 Absatz 8 in Verbindung mit Anhang I Nummer 2.4.2 Absatz 3 Satz 2 nicht dafür sorgt, dass eine weisungsbefugte sachkundige Person vor Ort tätig ist,

9.

entgegen § 8 Absatz 8 in Verbindung mit Anhang I Nummer 2.4.4 Satz 1 einen Arbeitsplan nicht oder nicht rechtzeitig aufstellt,

10.

entgegen § 8 Absatz 8 in Verbindung mit Anhang I Nummer 3.3 Satz 2 eine Schädlingsbekämpfung durchführt,

11.

entgegen § 8 Absatz 8 in Verbindung mit Anhang I Nummer 5.4.2.1 Absatz 2 Stoffe oder Gemische der Gruppe A lagert oder befördert,

12.

entgegen § 8 Absatz 8 in Verbindung mit Anhang I Nummer 5.4.2.1 Absatz 3 brennbare Materialien lagert,

13.

118

14. entgegen § 8 Absatz 8 in Verbindung mit Anhang I Nummer 5.4.2.2 Absatz 3 Stoffe oder Gemische nicht oder nicht rechtzeitig in Teilmengen unterteilt,

15. entgegen § 8 Absatz 8 in Verbindung mit Anhang I Nummer 5.4.2.3 Absatz 5 Stoffe oder Gemische lagert,

15a. entgegen § 9 Absatz 3 Satz 2 oder § 9 Absatz 4 eine persönliche Schutzausrüstung nicht oder nicht rechtzeitig bereitstellt,

16. entgegen § 9 Absatz 5 nicht gewährleistet, dass getrennte Aufbewahrungsmöglichkeiten zur Verfügung stehen,

17. entgegen § 10 Absatz 4 Satz 2 Schutzkleidung oder ein Atemschutzgerät nicht zur Verfügung stellt,

18. entgegen § 10 Absatz 5 Satz 1 abgesaugte Luft in einen Arbeitsbereich zurückführt,

19. entgegen § 11 Absatz 1 Satz 3 in Verbindung mit Anhang I Nummer 1.3 Absatz 2 Satz 1 das Rauchen oder die Verwendung von offenem Feuer oder offenem Licht nicht verbietet,

19a. entgegen § 11 Absatz 1 Satz 3 in Verbindung mit Anhang I Nummer 1.5 Absatz 4 oder Nummer 1.6 Absatz 5 einen dort genannten Bereich nicht oder nicht richtig kennzeichnet,

19b. entgegen § 11 Absatz 4 Satz 2 in Verbindung mit Anhang III Nummer 2.3 Absatz 1 Satz 1 eine Tätigkeit mit einem organischen Peroxid ausüben lässt,

19c. entgegen § 11 Absatz 4 Satz 2 in Verbindung mit Anhang III Nummer 2.6 Satz 2 Buchstabe a nicht sicherstellt, dass ein dort genanntes Gebäude oder ein dort genannter Raum in Sicherheitsbauweise errichtet wird,

20. entgegen § 11 Absatz 4 Satz 2 in Verbindung mit Anhang III Nummer 2.7 einen dort genannten Bereich nicht oder nicht rechtzeitig festlegt,

21. entgegen § 13 Absatz 2 Satz 1 eine dort genannte Maßnahme nicht oder nicht rechtzeitig ergreift,

22. entgegen § 13 Absatz 3 Satz 1 einen Beschäftigten nicht oder nicht rechtzeitig ausstattet,

23. entgegen § 13 Absatz 4 Warn- und sonstige Kommunikationseinrichtungen nicht zur Verfügung stellt,

24. entgegen § 13 Absatz 5 Satz 1 nicht sicherstellt, dass Informationen über Notfallmaßnahmen zur Verfügung stehen,

25. entgegen § 14 Absatz 1 Satz 1 nicht sicherstellt, dass den Beschäftigten eine schriftliche Betriebsanweisung in der vorgeschriebenen Weise zugänglich gemacht wird,

26. entgegen § 14 Absatz 2 Satz 1 nicht sicherstellt, dass die Beschäftigten über auftretende Gefährdungen und entsprechende Schutzmaßnahmen mündlich unterwiesen werden,

27. entgegen § 14 Absatz 3 Nummer 2 nicht oder nicht rechtzeitig sicherstellt, dass die Beschäftigten und ihre Vertretung unterrichtet und informiert werden,

entgegen § 14 Absatz 3 Nummer 3 nicht sicherstellt, dass ein aktualisiertes Verzeichnis geführt wird, oder

28.

entgegen § 14 Absatz 3 Nummer 4 nicht sicherstellt, dass ein aktualisiertes Verzeichnis 40 Jahre nach Ende der Exposition aufbewahrt wird.

(2) Wer durch eine in Absatz 1 bezeichnete Handlung das Leben oder die Gesundheit eines anderen oder fremde Sachen von bedeutendem Wert gefährdet, ist nach § 27 Absatz 2 bis 4 des Chemikaliengesetzes strafbar.

§ 23 (weggefallen)

§ 24 Chemikaliengesetz – Herstellungs- und Verwendungsbeschränkungen

(1) Ordnungswidrig im Sinne des § 26 Absatz 1 Nummer 7 Buchstabe a des Chemikaliengesetzes handelt, wer vorsätzlich oder fahrlässig

1.

entgegen § 16 Absatz 2 in Verbindung mit Anhang II Nummer 6 Absatz 1 einen dort aufgeführten Stoff verwendet,

2.

entgegen § 16 Absatz 3 Satz 2 in Verbindung mit Satz 3 Nummer 1, auch in Verbindung mit Satz 4, ein Biozid-Produkt für einen nicht in der Kennzeichnung ausgewiesenen Verwendungszweck einsetzt oder

3.

entgegen § 16 Absatz 3 Satz 2 in Verbindung mit Satz 3 Nummer 2, auch in Verbindung mit Satz 4, eine sich aus der Kennzeichnung oder der Zulassung ergebende Verwendungsbedingung nicht einhält.

(2) Nach § 27 Absatz 1 Nummer 1, Absatz 2 bis 4 des Chemikaliengesetzes wird bestraft, wer vorsätzlich oder fahrlässig

1.

entgegen § 8 Absatz 8 in Verbindung mit Anhang I Nummer 2.4.2 Absatz 3 Satz 1 oder Absatz 4 Satz 1 Abbruch-, Sanierungs- oder Instandhaltungsarbeiten durchführt,

2.

entgegen § 8 Absatz 8 in Verbindung mit Anhang I Nummer 3.5 Satz 1 Schädlingsbekämpfungen durchführt,

3.

ohne Erlaubnis nach § 8 Absatz 8 in Verbindung mit Anhang I Nummer 4.2 Absatz 1 Begasungen durchführt,

4.

entgegen § 8 Absatz 8 in Verbindung mit Anhang I Nummer 4.2 Absatz 7 Satz 1 Begasungen durchführt,

5.

entgegen § 16 Absatz 2 in Verbindung mit Anhang II Nummer 1 Absatz 1 Satz 1 auch in Verbindung mit Satz 3 Arbeiten durchführt,

6.

entgegen § 16 Absatz 2 in Verbindung mit Anhang II Nummer 1 Absatz 1 Satz 4 Überdeckungs-, Überbauungs-, Aufständerungs-, Reinigungs- oder Beschichtungsarbeiten durchführt,

7.

8. entgegen § 16 Absatz 2 in Verbindung mit Anhang II Nummer 1 Absatz 1 Satz 5 asbesthaltige Gegenstände oder Materialien zu anderen Zwecken weiterverwendet,

9. entgegen § 16 Absatz 2 in Verbindung mit Anhang II Nummer 2 Absatz 1 die dort aufgeführten Stoffe oder Gemische herstellt,

10. entgegen § 16 Absatz 2 in Verbindung mit Anhang II Nummer 3 Absatz 1 die dort aufgeführten Erzeugnisse verwendet,

11. entgegen § 16 Absatz 2 in Verbindung mit Anhang II Nummer 4 Absatz 1, Absatz 3 Satz 1 oder Absatz 4 die dort aufgeführten Kühlschmierstoffe oder Korrosionsschutzmittel verwendet oder

    entgegen § 16 Absatz 2 in Verbindung mit Anhang II Nummer 5 Absatz 1 die dort aufgeführten Stoffe, Gemische oder Erzeugnisse herstellt oder verwendet.

§ 25 Übergangsvorschrift

§ 10 Absatz 5 findet hinsichtlich der fruchtschädigenden Wirkungen von reproduktionstoxischen Stoffen oder Gemischen ab dem 1. Januar 2019 Anwendung.

Anhang I (zu § 8 Absatz 8, § 11 Absatz 3)
Besondere Vorschriften für bestimmte Gefahrstoffe und Tätigkeiten

(Fundstelle: BGBl. I 2010, 1660 - 1673;
bzgl. der einzelnen Änderungen vgl. Fußnote)

Inhaltsübersicht

Nummer 1
Brand- und Explosionsgefährdungen

1.1 Anwendungsbereich
Nummer 1 gilt für Maßnahmen nach § 11 bei Tätigkeiten mit Gefahrstoffen, die zu Brand- und Explosionsgefährdungen führen können.

1.2 Grundlegende Anforderungen zum Schutz vor Brand- und Explosionsgefährdungen
(1) Der Arbeitgeber hat auf der Grundlage der Gefährdungsbeurteilung nach § 6 die organisatorischen und technischen Schutzmaßnahmen nach dem Stand der Technik festzulegen, die zum Schutz von Gesundheit und Sicherheit der Beschäftigten oder anderer Personen vor Brand- und Explosionsgefährdungen erforderlich sind.
(2) Die Mengen an Gefahrstoffen sind im Hinblick auf die Brandbelastung, die Brandausbreitung und Explosionsgefährdungen so zu begrenzen, dass die Gefährdung durch Brände und Explosionen so gering wie möglich ist.
(3) Zum Schutz gegen das unbeabsichtigte Freisetzen von Gefahrstoffen, die zu Brand- oder Explosionsgefährdungen führen können, sind geeignete Maßnahmen zu ergreifen. Insbesondere müssen

1.

Gefahrstoffe in Arbeitsmitteln und Anlagen sicher zurückgehalten werden und Zustände wie gefährliche Temperaturen, Über- und Unterdrücke, Überfüllungen, Korrosionen sowie andere gefährliche Zustände vermieden werden,

2.

Gefahrstoffströme von einem schnell und ungehindert erreichbaren Ort aus durch Stillsetzen der Förderung unterbrochen werden können,

3.

gefährliche Vermischungen von Gefahrstoffen vermieden werden.

Soweit nach der Gefährdungsbeurteilung erforderlich, müssen Gefahrstoffströme automatisch begrenzt oder unterbrochen werden können.

(4) Frei werdende Gefahrstoffe, die zu Brand- oder Explosionsgefährdungen führen können, sind an ihrer Austritts- oder Entstehungsstelle gefahrlos zu beseitigen, soweit dies nach dem Stand der Technik möglich ist. Ausgetretene flüssige Gefahrstoffe sind aufzufangen. Flüssigkeitslachen und Staubablagerungen sind gefahrlos zu beseitigen.

1.3 Schutzmaßnahmen in Arbeitsbereichen mit Brand- und Explosionsgefährdungen

(1) Arbeitsbereiche mit Brand- oder Explosionsgefährdungen sind

1.

mit Flucht- und Rettungswegen sowie Ausgängen in ausreichender Zahl so auszustatten, dass die Beschäftigten die Arbeitsbereiche im Gefahrenfall schnell, ungehindert und sicher verlassen und Verunglückte jederzeit gerettet werden können,

2.

so zu gestalten und auszulegen, dass die Übertragung von Bränden und Explosionen sowie die Auswirkungen von Bränden und Explosionen auf benachbarte Bereiche vermieden werden,

3.

mit ausreichenden Feuerlöscheinrichtungen auszustatten; die Feuerlöscheinrichtungen müssen, sofern sie nicht selbsttätig wirken, gekennzeichnet, leicht zugänglich und leicht zu handhaben sein,

4.

mit Angriffswegen zur Brandbekämpfung zu versehen, die so angelegt und gekennzeichnet sind, dass sie mit Lösch- und Arbeitsgeräten schnell und ungehindert zu erreichen sind.

(2) In Arbeitsbereichen mit Brand- oder Explosionsgefährdungen sind das Rauchen und das Verwenden von offenem Feuer und offenem Licht zu verbieten. Unbefugten ist das Betreten von Bereichen mit Brand- oder Explosionsgefährdungen zu verbieten. Auf die Verbote muss deutlich erkennbar und dauerhaft hingewiesen werden.

(3) Durch geeignete Maßnahmen ist zu gewährleisten, dass Personen im Gefahrenfall rechtzeitig, angemessen, leicht wahrnehmbar und unmissverständlich gewarnt werden können.

(4) Soweit nach der Gefährdungsbeurteilung erforderlich,

1.

muss es bei Energieausfall möglich sein, die Geräte und Schutzsysteme unabhängig vom übrigen Betriebssystem in einem sicheren Betriebszustand zu halten,

2.

müssen im Automatikbetrieb laufende Geräte und Schutzsysteme, die vom bestimmungsgemäßen Betrieb abweichen, unter sicheren Bedingungen von Hand abgeschaltet werden können und

3.

müssen gespeicherte Energien beim Betätigen der Notabschalteinrichtungen so schnell und sicher wie möglich abgebaut oder isoliert werden.

1.4 Organisatorische Maßnahmen

(1) Der Arbeitgeber darf Tätigkeiten mit Gefahrstoffen, die zu Brand- oder Explosionsgefährdungen führen können, nur zuverlässigen, mit den Tätigkeiten, den dabei auftretenden Gefährdungen und

den erforderlichen Schutzmaßnahmen vertrauten und entsprechend unterwiesenen Beschäftigten übertragen.

(2) In Arbeitsbereichen mit Gefahrstoffen, die zu Brand- oder Explosionsgefährdungen führen können, ist bei besonders gefährlichen Tätigkeiten und bei Tätigkeiten, die durch eine Wechselwirkung mit anderen Tätigkeiten Gefährdungen verursachen können, ein Arbeitsfreigabesystem mit besonderen schriftlichen Anweisungen des Arbeitgebers anzuwenden. Die Arbeitsfreigabe ist vor Beginn der Tätigkeiten von einer hierfür verantwortlichen Person zu erteilen.

(3) Werden in Arbeitsbereichen, in denen Tätigkeiten mit Gefahrstoffen ausgeübt werden, die zu Brand- oder Explosionsgefährdungen führen können, Beschäftigte tätig und kommt es dabei zu einer besonderen Gefährdung, sind zuverlässige, mit den Tätigkeiten, den dabei auftretenden Gefährdungen und den erforderlichen Schutzmaßnahmen vertraute Personen mit der Aufsichtsführung zu beauftragen. Die Aufsicht führende Person hat insbesondere dafür zu sorgen, dass

1.
    mit den Tätigkeiten erst begonnen wird, wenn die in der Gefährdungsbeurteilung nach § 6 festgelegten Maßnahmen ergriffen sind und ihre Wirksamkeit nachgewiesen ist, und
2.
    ein schnelles Verlassen des Arbeitsbereichs jederzeit möglich ist.

1.5 Schutzmaßnahmen für die Lagerung

(1) Gefahrstoffe dürfen nur an dafür geeigneten Orten und in geeigneten Einrichtungen gelagert werden. Sie dürfen nicht an oder in der Nähe von Orten gelagert werden, an denen dies zu einer Gefährdung der Beschäftigten oder anderer Personen führen kann.

(2) In Arbeitsräumen dürfen Gefahrstoffe nur gelagert werden, wenn die Lagerung mit dem Schutz der Beschäftigten vereinbar ist und in besonderen Einrichtungen erfolgt, die dem Stand der Technik entsprechen.

(3) Gefahrstoffe dürfen nicht zusammen gelagert werden, wenn dies zu einer Erhöhung der Brand- oder Explosionsgefährdung führen kann, insbesondere durch gefährliche Vermischungen, oder wenn die gelagerten Gefahrstoffe in gefährlicher Weise miteinander reagieren können. Gefahrstoffe dürfen ferner nicht zusammen gelagert werden, wenn dies bei einem Brand oder einer Explosion zu zusätzlichen Gefährdungen von Beschäftigten oder von anderen Personen führen kann.

(4) Bereiche, in denen brennbare Gefahrstoffe in solchen Mengen gelagert werden, dass eine erhöhte Brandgefährdung besteht, sind mit dem Warnzeichen „Warnung vor feuergefährlichen Stoffen oder hoher Temperatur" nach Anhang II Nummer 3.2 der Richtlinie 92/58/EWG des Rates vom 24. Juni 1992 über Mindestvorschriften für die Sicherheits- und/oder Gesundheitsschutzkennzeichnung am Arbeitsplatz (Neunte Einzelrichtlinie im Sinne von Artikel 16 Absatz 1 der Richtlinie 89/391/EWG) (ABl. L 245 vom 26.8.1992, S. 23) zu kennzeichnen.

(5) Soweit nach der Gefährdungsbeurteilung erforderlich, sind zu Lagerorten von Gefahrstoffen Schutz- und Sicherheitsabstände einzuhalten. Dabei ist ein Sicherheitsabstand der erforderliche Abstand zwischen Lagerorten und zu schützenden Personen, ein Schutzabstand ist der erforderliche Abstand zum Schutz des Lagers gegen gefährliche Einwirkungen von außen.

1.6 Mindestvorschriften für den Explosionsschutz bei Tätigkeiten in Bereichen mit gefährlichen explosionsfähigen Gemischen

(1) Bei der Festlegung von Schutzmaßnahmen nach § 11 Absatz 2 Nummer 1 sind insbesondere Maßnahmen nach folgender Rangfolge zu ergreifen:

1.
    es sind Stoffe und Gemische einzusetzen, die keine explosionsfähigen Gemische bilden können, soweit dies nach dem Stand der Technik möglich ist,
2.
    ist dies nicht möglich, ist die Bildung von gefährlichen explosionsfähigen Gemischen zu verhindern oder einzuschränken, soweit dies nach dem Stand der Technik möglich ist,

3.

gefährliche explosionsfähige Gemische sind gefahrlos nach dem Stand der Technik zu beseitigen.

Soweit nach der Gefährdungsbeurteilung erforderlich, sind die Maßnahmen zur Vermeidung gefährlicher explosionsfähiger Gemische durch geeignete technische Einrichtungen zu überwachen.

(2) Kann nach Durchführung der Maßnahmen nach Absatz 1 die Bildung gefährlicher explosionsfähiger Gemische nicht sicher verhindert werden, hat der Arbeitgeber zu beurteilen

1.

die Wahrscheinlichkeit und die Dauer des Auftretens gefährlicher explosionsfähiger Gemische,

2.

die Wahrscheinlichkeit des Vorhandenseins, der Entstehung und des Wirksamwerdens von Zündquellen einschließlich elektrostatischer Entladungen und

3.

das Ausmaß der zu erwartenden Auswirkungen von Explosionen.

Treten bei explosionsfähigen Gemischen mehrere Arten von brennbaren Gasen, Dämpfen, Nebeln oder Stäuben gleichzeitig auf, so müssen die Schutzmaßnahmen auf die größte Gefährdung ausgerichtet sein.

(3) Kann das Auftreten gefährlicher explosionsfähiger Gemische nicht sicher verhindert werden, sind Schutzmaßnahmen zu ergreifen, um eine Zündung zu vermeiden. Für die Festlegung von Maßnahmen und die Auswahl der Arbeitsmittel kann der Arbeitgeber explosionsgefährdete Bereiche nach Nummer 1.7 in Zonen einteilen und entsprechende Zuordnungen nach Nummer 1.8 vornehmen.

(4) Kann eine Explosion nicht sicher verhindert werden, sind Maßnahmen des konstruktiven Explosionsschutzes zu ergreifen, um die Ausbreitung der Explosion zu begrenzen und die Auswirkungen der Explosion auf die Beschäftigten so gering wie möglich zu halten.

(5) Arbeitsbereiche, in denen gefährliche explosionsfähige Atmosphäre auftreten kann, sind an ihren Zugängen zu kennzeichnen mit dem Warnzeichen nach Anhang III der Richtlinie 1999/92/EG des Europäischen Parlaments und des Rates vom 16. Dezember 1999 über Mindestvorschriften zur Verbesserung des Gesundheitsschutzes und der Sicherheit der Arbeitnehmer, die durch explosionsfähige Atmosphären gefährdet werden können (Fünfzehnte Einzelrichtlinie im Sinne von Artikel 16 Absatz 1 der Richtlinie 89/391/EWG) (ABl. L 23 vom 28.1.2000, S. 57, L 134 vom 7.6.2000, S. 36), die durch die Richtlinie 2007/30/EG (ABl. L 165 vom 27.6.2007, S. 21) geändert worden ist.

1.7 Zoneneinteilung explosionsgefährdeter Bereiche
Zone 0
ist ein Bereich, in dem gefährliche explosionsfähige Atmosphäre als Gemisch aus Luft und brennbaren Gasen, Dämpfen oder Nebeln ständig, über lange Zeiträume oder häufig vorhanden ist.
Zone 1
ist ein Bereich, in dem sich im Normalbetrieb gelegentlich eine gefährliche explosionsfähige Atmosphäre als Gemisch aus Luft und brennbaren Gasen, Dämpfen oder Nebeln bilden kann.
Zone 2
ist ein Bereich, in dem im Normalbetrieb eine gefährliche explosionsfähige Atmosphäre als Gemisch aus Luft und brennbaren Gasen, Dämpfen oder Nebeln normalerweise nicht auftritt, und wenn doch, dann nur selten und für kurze Zeit.
Zone 20
ist ein Bereich, in dem gefährliche explosionsfähige Atmosphäre in Form einer Wolke aus brennbarem Staub, der in der Luft enthalten ist, ständig, über lange Zeiträume oder häufig vorhanden ist.
Zone 21
ist ein Bereich, in dem sich im Normalbetrieb gelegentlich eine gefährliche explosionsfähige Atmosphäre in Form einer Wolke aus in der Luft enthaltenem brennbaren Staub bilden kann.

Zone 22
ist ein Bereich, in dem im Normalbetrieb eine gefährliche explosionsfähige Atmosphäre in Form einer Wolke aus in der Luft enthaltenem brennbaren Staub normalerweise nicht auftritt, und wenn doch, dann nur selten und für kurze Zeit.
Als Normalbetrieb gilt der Zustand, in dem Anlagen innerhalb ihrer Auslegungsparameter verwendet werden. Im Zweifelsfall ist die strengere Zone zu wählen. Schichten, Ablagerungen und Aufhäufungen von brennbarem Staub sind wie jede andere Ursache, die zur Bildung einer gefährlichen explosionsfähigen Atmosphäre führen kann, zu berücksichtigen. Die Zoneneinteilung ist in der Dokumentation der Gefährdungsbeurteilung (Explosionsschutzdokument) zu dokumentieren.

1.8 Mindestvorschriften für Einrichtungen in explosionsgefährdeten Bereichen sowie für Einrichtungen in nichtexplosionsgefährdeten Bereichen, die für den Explosionsschutz in explosionsgefährdeten Bereichen von Bedeutung sind
(1) Arbeitsmittel einschließlich Anlagen und Geräte, Schutzsysteme und den dazugehörigen Verbindungsvorrichtungen dürfen nur in Betrieb genommen werden, wenn aus der Dokumentation der Gefährdungsbeurteilung hervorgeht, dass sie in explosionsgefährdeten Bereichen sicher verwendet werden können. Dies gilt auch für Arbeitsmittel und die dazugehörigen Verbindungsvorrichtungen, die nicht Geräte oder Schutzsysteme im Sinne der Richtlinie 2014/34/EU des Europäischen Parlaments und des Rates vom 26. Februar 2014 zur Harmonisierung der Rechtsvorschriften der Mitgliedstaaten für Geräte und Schutzsysteme zur bestimmungsgemäßen Verwendung in explosionsgefährdeten Bereichen (ABl. L 96 vom 29.3.2014, S. 309) sind, wenn ihre Verwendung in einer Einrichtung an sich eine potenzielle Zündquelle darstellt. Verbindungsvorrichtungen dürfen nicht verwechselt werden können; hierfür sind die erforderlichen Maßnahmen zu ergreifen.
(2) Sofern in der Gefährdungsbeurteilung nichts anderes vorgesehen ist, sind in explosionsgefährdeten Bereichen Geräte und Schutzsysteme entsprechend den Kategorien der Richtlinie 2014/34/EU auszuwählen.
(3) Insbesondere sind in explosionsgefährdeten Bereichen, die in Zonen eingeteilt sind, folgende Kategorien von Geräten zu verwenden:

–
      in Zone 0 oder Zone 20: Geräte der Kategorie 1,

–
      in Zone 1 oder Zone 21: Geräte der Kategorie 1 oder der Kategorie 2,

–
      in Zone 2 oder Zone 22: Geräte der Kategorie 1, der Kategorie 2 oder der Kategorie 3.
(4) Für explosionsgefährdete Bereiche, die nicht nach Nummer 1.7 in Zonen eingeteilt sind, sind die Maßnahmen auf der Grundlage der Gefährdungsbeurteilung festzulegen und durchzuführen. Dies gilt insbesondere für

1.
      zeitlich und örtlich begrenzte Tätigkeiten, bei denen nur für die Dauer dieser Tätigkeiten mit dem Auftreten gefährlicher explosionsfähiger Atmosphäre gerechnet werden muss,

2.
      An- und Abfahrprozesse in Anlagen, die nur sehr selten oder ausnahmsweise durchgeführt werden müssen und

3.
      Errichtungs- oder Instandhaltungsarbeiten.

Nummer 2
Partikelförmige Gefahrstoffe

2.1

Anwendungsbereich

Nummer 2 gilt für Tätigkeiten mit Exposition gegenüber allen alveolengängigen und einatembaren Stäuben. Nummer 2.4 gilt ergänzend für Tätigkeiten, bei denen Asbeststaub oder Staub von asbesthaltigen Materialien freigesetzt wird oder freigesetzt werden kann. Abweichungen von den Nummern 2.4.2 bis 2.4.5 sind möglich, sofern es sich um Tätigkeiten handelt, die nur zu einer geringen Exposition führen.

2.2
Begriffsbestimmungen

(1) Stäube, einschließlich Rauche, sind disperse Verteilungen fester Stoffe in der Luft, die insbesondere durch mechanische, thermische oder chemische Prozesse oder durch Aufwirbelung entstehen.

(2) Einatembar ist derjenige Anteil von Stäuben im Atembereich von Beschäftigten, der über die Atemwege aufgenommen werden kann. Alveolengängig ist derjenige Anteil von einatembaren Stäuben, der die Alveolen und Bronchiolen erreichen kann.

(3) Asbest im Sinne von Nummer 2 und Anhang II Nummer 1 sind folgende Silikate mit Faserstruktur:

1.
Aktinolith, CAS-Nummer[*]) 77536-66-4,

2.
Amosit, CAS-Nummer 12172-73-5,

3.
Anthophyllit, CAS-Nummer 77536-67-5,

4.
Chrysotil, CAS-Nummer 12001-29-5 und CAS-Nummer 132207-32-0,

5.
Krokydolith, CAS-Nummer 12001-28-4,

6.
Tremolit, CAS-Nummer 77536-68-6.

2.3
Ergänzende Schutzmaßnahmen für Tätigkeiten mit Exposition gegenüber einatembaren Stäuben

(1) Die Gefährdungsbeurteilung nach § 6 bei Tätigkeiten mit Stoffen, Gemischen und Erzeugnissen, die Stäube freisetzen können, ist unter Beachtung ihres Staubungsverhaltens vorzunehmen.

(2) Bei Tätigkeiten mit Exposition gegenüber einatembaren Stäuben, für die kein stoffbezogener Arbeitsplatzgrenzwert festgelegt ist, sind die Schutzmaßnahmen entsprechend der Gefährdungsbeurteilung nach § 6 so festzulegen, dass mindestens die Arbeitsplatzgrenzwerte für den einatembaren Staubanteil und für den alveolengängigen Staubanteil eingehalten werden.

(3) Maschinen und Geräte sind so auszuwählen und zu betreiben, dass möglichst wenig Staub freigesetzt wird. Staub emittierende Anlagen, Maschinen und Geräte müssen mit einer wirksamen Absaugung versehen sein, soweit dies nach dem Stand der Technik möglich ist und die Staubfreisetzung nicht durch andere Maßnahmen verhindert wird.

(4) Bei Tätigkeiten mit Staubexposition ist eine Ausbreitung des Staubs auf unbelastete Arbeitsbereiche zu verhindern, soweit dies nach dem Stand der Technik möglich ist.

(5) Stäube sind an der Austritts- oder Entstehungsstelle möglichst vollständig zu erfassen und gefahrlos zu entsorgen. Die abgesaugte Luft ist so zu führen, dass so wenig Staub wie möglich in die Atemluft der Beschäftigten gelangt. Die abgesaugte Luft darf nur in den Arbeitsbereich zurückgeführt werden, wenn sie ausreichend gereinigt worden ist.

(6) Ablagerungen von Stäuben sind zu vermeiden. Ist dies nicht möglich, so sind die Staubablagerungen durch Feucht- oder Nassverfahren nach dem Stand der Technik oder durch saugende Verfahren unter Verwendung geeigneter Staubsauger oder Entstauber zu beseitigen. Das Reinigen des Arbeitsbereichs durch Kehren ohne Staub bindende Maßnahmen oder Abblasen von Staubablagerungen mit Druckluft ist grundsätzlich nicht zulässig.

(7) Einrichtungen zum Abscheiden, Erfassen und Niederschlagen von Stäuben müssen dem Stand der Technik entsprechen. Bei der ersten Inbetriebnahme dieser Einrichtungen ist deren

ausreichende Wirksamkeit zu überprüfen. Die Einrichtungen sind mindestens jährlich auf ihre Funktionsfähigkeit zu prüfen, zu warten und gegebenenfalls in Stand zu setzen. Die niedergelegten Ergebnisse der Prüfungen nach den Sätzen 2 und 3 sind aufzubewahren.

(8) Für staubintensive Tätigkeiten sind geeignete organisatorische Maßnahmen zu ergreifen, um die Dauer der Exposition so weit wie möglich zu verkürzen. Ergibt die Gefährdungsbeurteilung nach § 6, dass die in Absatz 2 in Bezug genommenen Arbeitsplatzgrenzwerte nicht eingehalten werden können, hat der Arbeitgeber geeignete persönliche Schutzausrüstung, insbesondere zum Atemschutz, zur Verfügung zu stellen. Diese ist von den Beschäftigten zu tragen. Den Beschäftigten sind getrennte Aufbewahrungsmöglichkeiten für die Arbeitskleidung und für die Straßenkleidung sowie Waschräume zur Verfügung zu stellen.

2.4
Ergänzende Vorschriften zum Schutz gegen Gefährdung durch Asbest

2.4.1
Ermittlung und Beurteilung der Gefährdung durch Asbest

Der Arbeitgeber hat bei der Gefährdungsbeurteilung nach § 6 festzustellen, ob Beschäftigte bei Tätigkeiten Asbeststaub oder Staub von asbesthaltigen Materialien ausgesetzt sind oder ausgesetzt sein können. Dies gilt insbesondere für Abbruch-, Sanierungs- und Instandhaltungsarbeiten mit asbesthaltigen Erzeugnissen oder Materialien. Vor allem hat der Arbeitgeber zu ermitteln, ob Asbest in schwach gebundener Form vorliegt.

2.4.2
Anzeige an die Behörde

(1) Tätigkeiten nach Nummer 2.1 Satz 2 müssen der zuständigen Behörde angezeigt werden. Der Arbeitgeber hat den Beschäftigten und ihrer Vertretung Einsicht in die Anzeige zu gewähren.

(2) Die Anzeige muss spätestens sieben Tage vor Beginn der Tätigkeiten durch den Arbeitgeber erfolgen und mindestens folgende Angaben enthalten:

1.
Lage der Arbeitsstätte,

2.
verwendete oder gehandhabte Asbestarten und -mengen,

3.
ausgeübte Tätigkeiten und angewendete Verfahren,

4.
Anzahl der beteiligten Beschäftigten,

5.
Beginn und Dauer der Tätigkeiten,

6.
Maßnahmen zur Begrenzung der Asbestfreisetzung und zur Begrenzung der Asbestexposition der Beschäftigten.

(3) Abbruch-, Sanierungs- und Instandhaltungsarbeiten mit Asbest dürfen nur von Fachbetrieben durchgeführt werden, deren personelle und sicherheitstechnische Ausstattung für diese Tätigkeiten geeignet ist. Bei den Arbeiten ist dafür zu sorgen, dass mindestens eine weisungsbefugte sachkundige Person vor Ort tätig ist. Die Sachkunde wird durch die erfolgreiche Teilnahme an einem von der zuständigen Behörde anerkannten Sachkundelehrgang nachgewiesen. Sachkundenachweise gelten für den Zeitraum von sechs Jahren. Abweichend von Satz 4 behalten Sachkundenachweise, die vor dem 1. Juli 2010 erworben wurden, bis zum 30. Juni 2016 ihre Gültigkeit. Wird während der Geltungsdauer des Sachkundenachweises ein behördlich anerkannter Fortbildungslehrgang besucht, verlängert sich die Geltungsdauer um sechs Jahre, gerechnet ab dem Datum des Nachweises über den Abschluss des Fortbildungslehrgangs.

(4) Abbruch- und Sanierungsarbeiten bei Vorhandensein von Asbest in schwach gebundener Form dürfen nur von Fachbetrieben durchgeführt werden, die von der zuständigen Behörde zur Ausführung dieser Tätigkeiten zugelassen worden sind. Die Zulassung ist auf schriftlichen oder elektronischen Antrag des Arbeitgebers zu erteilen, wenn dieser nachgewiesen hat, dass die für

diese Tätigkeiten notwendige personelle und sicherheitstechnische Ausstattung im notwendigen Umfang gegeben ist.

2.4.3
Ergänzende Schutzmaßnahmen bei Tätigkeiten mit Asbestexposition
(1) Die Ausbreitung von Asbeststaub ist durch eine staubdichte Abtrennung des Arbeitsbereichs oder durch geeignete Schutzmaßnahmen, die einen gleichartigen Sicherheitsstandard gewährleisten, zu verhindern.
(2) Durch eine ausreichend dimensionierte raumlufttechnische Anlage ist sicherzustellen, dass der Arbeitsbereich durchlüftet und ein ausreichender Unterdruck gehalten wird.
(3) Der Arbeitsbereich ist mit einer Personenschleuse mit Dusche und einer Materialschleuse auszustatten.
(4) Den Beschäftigten sind geeignete Atemschutzgeräte, Schutzanzüge und, soweit erforderlich, weitere persönliche Schutzausrüstung zur Verfügung zu stellen. Der Arbeitgeber hat sicherzustellen, dass die Beschäftigten die persönliche Schutzausrüstung verwenden.
(5) Kontaminierte persönliche Schutzausrüstung und die Arbeitskleidung müssen entweder gereinigt oder entsorgt werden. Sie können auch in geeigneten Einrichtungen außerhalb des Betriebs gereinigt werden. Die Reinigung ist so durchzuführen, dass Beschäftigte Asbeststaub nicht ausgesetzt werden. Das Reinigungsgut ist in geschlossenen, gekennzeichneten Behältnissen aufzubewahren und zu transportieren.
(6) Den Beschäftigten müssen geeignete Waschräume mit Duschen zur Verfügung gestellt werden.
(7) Vor Anwendung von Abbruchtechniken sind asbesthaltige Materialien zu entfernen, soweit dies möglich ist.

2.4.4
Arbeitsplan
Vor Aufnahme von Tätigkeiten mit Asbest, insbesondere von Abbruch-, Sanierungs- und Instandhaltungsarbeiten, hat der Arbeitgeber einen Arbeitsplan aufzustellen. Der Arbeitsplan muss Folgendes vorsehen:

1.
eine Beschreibung des Arbeitsverfahrens und der verwendeten Arbeitsmittel zum Entfernen und Beseitigen von Asbest und asbesthaltigen Materialien,
2.
Angaben zur persönlichen Schutzausrüstung,
3.
eine Beschreibung, wie überprüft wird, dass im Arbeitsbereich nach Abschluss der Abbruch- oder Sanierungsarbeiten keine Gefährdung durch Asbest mehr besteht.

2.4.5
Ergänzende Bestimmungen zur Unterweisung der Beschäftigten
(1) Die Beschäftigten sind regelmäßig bezogen auf die konkrete Tätigkeit zu unterweisen. Hierbei ist der Arbeitsplan nach Nummer 2.4.4 zu berücksichtigen.
(2) Gegenstand der Unterweisung sind insbesondere folgende Punkte:

1.
Eigenschaften von Asbest und seine Wirkungen auf die Gesundheit, einschließlich der verstärkenden Wirkung durch das Rauchen,
2.
Arten von Erzeugnissen und Materialien, die Asbest enthalten können,
3.
Tätigkeiten, bei denen eine Asbestexposition auftreten kann, und die Bedeutung von Maßnahmen zur Expositionsminderung,
4.
sachgerechte Anwendung sicherer Verfahren und der persönlichen Schutzausrüstung,
5.
Maßnahmen bei Störungen des Betriebsablaufs,

6.

sachgerechte Abfallbeseitigung,

7.

arbeitsmedizinische Vorsorgeuntersuchungen nach der Verordnung zur arbeitsmedizinischen Vorsorge.

Nummer 3
Schädlingsbekämpfung

3.1
Anwendungsbereich

Nummer 3 gilt für die Schädlingsbekämpfung mit als akut toxisch Kategorie 1 bis 4 oder spezifisch zielorgantoxisch Kategorie 1 oder 2 eingestuften Stoffen und Gemischen sowie Gemischen sowie Zubereitungen, bei denen die genannten Stoffe freigesetzt werden, soweit die Bekämpfung nicht bereits durch andere Rechtsvorschriften geregelt ist. Nummer 3 gilt für jeden, der Schädlingsbekämpfung

1.

berufsmäßig bei anderen durchführt oder

2.

nicht nur gelegentlich und nicht nur in geringem Umfang im eigenen Betrieb, in dem Lebensmittel hergestellt, behandelt oder in Verkehr gebracht werden, oder in einer Einrichtung durchführt, die in § 23 Absatz 5 oder § 36 des Infektionsschutzgesetzes genannt ist.

Von einer Freisetzung ist auch auszugehen, wenn Wirkstoffe nach Satz 1 erst beim bestimmungsgemäßen Gebrauch entstehen. Nummer 3 gilt nicht, wenn eine Schädlingsbekämpfung in deutschen Flugzeugen oder auf deutschen Schiffen außerhalb des Staatsgebiets der Bundesrepublik Deutschland auf der Grundlage internationaler Gesundheitsvorschriften durchgeführt wird.

3.2
Begriffsbestimmung

Schädlingsbekämpfungsmittel sind Stoffe und Gemische, die dazu bestimmt sind, Schädlinge und Schadorganismen oder lästige Organismen unschädlich zu machen oder zu vernichten.

3.3
Allgemeine Anforderungen

Die Schädlingsbekämpfung ist so durchzuführen, dass Mensch und Umwelt nicht gefährdet werden. Sie darf nur mit Schädlingsbekämpfungsmitteln durchgeführt werden, die verkehrsfähig sind

1.

als Biozid-Produkte nach Abschnitt IIa des Chemikaliengesetzes oder

2.

als Pflanzenschutzmittel nach dem Pflanzenschutzgesetz.

3.4
Anzeigepflicht

(1) Wer Schädlingsbekämpfungen nach Nummer 3.1 erstmals durchführen oder nach mehr als einjähriger Unterbrechung wieder aufnehmen will, hat dies mindestens sechs Wochen vor Aufnahme der ersten Tätigkeit der zuständigen Behörde anzuzeigen.

(2) Die Anzeige muss insbesondere folgende Angaben enthalten:

1.

den Nachweis, dass die personelle, räumliche und sicherheitstechnische Ausstattung des Unternehmens für diese Arbeiten ausreichend geeignet ist,

2.

die Zahl der Beschäftigten, die mit den Schädlingsbekämpfungsmitteln umgehen,

3.

zu den zur Schädlingsbekämpfung vorgesehenen Schädlingsbekämpfungsmitteln die

a)

Bezeichnungen,

b)

Eigenschaften,

c)

Wirkungsmechanismen,

d)

Anwendungsverfahren und

e)

Dekontaminationsverfahren,

4.

die Bereiche der vorgesehenen Schädlingsbekämpfung sowie Zielorganismen, gegen die die Schädlingsbekämpfung durchgeführt werden soll, und

5.

das Ergebnis der Substitutionsprüfung nach § 6 Absatz 1 Satz 2 Nummer 4.

(3) Änderungen bezüglich der Angaben nach Absatz 2 Ziffer 1 bis 5 sind vom Arbeitgeber der zuständigen Behörde unverzüglich anzuzeigen.

(4) Eine ausreichend geeignete personelle Ausstattung ist gegeben, wenn geeignete und sachkundige Personen beschäftigt werden.

(5) Geeignet im Sinne von Absatz 4 ist, wer

1.

mindestens 18 Jahre alt ist,

2.

die für den Umgang mit Schädlingsbekämpfungsmitteln erforderliche Zuverlässigkeit besitzt und

3.

durch das Zeugnis einer Ärztin oder eines Arztes nach § 7 Absatz 1 der Verordnung zur arbeitsmedizinischen Vorsorge nachweist, dass keine Anhaltspunkte vorliegen, die ihn für den Umgang mit Schädlingsbekämpfungsmitteln körperlich oder geistig ungeeignet erscheinen lassen; das Zeugnis darf nicht älter als fünf Jahre sein.

(6) Sachkundig im Sinne von Absatz 4 ist, wer sich regelmäßig fortbildet und

1.

die Prüfung nach der Verordnung über die Berufsausbildung zum Schädlingsbekämpfer/zur Schädlingsbekämpferin vom 15. Juli 2004 (BGBl. I S. 1638) abgelegt hat,

2.

die Prüfung nach der Verordnung über die Prüfung zum anerkannten Abschluss Geprüfter Schädlingsbekämpfer/Geprüfte Schädlingsbekämpferin vom 19. März 1984 (BGBl. I S. 468) abgelegt hat oder

3.

die Prüfung zum Gehilfen oder Meister für Schädlingsbekämpfung nach nicht mehr geltendem Recht in der Bundesrepublik Deutschland oder nach dem Recht der Deutschen Demokratischen Republik abgelegt hat.

Sachkundig ist auch, wer eine Prüfung abgelegt oder eine Ausbildung erfolgreich abgeschlossen hat, die von der zuständigen Behörde als den Prüfungen nach Satz 1 gleichwertig anerkannt worden ist. Beschränkt sich die vorgesehene Schädlingsbekämpfung auf bestimmte Anwendungsbereiche, ist sachkundig auch, wer eine Prüfung abgelegt oder eine Ausbildung erfolgreich abgeschlossen hat, die von der zuständigen Behörde für diese Tätigkeiten als geeignet anerkannt worden ist.

3.5
Einsatz von Hilfskräften

Schädlingsbekämpfungen nach Nummer 3.1 dürfen nur solche Personen durchführen, die die Anforderungen nach Nummer 3.4 Absatz 5 und 6 erfüllen. Hilfskräfte dürfen nur unter der unmittelbaren und ständigen Aufsicht einer sachkundigen Person eingesetzt werden und müssen entsprechend ihrer Tätigkeit nachweislich regelmäßig unterwiesen werden.

3.6
Schädlingsbekämpfung in Gemeinschaftseinrichtungen
Die Anwendung von Schädlingsbekämpfungsmitteln in Gemeinschaftseinrichtungen, insbesondere in Schulen, Kindertagesstätten und Krankenhäusern, ist der zuständigen Behörde schriftlich oder elektronisch, in der Regel mindestens 14 Tage im Voraus, anzuzeigen. Erfolgt die Anzeige elektronisch, kann die zuständige Behörde Mehrfertigungen sowie die Übermittlung der der Anzeige beizufügenden Unterlagen auch in schriftlicher Form verlangen. Dabei sind der Umfang, die Anwendung, die verwendeten Mittel, das Ausbringungsverfahren und die vorgesehenen Schutzmaßnahmen anzugeben.

3.7
Dokumentation
Die Anwendung von Schädlingsbekämpfungsmitteln ist ausreichend zu dokumentieren. Die Aufzeichnungen sind mindestens fünf Jahre aufzubewahren und der zuständigen Behörde auf Verlangen vorzulegen.

Nummer 4
Begasungen

4.1
Anwendungsbereich
(1) Nummer 4 gilt für Tätigkeiten mit folgenden Stoffen und Gemischen, sofern sie als Begasungsmittel zugelassen sind und als solche eingesetzt werden:

1.
Hydrogencyanid (Cyanwasserstoff, Blausäure) sowie Stoffe und Gemische, die zum Entwickeln oder Verdampfen von Hydrogencyanid oder leicht flüchtigen Hydrogencyanidverbindungen dienen,
2.
Phosphorwasserstoff sowie Stoffe und Gemische, die Phosphorwasserstoff entwickeln,
3.
Ethylenoxid und Gemische, die Ethylenoxid enthalten,
4.
Sulfuryldifluorid (Sulfurylfluorid).

(2) Nummer 4 gilt auch für Tätigkeiten bei Raumdesinfektionen mit Formaldehydlösungen, einschließlich Stoffen und Gemischen, aus denen sich Formaldehyd entwickelt oder verdampft, oder bei denen Formaldehyd sich gasförmig oder in Form schwebfähiger Flüssigkeitströpfchen verteilt, um die Desinfektion sämtlicher Flächen eines Raumes zu erreichen.

(3) Nummer 4 gilt auch für Begasungstätigkeiten mit anderen Stoffen oder Gemischen, die als akut toxisch Kategorie 1, 2 oder 3 oder spezifisch zielorgantoxisch Kategorie 1 einzustufen und für diese Tätigkeiten zugelassen sind. Dies gilt auch für Biozid-Produkte, auf die die Übergangsbestimmungen des § 28 Absatz 8 des Chemikaliengesetzes anzuwenden sind.

(4) Nummer 4 gilt auch für Tätigkeiten an begasten Transporteinheiten jeder Art wie Fahrzeugen, Waggons, Schiffen, Tanks und Containern, die mit Begasungsmitteln behandelt worden sind, die als akut toxisch Kategorie 1, 2 oder 3 oder spezifisch zielorgantoxisch Kategorie 1 einzustufen sind. Satz 1 gilt auch für Tätigkeiten an Transporteinheiten, die im Ausland begast worden sind und in den Geltungsbereich dieser Verordnung gelangen.

(5) Nummer 4 gilt nicht für Tätigkeiten mit Begasungsmitteln in vollautomatisch programmgesteuerten Sterilisatoren im medizinischen Bereich, soweit die Tätigkeiten entsprechend

einem verfahrens- und stoffspezifischen Kriterium ausgeübt werden, das nach § 20 Absatz 4 bekannt gegeben worden ist.

4.2

Verwendungsbeschränkung

(1) Wer Tätigkeiten mit Begasungsmitteln nach Nummer 4.1 Absatz 1 bis 3 ausüben will, bedarf der Erlaubnis der zuständigen Behörde.

(2) Absatz 1 gilt nicht

1.

für Tätigkeiten, die ausschließlich der Forschung und Entwicklung oder der institutionellen Eignungsprüfung von Begasungsmitteln oder -verfahren dienen,

2.

für gelegentliche Tätigkeiten mit portionsweise verpackten Stoffen und Gemischen, die bei bestimmungsgemäßer Verwendung nicht mehr als 15 Gramm Phosphorwasserstoff entwickeln und zur Schädlingsbekämpfung im Erdreich eingesetzt werden.

(3) Abweichend von Absatz 1 bedarf es keiner Erlaubnis jedoch eines Befähigungsscheins nach Nummer 4.3.1 Absatz 2

1.

bei nicht nur gelegentlichen Tätigkeiten mit portionsweise verpackten Stoffen und Gemischen, die bei bestimmungsgemäßer Verwendung nicht mehr als 15 Gramm Phosphorwasserstoff entwickeln und zur Schädlingsbekämpfung im Erdreich eingesetzt werden, sowie

2.

für das Öffnen, Lüften und die Freigabe begaster Transporteinheiten.

(4) Während der Beförderung dürfen Schiffe und Transportbehälter nur mit Phosphorwasserstoff oder einem anderen Mittel begast werden, das nach Nummer 4.1 Absatz 3 für diesen Zweck zugelassen ist.

(5) Ethylenoxid und Gemische, die Ethylenoxid enthalten, dürfen nur in vollautomatisch programmgesteuerten Sterilisatoren und in vollautomatischen Sterilisationskammern verwendet werden.

(6) Genehmigungs- und Zulassungserfordernisse sowie Verwendungsbeschränkungen nach anderen Rechtsvorschriften bleiben unberührt.

(7) Begasungen mit anderen als akut toxisch Kategorie 1, 2 oder 3 oder spezifisch zielorgantoxisch Kategorie 1 eingestuften Stoffen und Gemischen als den in Nummer 4.1 Absatz 1 bis 3 bezeichneten, dürfen nicht durchgeführt werden. In den Fällen der Nummer 4.1 Absatz 3 ist mit der Anzeige nach Nummer 4.3.2 ein Nachweis für die Zulässigkeit der Verwendung als Begasungsmittel vorzulegen.

4.3

Allgemeine Vorschriften für Begasungstätigkeiten

4.3.1

Erlaubnis und Befähigungsschein

(1) Die Erlaubnis nach Nummer 4.2 Absatz 1 wird erteilt, wenn der Antragsteller

1.

die erforderliche Zuverlässigkeit und, soweit er Tätigkeiten mit den in der Erlaubnis benannten Begasungsmitteln selbst zu leiten beabsichtigt, einen Befähigungsschein nach Absatz 2 besitzt sowie

2.

in ausreichender Zahl über Befähigungsschein-Inhaber nach Absatz 2 verfügt; diese Befähigungsschein-Inhaber sind der zuständigen Behörde zu benennen.

(2) Einen Befähigungsschein erhält von der zuständigen Behörde, wer

1.

die erforderliche Zuverlässigkeit für Tätigkeiten mit Begasungsmitteln besitzt, die von Nummer 4.1 erfasst werden,

2.

durch das Zeugnis einer Ärztin oder eines Arztes nach § 7 Absatz 1 der Verordnung zur arbeitsmedizinischen Vorsorge nachweist, dass keine Anhaltspunkte vorliegen, die ihn für Tätigkeiten mit Begasungsmitteln körperlich oder geistig ungeeignet erscheinen lassen,

3.

die erforderliche Sachkunde und ausreichende Erfahrung für Begasungen nachweist sowie

4.

mindestens 18 Jahre alt ist.

Den Nachweis der Sachkunde nach Satz 1 Ziffer 3 hat erbracht, wer ein Zeugnis über die Teilnahme an einem von der zuständigen Behörde anerkannten Lehrgang für die beabsichtigte Tätigkeit und über die bestandene Prüfung vorlegt. Die Prüfung ist vor einer Vertreterin oder einem Vertreter der zuständigen Behörde abzulegen. Der Befähigungsschein ist entsprechend dem geführten Nachweis der Sachkunde zu beschränken.

(3) Die Erlaubnis nach Absatz 1 und der Befähigungsschein nach Absatz 2 können befristet und unter Auflagen sowie beschränkt auf bestimmte Begasungstätigkeiten erteilt werden. Auflagen können auch nachträglich angeordnet werden. Die Erlaubnis nach Absatz 1 und der Befähigungsschein nach Absatz 2 können widerrufen werden, wenn auf Grund wiederholter oder besonders schwerwiegender Verstöße gegen diese Verordnung begründete Zweifel an der Zuverlässigkeit des Inhabers bestehen.

(4) Ein Befähigungsschein erlischt, wenn der zuständigen Behörde nicht spätestens sechs Jahre nach der Ausstellung des Zeugnisses nach Absatz 2 Satz 1 Ziffer 2 ein neues Zeugnis vorgelegt wird.

4.3.2

Anzeigen

(1) Wer außerhalb einer ortsfesten Sterilisationskammer Begasungen mit Begasungsmitteln nach Nummer 4.1 durchführen will, hat dies der zuständigen Behörde spätestens eine Woche vorher schriftlich oder elektronisch anzuzeigen. Die zuständige Behörde kann in begründeten Fällen Ausnahmen hiervon zulassen. Erfolgt die Anzeige elektronisch, kann die zuständige Behörde Mehrfertigungen sowie die Übermittlung der der Anzeige beizufügenden Unterlagen auch in schriftlicher Form verlangen. Die Anzeigefrist verkürzt sich auf 24 Stunden bei Schiffs- und Containerbegasungen in Häfen sowie bei infektionshygienischen Desinfektionen. Bei Begasungen im medizinischen Bereich ist eine Anzeige nicht erforderlich.

(2) In der Anzeige sind anzugeben:

1.

die verantwortliche Person,

2.

der Tag der Begasung,

3.

ein Lageplan zum Ort der Begasung und das zu begasende Objekt mit Angabe der zu begasenden Güter,

4.

das für den Einsatz vorgesehene Begasungsmittel und die vorgesehenen Mengen,

5.

der voraussichtliche Beginn der Begasung,

6.

das voraussichtliche Ende der Begasung,

7.

der voraussichtliche Termin der Freigabe sowie

8.

der Zeitpunkt der Dichtheitsprüfung, falls diese erforderlich ist.

(3) Absatz 1 gilt nicht für Erdreichbegasungen im Freien mit Phosphorwasserstoff.

(4) Das Ausscheiden, der Wechsel und das Hinzutreten von Befähigungsschein-Inhabern sind der zuständigen Behörde unverzüglich anzuzeigen, sofern die Tätigkeiten unter dem Erlaubnisvorbehalt nach Nummer 4.2 Absatz 1 stehen.

4.3.3
Niederschrift

(1) Über Begasungen mit Begasungsmitteln nach Nummer 4.1 ist eine Niederschrift anzufertigen. Aus der Niederschrift müssen insbesondere hervorgehen:

1.

Art und Menge der Begasungsmittel,

2.

Ort, Beginn und Ende der Verwendung und

3.

der Zeitpunkt der Freigabe.

Auf Verlangen ist der zuständigen Behörde eine Kopie der Niederschrift vorzulegen.

(2) Werden Fahrzeuge, Waggons, Container, Tanks oder andere Transportbehälter begast, sind in die Niederschrift zusätzliche Anweisungen über die Beseitigung von Rückständen des Begasungsmittels sowie Angaben über die verwendeten Begasungsgeräte aufzunehmen. Die Niederschrift ist dem Auftraggeber zu übergeben.

(3) Absatz 1 gilt nicht für Erdreichbegasungen im Freien mit Phosphorwasserstoff.

4.4
Anforderungen bei Begasungen

4.4.1
Allgemeine Anforderungen

(1) Begasungen sind so durchzuführen, dass Personen nicht gefährdet werden. Objekte, die begast werden sollen, wie beispielsweise Gebäude, Räume oder Transporteinheiten, sind hierfür nach dem jeweiligen Stand der Technik hinreichend abzudichten.

(2) Für jede Begasung ist eine verantwortliche Person zu bestellen. Diese muss einen für die vorgesehene Begasung ausreichenden Befähigungsschein nach Nummer 4.3.1 Absatz 2 besitzen. Sofern mehrere vollautomatisch programmgesteuerte Sterilisatoren in einem räumlich zusammenhängenden Bereich betrieben werden, genügt die Bestellung einer verantwortlichen Person.

4.4.2
Organisatorische Maßnahmen

(1) Für Begasungen dürfen nur Personen eingesetzt werden, die sachkundig sind. Satz 1 gilt nicht für Hilfskräfte,

1.

die ausschließlich Tätigkeiten ohne oder mit nur geringem Gefährdungspotenzial nach Einweisung durch eine sachkundige Person ausführen,

2.

die bei Begasungen nach Absatz 5 eingesetzt werden oder

3.

deren Anwesenheit und Mitwirkung dazu dient, im Rahmen einer Sachkundeausbildung unter Aufsicht einer verantwortlichen Person die nach Nummer 4.3.1 Absatz 2 Satz 1 Ziffer 3 erforderliche Erfahrung zu erlangen.

(2) Bei Begasungen müssen während der Tätigkeiten, bei denen durch das Begasungsmittel nach der Gefährdungsbeurteilung nach § 6 eine erhöhte Gefährdung von Beschäftigten oder anderen Personen besteht, mindestens die verantwortliche Person und eine weitere Person anwesend sein, die die Voraussetzungen nach Nummer 4.3.1 Absatz 2 Satz 1 Ziffer 3 erfüllt. Erfolgt die Begasung in vollautomatisch programmgesteuerten Sterilisatoren, auf die Nummer 4.1 Absatz 5 nicht anwendbar ist, ist die Anwesenheit einer Person mit Befähigungsschein während der Tätigkeiten

nach Satz 1 ausreichend, wenn eine zweite Person kurzfristig verfügbar ist, die die Voraussetzungen nach Nummer 4.3.1 Absatz 2 Satz 1 Ziffer 3 erfüllt.

(3) Bei Raumdesinfektionen nach Nummer 4.1 Absatz 2 ist die Anwesenheit einer Person mit Befähigungsschein während der Tätigkeiten nach Absatz 2 Satz 1 ausreichend, wenn eine zweite Person anwesend ist, die in der Lage ist, Notfallmaßnahmen nach § 13 Absatz 1 zu ergreifen.

(4) Bei Begasungen mit Hydrogencyanid oder Sulfuryldifluorid dürfen nur Befähigungsschein-Inhaber eingesetzt werden, soweit die Teilnahme nicht der Sachkundeausbildung oder dem Nachweis ausreichender Erfahrung nach Nummer 4.3.1 Absatz 2 Satz 1 Ziffer 3 dient und die Aufsicht durch eine ausreichende Zahl von Befähigungsschein-Inhabern gewährleistet ist.

(5) Werden für Begasungen gebrauchsfertig portionierte Gemische verwendet, die Phosphorwasserstoff entwickeln, dürfen Hilfskräfte eingesetzt werden, wenn diese

1.
    von Befähigungsschein-Inhabern in ausreichender Zahl beaufsichtigt werden,

2.
    vorher unterwiesen worden sind und

3.
    gesundheitlich geeignet sind.

4.4.3
    Begasung von Räumen und ortsbeweglichen Transporteinheiten und Gütern in Räumen

(1) Die Benutzer angrenzender Räume und Gebäude sind spätestens 24 Stunden vor Beginn der Begasung mit Begasungsmitteln nach Nummer 4.1 schriftlich unter Hinweis auf die Gefahren der Begasungsmittel zu warnen. Satz 1 gilt nicht bei Begasungen in ortsfesten Sterilisatoren und Sterilisationskammern.

(2) An den Zugängen zu Räumen, die begast werden sollen, sind vor Beginn der Begasung Warnzeichen nach Nummer 4.4.4 Absatz 1 und 2 anzubringen. Zusätzlich sind die Zugänge zu den Räumen mit dem Namen, der Anschrift und der Telefonnummer des Begasungsunternehmens zu versehen.

(3) Nach der Einbringung des Begasungsmittels bis zur Freigabe der begasten Räume muss die verantwortliche Person für den Bedarfsfall verfügbar sein.

(4) Die verantwortliche Person darf Räume, begaste Güter oder die Nutzung von Einrichtungsgegenständen erst freigeben, wenn durch geeignete Nachweisverfahren sichergestellt ist, dass keine Gefährdung mehr durch Begasungsmittelreste besteht.

4.4.4
    Begasung ortsbeweglicher Transporteinheiten im Freien

(1) Transporteinheiten wie Fahrzeuge, Waggons, Container, Tanks oder andere Transportbehälter dürfen im Freien nur mit einem allseitigen Sicherheitsabstand von mindestens 10 Metern zu Gebäuden begast werden. Sie sind von der verantwortlichen Person auf ihre Gasdichtheit zu prüfen, abzudichten sowie für die Dauer der Begasung abzuschließen, zu verplomben und allseitig sichtbar mit Warnzeichen nach Absatz 2 zu kennzeichnen. Zusätzlich sind sie mit dem Namen, der Anschrift und der Telefonnummer des Begasungsunternehmens zu versehen. Das Warnzeichen muss rechteckig, mindestens 300 Millimeter breit und mindestens 250 Millimeter hoch sein. Die Aufschriften müssen schwarz auf weißem Grund sein.

(2) Das Warnzeichen muss mindestens folgende Angaben tragen:

1.
    das Signalwort „GEFAHR",

2.
    das Symbol „Totenkopf mit gekreuzten Knochen" entsprechend akut toxisch Kategorie 1 bis 3,

3.
    die Aufschrift „DIESE EINHEIT IST BEGAST",

4.
    die Bezeichnung des Begasungsmittels,

5.

6.   das Datum und die Uhrzeit der Begasung,

7.   das Datum der Belüftung, sofern eine solche erfolgt ist, und

die Aufschrift „ZUTRITT VERBOTEN".
Eine Abbildung des Warnzeichens ist nachstehend dargestellt:

* entsprechende Angaben einfügen

(3) Auf Schiffen dürfen unter Gas stehende Transportbehälter nur transportiert werden, wenn die Laderäume mit einer mechanischen Lüftung ausgerüstet sind, die verhindert, dass sich Gaskonzentrationen oberhalb der Arbeitsplatzgrenzwerte entwickeln.
(4) Steht für die erforderliche Öffnung begaster Fahrzeuge, Waggons, Container, Tanks oder anderer begaster Transportbehälter keine sachkundige Person zur Verfügung, so dürfen sie nur unter Aufsicht einer fachkundigen Person geöffnet werden, die in der Lage ist, mögliche Gefährdungen von Beschäftigten oder anderen Personen zu ermitteln und zu beurteilen sowie die erforderlichen Schutzmaßnahmen zu veranlassen.

4.4.5   Begasung auf Schiffen im Hafen und während der Beförderung
(1) Begasungen auf Schiffen sind nur zulässig, wenn die Sicherheit der Besatzung und anderer Personen während der Liegezeit im Hafen und auch während eines Transits hinreichend gewährleistet ist. Neben den begasungsspezifischen Regelungen dieses Anhangs sind hierzu die international geltenden Empfehlungen der Internationalen Seeschifffahrtsorganisation (IMO) für die Anwendung von Schädlingsbekämpfungsmitteln auf Schiffen zu beachten.
(2) Die verantwortliche Person hat der Kapitänin oder dem Kapitän des Schiffs nach angemessener Begasungszeit und vor Verlassen des Hafens schriftlich mitzuteilen,

1.   welche Räume begast wurden und welche weiteren Räume während der Beförderung nicht betreten werden dürfen,

2.   welche zur Durchführung der Begasung erforderlichen technischen Änderungen am Schiff vorgenommen wurden,

3.   dass die begasten Räume hinreichend gasdicht sind und

4.   dass die an die begasten Räume angrenzenden Räume von Begasungsmitteln frei sind.
(3) Nummer 4.4.4 Absatz 1 und 2 ist entsprechend anzuwenden.

(4) Während der gesamten Beförderungsdauer muss die Gasdichtheit der begasten Räume mindestens alle acht Stunden geprüft werden. Die Ergebnisse sind in das Schiffstagebuch einzutragen.

(5) Die Hafenbehörden sind spätestens 24 Stunden vor Ankunft eines begasten Schiffs über die Art und den Zeitpunkt der Begasung zu unterrichten sowie darüber, welche Räume und Transportbehälter begast worden sind.

4.4.6
Sterilisatoren und Sterilisationskammern

(1) Begasungen in Sterilisatoren und Sterilisationskammern sind nur zulässig, wenn diese

1.
in Räumen errichtet sind, die nicht zum ständigen Aufenthalt von Menschen dienen, ausgenommen Begasungen in vollautomatischen Sterilisatoren in Arbeitsbereichen der Sterilgutversorgung,

2.
auf ihre Gasdichtheit vor jeder Begasung überprüft werden und die Gasdichtheit überwacht wird und

3.
für Mensch und Umwelt gefahrlos entlüftet werden können.

(2) Wenn keine vollautomatische Drucksteuerung und Drucküberwachung sichergestellt ist, dürfen Sterilisatoren und Sterilisationskammern nur mit Normal- oder Unterdruck betrieben werden.

(3) Die Überprüfung und Überwachung der Gasdichtheit von Sterilisationskammern ist zu dokumentieren.

Nummer 5
Ammoniumnitrat

5.1
Anwendungsbereich

(1) Nummer 5 gilt für das Lagern, Abfüllen und innerbetriebliche Befördern von

1.
Ammoniumnitrat,

2.
ammoniumnitrathaltigen Gemischen.

(2) Nummer 5 gilt nicht für

1.
Gemische mit einem Massengehalt an Ammoniumnitrat bis zu 10 Prozent,

2.
Ammoniumnitrat und ammoniumnitrathaltige Gemische der Gruppen A und E in Mengen bis zu 100 Kilogramm,

3.
ammoniumnitrathaltige Gemische der Gruppen B, C und D in Mengen bis zu 1 Tonne,

4.
Ammoniumnitrat und ammoniumnitrathaltige Gemische, die auf Grund ihrer Eigenschaften dem Sprengstoffgesetz unterliegen.

5.2
Begriffsbestimmungen

Ammoniumnitrat und die Gemische werden in folgende Gruppen eingeteilt:

1.
Gruppe A:

| | Ammoniumnitrat und ammoniumnitrathaltige Gemische, die zur detonativen Reaktion fähig sind oder die nach Nummer 5.3 Absatz 7 Tabelle 1 hinsichtlich des Ammoniumnitratgehalts den Untergruppen A I, A II, A III oder A IV zugeordnet sind; |

2.

Gruppe B:
ammoniumnitrathaltige Gemische die zur selbstunterhaltenden fortschreitenden thermischen Zersetzung fähig sind;

3.

Gruppe C:
ammoniumnitrathaltige Gemische, die weder zur selbstunterhaltenden fortschreitenden thermischen Zersetzung noch zur detonativen Reaktion fähig sind, jedoch beim Erhitzen Stickoxide entwickeln;

4.

Gruppe D:
ammoniumnitrathaltige Gemische, die in wässriger Lösung oder Suspension ungefährlich, in kristallisiertem Zustand unter Reduktion des ursprünglichen Wassergehalts jedoch zur detonativen Reaktion fähig sind;

5.

Gruppe E:
ammoniumnitrathaltige Gemische, die als Wasser-in-Öl-Emulsionen vorliegen und als Vorprodukte für die Herstellung von Sprengstoffen dienen.

5.3
Allgemeine Bestimmungen

(1) Für Ammoniumnitrat und ammoniumnitrathaltige Gemische der in Nummer 5.2 genannten Gruppen gilt Nummer 5.4.

(2) Ammoniumnitrat und ammoniumnitrathaltige Gemische der Gruppen A, B, C oder E müssen in ihren Bestandteilen fein verteilt und innig gemischt sein und dürfen sich während der Lagerung, Beförderung oder Abfüllung nicht entmischen.

(3) Ammoniumnitrathaltige Düngemittel in Abmischungen als Stickstoff-Kalium- oder Stickstoff-Phosphor-Kalium-Düngemittel (NK- oder NPK-Bulk Blends) müssen nach den Vorschriften der Gruppe B oder nur nach Maßgabe der festgestellten Gefährlichkeit gelagert werden. Werden bei der Abmischung Düngemittel der Gruppe A verwendet, muss die Lagerung nach den Vorschriften der Gruppe A oder ebenfalls nach Maßgabe der festgestellten Gefährlichkeit erfolgen.

(4) Als Ammoniumnitrat gelten alle Nitrationen, für die ein Äquivalent Ammoniumionen vorhanden ist.

(5) Der Massenanteil an verbrennlichen Bestandteilen ist bei ammoniumnitrathaltigen Gemischen der Untergruppe B II aus Absatz 7 Tabelle 1 unbeschränkt, bei Ammoniumnitrat und ammoniumnitrathaltigen Gemischen der Untergruppe A I nach Absatz 7 Tabelle 1 auf bis zu 0,2 Prozent und bei ammoniumnitrathaltigen Gemischen aller übrigen Untergruppen nach Absatz 7 Tabelle 1 der Gruppen A, B, C und D auf bis zu 0,4 Prozent beschränkt.

(6) Als verbrennlicher Bestandteil bei Ammoniumnitrat und ammoniumnitrathaltigen Gemischen der Untergruppe A I nach Absatz 7 Tabelle 1 gilt der Kohlenstoff, soweit es sich um organische Stoffe handelt.

(7) Inerte Stoffe im Sinne von Nummer 5 sind Stoffe, die die thermische Sensibilität und die Sensibilität gegen eine einwirkende Detonation nicht erhöhen. Im Zweifelsfall ist dies durch ein Gutachten der Bundesanstalt für Materialforschung und -prüfung nachzuweisen.

Tabelle 1

Rahmenzusammensetzungen und Grenzen für Ammoniumnitrat und
ammoniumnitrathaltige Gemische für die Zuordnung zu einer der Gruppen nach Nummer 5.2

Unter-gruppen	Massenanteil an Ammoniumnitrat in Prozent (%)	Andere Bestandteile	Besondere Bestimmungen
A I	≥ 90	Chloridgehalt ≤ 0,02 % Inerte Stoffe ≤ 10 %	Keine weiteren Ammoniumsalze sind erlaubt.
A II	> 80 bis < 90	Kalkstein, Dolomit oder Calciumcarbonat < 20 %	
A III	> 45 bis < 70	Ammoniumsulfat	Inerte Stoffe sind erlaubt.
A IV	> 70 bis < 90	Kaliumsalze, Phosphate in NP-, NK- oder NPK- Düngern, Sulfate in N-Düngern; inerte Stoffe	
B I	≤ 70	Kaliumsalze, Phosphate, inerte Stoffe und andere Ammoniumsalze in NK- oder NPK-Düngern	Bei einem Massenanteil von mehr als 45 % Ammoniumnitrat darf der Massenanteil von Ammoniumnitrat und anderen Ammoniumsalzen zusammen nicht mehr als 70 % betragen.
B II	≤ 45	Überschüssige Nitrate ≤ 10 %	Unbeschränkter Gehalt an verbrennlichen Bestandteilen; über den Gehalt an Ammoniumnitrat hinausgehende überschüssige Nitrate werden als Kaliumnitrat berechnet.
C I	≤ 80	Kalkstein, Dolomit oder Calciumcarbonat ≥ 20 %	Kalkstein, Dolomit oder Calciumcarbonat mit minimaler Reinheit von 90 %.
C II	≤ 70	Inerte Stoffe	
C III	≤ 45	Phosphate und andere Ammoniumsalze in NP-Düngern	
	> 45 bis < 70	Phosphate und andere Ammoniumsalze in NP-Düngern	Der Massenanteil an Ammoniumnitrat und anderen Ammoniumsalzen darf zusammen 70 % nicht übersteigen.
C IV	≤ 45	Ammoniumsulfat	Inerte Stoffe sind erlaubt.
D I	≤ 45	Harnstoff, Wasser	In wässriger Lösung.
D II	≤ 45	Überschüssige Nitrate ≤ 10 %, Kaliumsalze, Phosphate und andere Ammoniumsalze in NP-, NK- oder NPK-Düngern; Wasser	In wässriger Lösung oder Suspension. Überschüssige Nitrate werden als Kaliumnitrat berechnet. Der Grenzgehalt aus Spalte 2 darf sowohl in der flüssigen als auch bei Suspensionen in der festen Phase nicht überschritten werden.
D III	≤ 70	Ammoniak, Wasser	In wässriger Lösung.
D IV	> 70 bis ≤ 93	Wasser	In wässriger Lösung.
E	> 60 bis ≤ 85	≥ 5 % bis ≤ 30 % Wasser, ≥ 2 % bis ≤ 8 % verbrennliche Bestandteile, ≥ 0,5 % bis ≤ 4 % Emulgator	Anorganische Salze; Zusätze.

(8) Ammoniumnitrat und ammoniumnitrathaltige Gemische, die den in Absatz 7 Tabelle 1 festgelegten Rahmenzusammensetzungen und Grenzen innerhalb der Gruppen A, B, C, D oder E nicht zuzuordnen sind oder den Voraussetzungen der Absätze 2 und 5 nicht entsprechen, dürfen nur nach Vorliegen eines Gutachtens der Bundesanstalt für Materialforschung und -prüfung über ihre Gefährlichkeit und nach Maßgabe der darin festgelegten Anforderungen gelagert, abgefüllt oder innerbetrieblich befördert werden.

(9) Ammoniumnitrathaltige Gemische der Gruppe B können nach den für die Gruppe C geltenden Vorschriften gelagert, abgefüllt oder innerbetrieblich befördert werden, wenn diese Zubereitungen nach einem Gutachten der Bundesanstalt für Materialforschung und -prüfung frei von den Gefahren einer selbstunterhaltenden fortschreitenden thermischen Zersetzung sind.

(10) Bei Zuordnung von Ammoniumnitrat und ammoniumnitrathaltigen Gemischen nach den Absätzen 3, 8 oder 9 ist die Kennzeichnung der Gruppe entsprechend dem Gutachten der Bundesanstalt für Materialforschung und -prüfung vorzunehmen.

5.4

Vorsorgemaßnahmen

5.4.1

Grundmaßnahmen bei der Lagerung von Stoffen und Gemischen der in Nummer 5.2 genannten Gruppen

Bei der Lagerung von Stoffen und Gemischen der Gruppen A, B, C, D und E sind folgende Schutzmaßnahmen zu ergreifen:

1.

Schutz gegen Witterungseinflüsse,

2.

Schutz gegen Verunreinigungen und gefährliche Zusammenlagerung,

3.

Schutz vor unbefugtem Zugang,

4.

Brandschutz,

5.

Schutz vor unzulässiger Beanspruchung.

5.4.2

Zusätzliche Maßnahmen für Stoffe und Gemische der Gruppen und Untergruppen A, D IV und E

5.4.2.1

Allgemeine Maßnahmen

(1) Ausgelaufene oder verschüttete Stoffe und Gemische und verunreinigte Stoffe und Zubereitungen müssen unmittelbar verbraucht oder gefahrlos beseitigt werden.

(2) Die Stoffe und Gemische der Gruppe A dürfen nur verpackt gelagert und befördert werden.

(3) Im Lagerraum oder in einem Umkreis von 10 Metern um den Ort der Lagerung von Stoffen und Gemischen der Gruppe A dürfen keine brennbaren Materialien gelagert werden.

(4) Gemische der Gruppen und Untergruppen D IV und E sind vor thermischer Zersetzung zu schützen.

5.4.2.2

Zusätzliche Maßnahmen für die Lagerung von Mengen über 1 Tonne

(1) Stoffe und Gemische der Gruppe A in Mengen von mehr als 1 Tonne dürfen nur in geeigneten Gebäuden mit entsprechenden Schutzmaßnahmen und nach dem Stand der Technik gelagert werden.

(2) Gemische der Gruppen und Untergruppen D IV und E in Mengen von mehr als 1 Tonne dürfen nur in geeigneten Lagerbehältern mit entsprechenden Schutzmaßnahmen und nach dem Stand der Technik gelagert werden.

(3) Die Stoffe und Gemische der Gruppe A und Gemische der Gruppe E sind vor der Lagerung in Teilmengen von bis zu 25 Tonnen zu unterteilen.

(4) Teilmengen bis zu 25 Tonnen von Stoffen und Gemischen der Gruppe A dürfen nur gelagert werden, wenn sie

1.

voneinander durch Wände aus Mauerziegeln oder Wandbausteinen ähnlicher Festigkeit oder aus Beton getrennt werden, deren Zwischenraum mit nicht brennbaren Stoffen voll ausgefüllt ist, und wenn die Wände einschließlich des Zwischenraums eine Mindestdicke d aufweisen, die sich aus der jeweils größten Teilmenge M nach folgender Beziehung errechnet:

$d = 0,1\ M^{1/3}$ mit d in „Meter" und M in „Kilogramm",

2.

in Fällen, in denen die Trennwände nicht bis zur Decke reichen, nur bis zu einer Höhe von 1 Meter unterhalb der Wandhöhe gelagert werden.

(5) Der Ort der Lagerung muss zu Gebäuden, die dem dauernden Aufenthalt von Menschen dienen, einen Mindestabstand (Schutzabstand) E haben, der sich aus der jeweils größten Teilmenge M nach folgender Beziehung errechnet:

$E = 11\ M^{1/3}$ mit E in „Meter" und M in „Kilogramm".

Für Betriebsgebäude gilt dies nur, wenn sie auch Wohnzwecken dienen.

(6) Der Schutzabstand zu öffentlichen Verkehrswegen beträgt zwei Drittel des Abstands nach Absatz 5.

(7) Abweichend von den Absätzen 5 und 6 beträgt für Lagermengen bis zu 3 Tonnen der Schutzabstand zu bewohnten Gebäuden und zu öffentlichen Verkehrswegen mindestens 50 Meter.

5.4.2.3
Zusätzliche Maßnahmen für die Lagerung von mehr als 25 Tonnen

(1) Wer beabsichtigt, Stoffe und Gemische der Gruppen und Untergruppen A, D IV und E in Mengen von mehr als 25 Tonnen zu lagern, hat dies spätestens zwei Wochen vorher der zuständigen Behörde schriftlich oder elektronisch anzuzeigen. Erfolgt die Anzeige elektronisch, kann die zuständige Behörde Mehrfertigungen sowie die Übermittlung der der Anzeige beizufügenden Unterlagen auch in schriftlicher Form verlangen.

(2) Die Anzeige muss folgende Angaben enthalten:

1.

Name und Anschrift des Anzeigepflichtigen,

2.

Art und Höchstmenge der zu lagernden Stoffe oder Gemische,

3.

eine Beschreibung der Bauart und Einrichtung des Lagers mit Grundrissen und Schnitten,

4.

einen Lageplan, aus dem die Lage zu Gebäuden und öffentlichen Verkehrswegen im Umkreis von 350 Metern ersichtlich ist,

5.

welche der im Lageplan nach Ziffer 4 eingezeichneten Gebäude zum dauernden Aufenthalt von Menschen oder zu Wohnzwecken dienen.

(3) Änderungen bezüglich der Angaben nach Absatz 2 sind vom Arbeitgeber der zuständigen Behörde unverzüglich anzuzeigen.

(4) In Lagergebäuden für Stoffe und Gemische der Gruppe A dürfen Räume nicht zum dauernden Aufenthalt von Personen, ausgenommen von Aufsichts- und Bedienungspersonal, dienen.

(5) Stoffe und Gemische der Gruppe A dürfen nur in eingeschossigen Gebäuden gelagert werden.

5.4.3
Zusätzliche Maßnahmen für Gemische der Gruppe B

5.4.3.1
Allgemeine Maßnahmen

Feuerstätten und sonstige Zündquellen dürfen in Lagerräumen nicht vorhanden sein.

5.4.3.2

Zusätzliche Maßnahmen für die Lagerung von mehr als 100 Tonnen

(1) Die Temperatur der Gemische darf bei der Einlagerung 70 Grad Celsius nicht überschreiten.

(2) Fördermittel und ihre baulichen Einrichtungen müssen so beschaffen sein oder so betrieben werden, dass entstehende Wärme keine Zersetzung des Lagerguts einleiten kann.

5.4.3.3

Zusätzliche Maßnahmen für unverpackte Gemische über 1 500 Tonnen oder für ausschließlich verpackte Gemische über 3 000 Tonnen

(1) Die Gemische sind in Teilmengen von jeweils höchstens 3 000 Tonnen zu unterteilen. Die Unterteilung kann durch feuerbeständige Zwischenwände, durch Haufwerke aus nicht brennbarem Lagergut oder durch einen jederzeit freizuhaltenden Zwischenraum von mindestens 2,50 Metern Breite vorgenommen werden. Reichen die Zwischenwände nicht bis zur Decke, so darf das Lagergut nur bis zu einer Höhe von 1 Meter unterhalb der Wandhöhe aufgeschüttet werden.

(2) Absatz 1 ist nicht anzuwenden, wenn gleichzeitig

1.

geeignete Löscheinrichtungen vorhanden sind,

2.

Löschwasser in ausreichender Menge zur Verfügung steht,

3.

eine jederzeit einsatzbereite Werkfeuerwehr vorhanden ist,

4.

das ins Lager gelangende Lagergut abgesiebt wird und

5.

die Luft im Lagerraum und in den unterhalb der Lagerfläche befindlichen Ausspeicherkanälen fortlaufend überwacht wird.

5.4.4

Sicherheitstechnische Maßnahmen für Gemische der Gruppe D

Die Gemische sind vor Austrocknung zu bewahren.

5.5

Erleichternde Bestimmungen

5.5.1

Erleichternde Bestimmungen für bestimmte Stoffe und Gemische

Stoffe und Gemische der Untergruppen A I und A II sowie Gemische mit inerten Stoffen der Untergruppe A IV und der Gruppe E können

1.

abweichend von Nummer 5.4.2.2 Absatz 3 in Teilmengen (Stapel) von höchstens 100 Tonnen unterteilt werden und

2.

abweichend von Nummer 5.4.2.2 Absatz 5 und 6 mit einem Schutzabstand, der der Hälfte des dort geforderten Werts entspricht, gelagert werden.

Voraussetzung hierfür ist der Nachweis durch ein Gutachten der Bundesanstalt für Materialforschung und -prüfung, dass die Stoffe und Zubereitungen der Untergruppen A I, A II und A IV die Beschaffenheitsanforderungen des Anhangs III der Verordnung (EG) Nr. 2003/2003 des Europäischen Parlaments und des Rates vom 13. Oktober 2003 über Düngemittel (ABl. L 304 vom 21.11.2003, S. 1), die zuletzt durch die Verordnung (EG) Nr. 1020/2009 (ABl. L 282 vom 29.10.2009, S. 7) geändert worden ist, erfüllen und Stoffe und Zubereitungen der Gruppe E nicht detonationsfähig sind.

5.5.2

Erleichternde Bestimmungen für ammoniumnitrat- und sprengstoffherstellende Betriebe

Für ammoniumnitrat- und sprengstoffherstellende Betriebe

1.

sind Nummer 5.4.2.1 Absatz 2 und Nummer 5.4.2.3 Absatz 1 bis 3 für Stoffe und Gemische der Gruppe A nicht anzuwenden;

2.

gilt ein um die Hälfte verminderter Schutzabstand nach Nummer 5.4.2.2 Absatz 5 und 6.

5.6

Ausnahmen

Ausnahmen nach § 19 Absatz 1 durch die zuständige Behörde von den in den in Nummer 5.4.2 genannten Maßnahmen für Stoffe und Gemische der Gruppen und Untergruppen A, D IV und E ergehen im Benehmen mit der Bundesanstalt für Materialforschung und -prüfung.

*)

Nummer im Register des Chemical Abstracts Service (CAS).

Anhang II (zu § 16 Absatz 2)
Besondere Herstellungs- und Verwendungsbeschränkungen für bestimmte Stoffe, Gemische und Erzeugnisse

(Fundstelle: BGBl. I 2010, 1674 - 1676;
bzgl. der einzelnen Änderungen vgl. Fußnote)

Inhaltsübersicht

Nummer 1
Asbest

(1) Arbeiten an asbesthaltigen Teilen von Gebäuden, Geräten, Maschinen, Anlagen, Fahrzeugen und sonstigen Erzeugnissen sind verboten. Satz 1 gilt nicht für

1.

Abbrucharbeiten,

2.

Sanierungs- und Instandhaltungsarbeiten mit Ausnahme von Arbeiten, die zu einem Abtrag der Oberfläche von Asbestprodukten führen, es sei denn, es handelt sich um emissionsarme Verfahren, die behördlich oder von den Trägern der gesetzlichen Unfallversicherung anerkannt sind. Zu den Verfahren, die zum verbotenen Abtrag von asbesthaltigen Oberflächen führen, zählen insbesondere Abschleifen, Druckreinigen, Abbürsten und Bohren,

3.

Tätigkeiten mit messtechnischer Begleitung, die zu einem Abtrag der Oberfläche von Asbestprodukten führen und die notwendigerweise durchgeführt werden müssen, um eine Anerkennung als emissionsarmes Verfahren zu erhalten.

Zu den nach Satz 1 verbotenen Arbeiten zählen auch Überdeckungs-, Überbauungs- und Aufständerungsarbeiten an Asbestzementdächern und -wandverkleidungen sowie Reinigungs- und Beschichtungsarbeiten an unbeschichteten Asbestzementdächern und -wandverkleidungen. Die weitere Verwendung von bei Arbeiten anfallenden asbesthaltigen Gegenständen und Materialien zu anderen Zwecken als der Abfallbeseitigung oder Abfallverwertung ist verboten.

143

(2) Die Gewinnung, Aufbereitung, Weiterverarbeitung und Wiederverwendung von natürlich vorkommenden mineralischen Rohstoffen und daraus hergestellten Gemischen und Erzeugnissen, die Asbest mit einem Massengehalt von mehr als 0,1 Prozent enthalten, ist verboten.
(3) Asbesthaltige Abfälle sind zu versehen mit der genannten Kennzeichnung in Artikel 67 in Verbindung mit Anhang XVII Nummer 6 Spalte 2 Ziffer 3 sowie Anlage 7 dieses Anhangs der Verordnung (EG) Nr. 1907/2006.
(4) Die Absätze 1 und 3 gelten auch für private Haushalte.

Nummer 2
2-Naphthylamin, 4-Aminobiphenyl, Benzidin, 4-Nitrobiphenyl
(1) Folgende Stoffe sowie Gemische, die diese Stoffe mit einem Massengehalt von mehr als 0,1 Prozent enthalten, dürfen nicht hergestellt werden:

1.
   2-Naphthylamin und seine Salze,
2.
   4-Aminobiphenyl und seine Salze,
3.
   Benzidin und seine Salze und
4.
   4-Nitrobiphenyl.

(2) Das Herstellungsverbot nach Absatz 1 gilt nicht für Forschungs- und Analysezwecke sowie für wissenschaftliche Lehrzwecke in den dafür erforderlichen Mengen.

Nummer 3
Pentachlorphenol und seine Verbindungen
(1) Über das Verwendungsverbot nach Artikel 67 in Verbindung mit Anhang XVII Nummer 22 der Verordnung (EG) Nr. 1907/2006 hinaus dürfen solche Erzeugnisse nicht verwendet werden, die mit einem Gemisch behandelt worden sind, die Pentachlorphenol, Pentachlorphenolnatrium oder eine der übrigen Pentachlorphenolverbindungen enthält und deren von der Behandlung erfasste Teile mehr als 5 Milligramm pro Kilogramm dieser Stoffe enthalten.
(2) Absatz 1 gilt nicht für Holzbestandteile von Gebäuden und Möbeln sowie für Textilien, die vor dem 23. Dezember 1989 mit Gemischen behandelt wurden, die Pentachlorphenol, Pentachlorphenolnatrium oder eine der übrigen Pentachlorphenolverbindungen enthalten. Für das in Artikel 3 des Einigungsvertrags genannte Gebiet tritt an die Stelle des 23. Dezember 1989 der 3. Oktober 1990.
(3) Absatz 1 gilt nicht für Altholz, welches nach der Altholzverordnung vom 15. August 2002 (BGBl. I S. 3302), die zuletzt durch Artikel 2a der Verordnung vom 20. Oktober 2006 (BGBl. I S. 2298) geändert worden ist, verwertet wird.
(4) Die Absätze 1 bis 3 gelten auch für private Haushalte.

Nummer 4
Kühlschmierstoffe und Korrosionsschutzmittel
(1) Kühlschmierstoffe, denen nitrosierende Agenzien als Komponenten zugesetzt worden sind, dürfen nicht verwendet werden.
(2) Der Arbeitgeber hat im Rahmen der Gefährdungsbeurteilung nach § 6 sicherzustellen, dass den verwendeten Kühlschmierstoffen keine nitrosierenden Stoffe zugesetzt worden sind.
(3) Korrosionsschutzmittel, die gleichzeitig nitrosierende Agenzien oder deren Vorstufen, beispielsweise Nitrit, und sekundäre Amine, einschließlich verkappter sekundärer Amine, enthalten, dürfen nicht verwendet werden. Ausgenommen sind sekundäre Amine, deren zugehörige N-Nitrosamine nachweislich keine krebserzeugenden Stoffe der Kategorie 1 oder 2 sind.
(4) Wassermischbare und wassergemischte Korrosionsschutzmittel, die im Anlieferzustand nitrosierende Agenzien oder deren Vorstufen, beispielsweise Nitrit, enthalten, dürfen nicht verwendet werden.

(5) Der Arbeitgeber hat im Rahmen der Gefährdungsbeurteilung nach § 6 sicherzustellen, dass die eingesetzten Korrosionsschutzmittel den Anforderungen der Absätze 3 und 4 entsprechen.

Nummer 5
Biopersistente Fasern

(1) Folgende mineralfaserhaltige Gefahrstoffe dürfen weder für die Wärme- und Schalldämmung im Hochbau, einschließlich technischer Isolierungen, noch für Lüftungsanlagen hergestellt oder verwendet werden:

1.
   künstliche Mineralfasern (künstlich hergestellte ungerichtete glasige [Silikat-]Fasern mit einem Massengehalt von in der Summe über 18 Prozent der Oxide von Natrium, Kalium, Calcium, Magnesium und Barium),

2.
   Gemische und Erzeugnisse, die künstliche Mineralfasern mit einem Massengehalt von insgesamt mehr als 0,1 Prozent enthalten.

(2) Absatz 1 gilt nicht, wenn die künstlichen Mineralfasern eines der folgenden Kriterien erfüllen:

1.
   ein geeigneter Intraperitonealtest hat keine Anzeichen von übermäßiger Kanzerogenität ergeben,

2.
   die Halbwertzeit nach intratrachealer Instillation von 2 Milligramm einer Fasersuspension für Fasern mit einer Länge von mehr als 5 Mikrometer, einem Durchmesser von weniger als 3 Mikrometer und einem Länge-zu-Durchmesser-Verhältnis von größer als 3 zu 1 (WHO-Fasern) beträgt höchstens 40 Tage,

3.
   der Kanzerogenitätsindex KI, der sich aus der Differenz zwischen der Summe der Massengehalte (in Prozent) der Oxide von Natrium, Kalium, Bor, Calcium, Magnesium, Barium und dem doppelten Massengehalt (in Prozent) von Aluminiumoxid ergibt, ist bei künstlichen Mineralfasern mindestens 40,

4.
   Glasfasern, die für Hochtemperaturanwendungen bestimmt sind, die
   a)
      eine Klassifikationstemperatur von 1 000 Grad Celsius bis zu 1 200 Grad Celsius erfordern, besitzen eine Halbwertzeit nach den unter Ziffer 2 genannten Kriterien von höchstens 65 Tagen oder
   b)
      eine Klassifikationstemperatur von über 1 200 Grad Celsius erfordern, besitzen eine Halbwertzeit nach den unter Ziffer 2 genannten Kriterien von höchstens 100 Tagen.

(3) Spritzverfahren, bei denen krebserzeugende Mineralfasern verwendet werden, sind verboten.
(4) Die Absätze 1 bis 3 gelten auch für private Haushalte.

Nummer 6
Besonders gefährliche krebserzeugende Stoffe

(1) Die folgenden besonders gefährlichen krebserzeugenden Stoffe dürfen nur in geschlossenen Anlagen hergestellt oder verwendet werden:

1.
   6-Amino-2-ethoxynaphthalin,

2.
   Bis(chlormethyl)ether,

3.
   Cadmiumchlorid (in einatembarer Form),

4.
   Chlormethyl-methylether,

145

5.
   Dimethylcarbamoylchlorid,
6.
   Hexamethylphosphorsäuretriamid,
7.
   1,3-Propansulton,
8.
   N-Nitrosaminverbindungen, ausgenommen solche N-Nitrosaminverbindungen, bei denen sich in entsprechenden Prüfungen kein Hinweis auf krebserzeugende Wirkungen ergeben hat,
9.
   Tetranitromethan,
10.
   1,2,3-Trichlorpropan sowie
11.
   Dimethyl- und Diethylsulfat.
Die Herstellungs- und Verwendungsbeschränkung nach Satz 1 gilt auch für o-Toluidin.
(2) Die Herstellungs- und Verwendungsbeschränkung nach Absatz 1 gilt nicht für Forschungs- und Analysezwecke sowie für wissenschaftliche Lehrzwecke in den dafür erforderlichen Mengen.

Anhang III (zu § 11 Absatz 4)
Spezielle Anforderungen an Tätigkeiten mit organischen Peroxiden

(Fundstelle: BGBl. I 2013, 2531 - 2534;
bzgl. der einzelnen Änderungen vgl. Fußnote)

Inhaltsübersicht

Nummer 1
Anwendungsbereich und Begriffsbestimmungen

(1) Der Anhang III legt nur Anforderungen fest zum Schutz von Beschäftigten und Personen nach § 1 Absatz 3 Satz 2 (andere Personen) vor

a)
   Brand- und Explosionsgefährdungen sowie
b)
   den Auswirkungen von Bränden oder Explosionen.
Gesundheitsschädigende Wirkungen, die bei Tätigkeiten mit organischen Peroxiden auftreten können, werden von Anhang III nicht erfasst.
(2) Folgende Begriffsbestimmungen gelten für Anhang III:

a)
   Gefahrgruppe ist eine Einteilung von organischen Peroxiden in Abhängigkeit von ihrem Abbrandverhalten im verpackten Zustand,
b)
   Gefährliche Objekte sind Betriebsgebäude, Räume oder Plätze in oder auf denen Tätigkeiten mit organischen Peroxiden durchgeführt werden,
c)
   Schutzabstände sind die zwischen gefährlichen Objekten und der Nachbarschaft, insbesondere Wohnbereichen und Verkehrswegen, einzuhaltenden Abstände,

146

d)

   Sicherheitsabstände sind die innerhalb eines Betriebsgeländes einzuhaltenden Abstände,

e)

   Verkehrswege sind Straßen, Schienen- und Schifffahrtswege, die uneingeschränkt dem öffentlichen Verkehr zugänglich sind, ausgenommen solche mit geringer Verkehrsdichte,

f)

   Wohnbereich ist ein Bereich, in dem sich bewohnte Gebäude befinden und der nicht mit dem Betrieb in Zusammenhang steht; zu den bewohnten Gebäuden zählen auch Gebäude und Anlagen mit Räumen, die nicht nur zum vorübergehenden Aufenthalt von Personen bestimmt und geeignet sind.

Nummer 2
Tätigkeiten mit organischen Peroxiden

2.1 Anwendungsbereich

(1) Nummer 2 gilt für Tätigkeiten mit organischen Peroxiden.

(2) Nummer 2 gilt nicht für

a)

   Tätigkeiten mit organischen Peroxiden in Form von Gemischen, wenn

   aa)

      das Gemisch nicht mehr als 1,0 Prozent Aktivsauerstoff aus den organischen Peroxiden bei höchstens 1,0 Prozent Wasserstoffperoxid enthält oder

   bb)

      das Gemisch nicht mehr als 0,5 Prozent Aktivsauerstoff aus den organischen Peroxiden bei mehr als 1,0 Prozent, jedoch höchstens 7,0 Prozent Wasserstoffperoxid enthält,

b)

   Tätigkeiten mit organischen Peroxiden in Kleinpackungen mit einem Inhalt von bis zu 100 Gramm festem oder bis zu 25 Milliliter flüssigem organischen Peroxid, sofern

   aa)

      die organischen Peroxide nicht dem Sprengstoffgesetz unterfallen,

   bb)

      die Kleinpackungen handelsfertig in Verkehr gebracht worden sind und die im Betrieb vorhandene Gesamtmasse der organischen Peroxide in den Kleinpackungen einen Inhalt von insgesamt 100 Kilogramm nicht übersteigt,

c)

   das Aufbewahren explosionsgefährlicher organischer Peroxide, sofern diese den Bestimmungen der Zweiten Verordnung zum Sprengstoffgesetz in der Fassung der Bekanntmachung vom 10. September 2002 (BGBl. I S. 3543), die zuletzt durch Artikel 2 der Verordnung vom 26. November 2010 (BGBl. I S. 1643) geändert worden ist, unterliegen.

2.2 Begriffsbestimmungen

Folgende Begriffsbestimmungen gelten für Nummer 2:

a)

   Aktivsauerstoff ist der für Oxidationsreaktionen verfügbare abspaltbare Sauerstoff der Peroxidgruppe (pro Peroxogruppe jeweils ein Sauerstoffatom), .

b)

   der korrigierte Stoffdurchsatz Ak (angegeben in Kilogramm/Minute) charakterisiert das Abbrandverhalten eines organischen Peroxids in seiner Verpackung bezogen auf eine Menge von 10 000 Kilogramm. Darin sind das Maß der Vollständigkeit und Gleichmäßigkeit des Abbrandes sowie das Wärmestrahlungsvermögen der Flammen berücksichtigt.

2.3 Zuordnung organischer Peroxide zu Gefahrgruppen

147

(1) Der Arbeitgeber darf eine Tätigkeit mit einem organischen Peroxid nur ausüben lassen, wenn die Bundesanstalt für Materialforschung und -prüfung für dieses organische Peroxid eine Gefahrgruppe nach Absatz 2 bekannt gegeben hat. Hat die Bundesanstalt für Materialforschung und -prüfung für explosionsgefährliche organische Peroxide die Lagergruppenzuordnung I, II oder III nach der Zweiten Verordnung zum Sprengstoffgesetz in der Fassung der Bekanntmachung vom 10. September 2002 (BGBl. I S. 3543), die zuletzt durch Artikel 2 der Verordnung vom 26. November 2010 (BGBl. I S. 1643) geändert worden ist, bekannt gegeben, gilt für diese organischen Peroxide entsprechend die Gefahrgruppe OP I, OP II oder OP III als bekannt gegeben. Satz 1 findet keine Anwendung auf organische Peroxide in Form von Gemischen, die organische Peroxide mit einem Massengehalt unter 10 Prozent und Wasserstoffperoxid mit einem Massengehalt unter 5 Prozent enthalten.

(2) Für die Einteilung in Gefahrgruppen gelten folgende Kriterien:

a)

Gefahrgruppe OP I: organische Peroxide dieser Gruppe brennen sehr heftig unter starker Wärmeentwicklung ab; der Brand breitet sich rasch aus; Packungen organischer Peroxide können auch vereinzelt mit geringer Druckwirkung explodieren; dabei kann sich der gesamte Inhalt einer Packung umsetzen; einzelne brennende Packungen können fortgeschleudert werden; die Gefährdung der Umgebung durch Wurfstücke ist gering; Gebäude in der Umgebung sind im Allgemeinen durch Druckwirkung nicht gefährdet; diese Gefahrgruppe wird in die Untergruppen Ia und Ib unterteilt; die Gefahrgruppe OP Ia umfasst die organischen Peroxide mit einem korrigierten Stoffdurchsatz Ak größer oder gleich 300 Kilogramm/Minute; die Gefahrgruppe OP Ib umfasst die organischen Peroxide mit einem korrigierten Stoffdurchsatz Ak größer oder gleich 140 Kilogramm/Minute, jedoch kleiner 300 Kilogramm/Minute,

b)

Gefahrgruppe OP II: organische Peroxide dieser Gruppe brennen heftig unter starker Wärmeentwicklung ab; der Brand breitet sich rasch aus; die Packungen organischer Peroxide können auch vereinzelt mit geringer Druckwirkung explodieren; dabei setzt sich jedoch nicht der gesamte Inhalt einer Packung um; die Umgebung ist hauptsächlich durch Flammen und Wärmestrahlung gefährdet; Bauten in der Umgebung sind durch Druckwirkung nicht gefährdet; die Gefahrgruppe OP II umfasst die organischen Peroxide mit einem korrigierten Stoffdurchsatz Ak größer oder gleich 60 Kilogramm/Minute, jedoch kleiner 140 Kilogramm/Minute,

c)

Gefahrgruppe OP III: organische Peroxide dieser Gruppe brennen ab, wobei die Auswirkungen des Brandes denen brennbarer Stoffe vergleichbar sind; die Gefahrgruppe OP III umfasst die organischen Peroxide mit einem korrigierten Stoffdurchsatz Ak kleiner 60 Kilogramm/Minute,

d)

Gefahrgruppe OP IV: organische Peroxide dieser Gruppe sind schwer entzündbar und brennen so langsam ab, dass die Umgebung durch Flammen und Wärmestrahlung praktisch nicht gefährdet ist; die Angabe eines korrigierten Stoffdurchsatzes Ak ist für diese Gefahrgruppe nicht möglich.

(3) Liegt für ein organisches Peroxid keine Gefahrgruppenzuordnung vor, hat der Arbeitgeber eine solche bei der Bundesanstalt für Materialforschung und -prüfung schriftlich oder elektronisch zu beantragen. Dem Antrag sind die erforderlichen Unterlagen beizufügen. Die Bundesanstalt für Materialforschung und -prüfung gibt die Gefahrgruppenzuordnung bekannt.

(4) Abweichend von Absatz 3 kann der Arbeitgeber auch von einer anderen geeigneten Stelle prüfen lassen, welche Gefahrgruppenzuordnung vorzunehmen ist. In diesem Fall hat der Arbeitgeber das Prüfergebnis mit den erforderlichen Unterlagen der Bundesanstalt für Materialforschung und -prüfung vorzulegen. Die Bundesanstalt für Materialforschung und -prüfung gibt die Gefahrgruppenzuordnung bekannt, wenn diese als zutreffend bewertet worden ist.

(5) Bis zur Bekanntgabe der Gefahrgruppenzuordnung durch die Bundesanstalt für Materialforschung und -prüfung müssen organische Peroxide mit einer Peroxidkonzentration

a)

    größer oder gleich 57 Prozent wie organische Peroxide der Gefahrgruppe OP Ib,

b)

    größer oder gleich 32 Prozent, aber kleiner 57 Prozent wie organische Peroxide der Gefahrgruppe OP II,

c)

    größer oder gleich 10 Prozent, aber kleiner 32 Prozent wie organische Peroxide der Gefahrgruppe OP III

behandelt werden.

(6) Nicht brennbare organische Peroxide mit einer Peroxidkonzentration größer oder gleich 10 Prozent können wie organische Peroxide der Gefahrgruppe OP IV behandelt werden, wenn hierzu die Zustimmung der zuständigen Behörde vorliegt. Die vorläufige Gefahrgruppenzuordnung darf nicht länger als zwei Jahre genutzt werden.

2.4 Informationsermittlung und Gefährdungsbeurteilung

(1) Bei Tätigkeiten mit einem organischen Peroxid hat der Arbeitgeber im Rahmen der Gefährdungsbeurteilung nach § 6 fachkundig zu ermitteln, ob die von der Bundesanstalt für Materialforschung un -prüfung bekannt gegebene Gefahrgruppenzuordnung des organischen Peroxids für die Tätigkeiten anwendbar ist. Stimmen die Kriterien der Zuordnung mit den Bedingungen der Tätigkeiten überein, hat er die aus der Gefahrgruppenzuordnung resultierenden Schutzmaßnahmen zu ergreifen. Stellt der Arbeitgeber fest, dass die bekannt gegebene Gefahrgruppenzuordnung für einzelne Tätigkeiten nicht übernommen werden kann, legt er fachkundig für die betreffenden Tätigkeiten eine abweichende Gefahrgruppe fest. Ist der Arbeitgeber selbst nicht fachkundig, hat er sich fachkundig beraten zu lassen.

(2) Stellt der Arbeitgeber im Rahmen der Gefährdungsbeurteilung nach § 6 fest, dass bei der Herstellung, Be- oder Verarbeitung organischer Peroxide Gemische auftreten können, die detonationsfähig sind oder zur schnellen Deflagration oder heftigen Wärmeexplosion neigen, hat der Arbeitgeber ein Gutachten der Bundesanstalt für Materialforschung und -prüfung einzuholen, das insbesondere auf die zu treffenden Schutzmaßnahmen eingeht. Dies gilt auch, wenn Tätigkeiten mit organischen Peroxiden in ortsfesten Freianlagen, einschließlich der Lagerung in Tanks oder Silos, ausgeübt werden sollen.

2.5 Schutz- und Sicherheitsabstände

(1) Der Arbeitgeber hat für Gebäude und Freianlagen, in oder auf denen Tätigkeiten mit organischen Peroxiden durchgeführt werden, ausreichende Schutzabstände zu Wohnbereichen und öffentlichen Verkehrswegen sowie Sicherheitsabstände zu innerbetrieblichen Gebäuden oder Anlagen festzulegen. Zu Gebäuden, in denen nur Tätigkeiten mit organischen Peroxiden der Gefahrgruppe OP IV durchgeführt werden, sind keine Schutz- und Sicherheitsabstände einzuhalten.

(2) Die Schutz- und Sicherheitsabstände sind in Abhängigkeit von der Gefahrgruppe und der Menge der vorhandenen organischen Peroxide sowie der Lage, Anordnung und Bauart der Gebäude und Anlagen festzulegen.

(3) Beim Aufbewahren von organischen Peroxiden der Gefahrgruppe OP Ia bis zu einer Nettomasse von 100 Kilogramm und der Gefahrgruppen OP Ib, OP II und OP III bis zu einer Nettomasse von 200 Kilogramm sind keine Schutz- und Sicherheitsabstände einzuhalten. Es muss jedoch sichergestellt sein, dass eine nicht bestimmungsgemäße Umsetzung organischer Peroxide nicht nach außen oder nur in ungefährliche Richtung wirken kann.

2.6 Bauliche Anforderungen

Der Arbeitgeber hat Gebäude, in denen Tätigkeiten mit organischen Peroxiden durchgeführt werden, so zu errichten, dass eine Gefährdung der Beschäftigten und anderer Personen bei Betriebsstörungen oder Unfällen auf ein Minimum reduziert wird. Kann durch eine eintretende Zersetzung eine Gefährdung auftreten, hat er sicherzustellen, dass insbesondere Gebäude und Räume zum Herstellen, Bearbeiten, Verarbeiten, Abfüllen oder Vernichten organischer Peroxide

a)

in Sicherheitsbauweise errichtet werden,

b)

über ausreichend widerstandsfähige Decken und Wände verfügen und

c)

über ausreichend bemessene Druckentlastungsflächen in Wänden oder Decken verfügen, die im Explosionsfall einen schnellen Druckabbau ermöglichen; diese müssen aus leichten Baustoffen bestehen und ihre Widerstandsfähigkeit muss deutlich niedriger sein als die anderer Bauteile.

2.7 Zündquellen

Der Arbeitgeber hat die Bereiche, in denen Zündquellen vermieden werden müssen, im Rahmen der Gefährdungsbeurteilung festzulegen und hierfür die erforderlichen Schutzmaßnahmen, einschließlich der Kennzeichnung dieser Bereiche, zu ergreifen.

2.8 Innerbetrieblicher Transport

Zum innerbetrieblichen Transport eines organischen Peroxids dürfen nur Kraftfahrzeuge oder Flurförderzeuge eingesetzt werden, die keine Zündquelle für das organische Peroxid darstellen.

2.9 Anforderungen an das Aufbewahren organischer Peroxide

(1) Organische Peroxide, die dem Sprengstoffgesetz unterfallen, sind aufzubewahren nach Maßgabe der Vorschriften der Zweiten Verordnung zum Sprengstoffgesetz in der Fassung der Bekanntmachung vom 10. September 2002 (BGBl. I S. 3543), die zuletzt durch Artikel 2 der Verordnung vom 26. November 2010 (BGBl. I S. 1643) geändert worden ist. Für das Aufbewahren organischer Peroxide, die nicht dem Sprengstoffgesetz unterfallen, gelten die Absätze 2 bis 5.
(2) Lagergebäude für organische Peroxide der Gefahrgruppen OP I bis OP III müssen in eingeschossiger Bauweise errichtet sein. Abweichend von Satz 1 darf ein Lagergebäude auch mehrgeschossig sein, wenn die Gefährdungsbeurteilung ergibt, dass die Gefährdung der Beschäftigten und anderer Personen durch die mehrgeschossige Bauweise nicht erhöht wird.
(3) Lagerräume für organische Peroxide der Gefahrgruppen OP I bis OP III müssen mit Druckentlastungsflächen versehen sein.
(4) Lagerräume müssen so errichtet und ausgerüstet sein, dass die höchstzulässige Aufbewahrungstemperatur für organische Peroxide nicht überschritten wird.
(5) Der Arbeitgeber hat dafür zu sorgen, dass organische Peroxide mit anderen Stoffen, Gemischen oder Erzeugnissen nur zusammen gelagert oder gemeinsam abgestellt werden, wenn hierdurch keine wesentliche Erhöhung der Gefährdung eintreten kann.

2.10 Anforderungen an Betriebsanlagen und -einrichtungen

(1) Betriebsanlagen und -einrichtungen müssen so beschaffen und ausgerüstet sein, dass auch bei Betriebsstörungen oder Unfällen die Sicherheit aufrechterhalten und ein unkontrollierter Austritt von organischen Peroxiden vermieden wird. Sie müssen vollständig und gefahrlos entleert werden können.
(2) Betriebsanlagen müssen so errichtet sein, dass durch sie keine gefährlichen Reaktionen der organischen Peroxide ausgelöst werden. Sie sind mit Kontroll- und Regeleinrichtungen für den sicheren Betrieb auszurüsten.
(3) Gefährliche Einschlüsse organischer Peroxide müssen vermieden werden.
(4) Art und Anzahl der Feuerlöscheinrichtungen müssen für die besonderen Eigenschaften der organischen Peroxide ausgelegt sein.

www.ingramcontent.com/pod-product-compliance
Lightning Source LLC
Chambersburg PA
CBHW051919170526
45168CB00001B/451